"综合素质教育"系列丛书——劳动教育

高职学生劳动教育与实践

薛运强 崔邦军 编 著

北京理工大学出版社
BEIJING INSTITUTE OF TECHNOLOGY PRESS

内 容 提 要

本书以中共中央、国务院《关于全面加强新时代大中小学劳动教育的意见》为依据，从思想性、知识性、时代性和实践性出发对高职院校学生劳动教育理论与实践进行阐述。全书共分为上下两篇，上篇为劳动理论，主要讲述了劳动与劳动教育、劳动价值观、劳动精神、劳动素养等内容；下篇为劳动实践与鉴定，主要讲述了劳动与日常生活相结合、劳动与实习实训相结合、劳动与社会服务相结合、劳动与乡村振兴相结合等内容。本书理论简洁、内容丰富，既论证了劳动的重要意义，又拓展了大学生劳动教育的实践路径，有助于提高大学生的劳动意识和观念。

本书适合作为高等职业院校劳动教育与职业素养教材，也可作为广大职业教育行业工作者的参考资料。

版权专有　侵权必究

图书在版编目（CIP）数据

高职学生劳动教育与实践／薛运强，崔邦军编著．——北京：北京理工大学出版社，2022.8
　ISBN 978-7-5763-1603-2

Ⅰ.①高… Ⅱ.①薛… ②崔… Ⅲ.①劳动教育—高等职业教育—教材 Ⅳ.①G40-015

中国版本图书馆CIP数据核字（2022）第143985号

出版发行 /	北京理工大学出版社有限责任公司
社　　址 /	北京市海淀区中关村南大街5号
邮　　编 /	100081
电　　话 /	（010）68914775（总编室）
	（010）82562903（教材售后服务热线）
	（010）68944723（其他图书服务热线）
网　　址 /	http://www.bitpress.com.cn
经　　销 /	全国各地新华书店
印　　刷 /	河北鑫彩博图印刷有限公司
开　　本 /	787毫米×1092毫米　1/16
印　　张 /	12.5
字　　数 /	293千字
版　　次 /	2022年8月第1版　2022年8月第1次印刷
定　　价 /	45.00元

责任编辑 /	钟　博
文案编辑 /	钟　博
责任校对 /	周瑞红
责任印制 /	王美丽

图书出现印装质量问题，请拨打售后服务热线，本社负责调换

前 言
PREFACE

2020年3月，中共中央、国务院印发《关于全面加强新时代大中小学劳动教育的意见》（以下简称《意见》），强调劳动教育是中国特色社会主义教育制度的重要内容，就全面贯彻党的教育方针，加强大、中、小学劳动教育进行了系统设计和全面部署。《意见》的出台，让全社会进一步认识到加强劳动教育的重要意义，有利于推动劳动教育与德育、智育、体育、美育相结合，更好地发挥劳动育人功能，促进学生形成正确的世界观、人生观、价值观。

新时代大学生肩负着实现中华民族伟大复兴的重任，因此，加强新时代大学生劳动教育和职业素养具有重大的意义。通过强化马克思主义劳动观教育，注重围绕创新创业，结合学科专业开展生产劳动和服务性劳动，积累职业经验，培育大学生的创造性劳动能力和诚实守信的合法劳动意识，从而使大学生掌握通用劳动科学知识，深刻理解马克思主义劳动观和社会主义劳动关系，树立正确的择业观、就业观、创业观；强化服务性劳动，自觉参与教室、食堂、校园场所的卫生保洁、绿化美化和管理服务等，结合"三支一扶"计划、大学生志愿服务西部计划、"三下乡"等社会实践活动；强化公共服务意识和面对重大灾害等危机主动作为的奉献精神；重视生产劳动锻炼，积极参加实习实训、专业服务和创新创业活动，重视新知识、新技术、新工艺、新方法的运用，提高在生产实践中发现问题和创造性解决问题的能力，在动手实践的过程中创造有价值的物化劳动成果。

本书编写时注重通过校内、校外实践，结合家庭、学校、社会各方面的力量，注重教育实效，实现知行合一，帮助并促进学生形成正确的世界观、人生观、价值观。通过有目的、有计划地组织学生参加日常生活劳动、生产劳动和服务性劳动，让学生动手实践，接受锻炼、磨炼意志，从而培养学生正确的劳动价值观和良好的劳动品质。本书主要具有以下特点：

1. 突出思想内涵。劳动与教育相结合的教育思想是马克思主义劳动观的重要组成部分。本书内容融入思政元素，使用劳模故事、与劳动有关的名人名言等，传承弘扬中国传统劳动文化，充分体现综合育人功能，突出劳动教育的思想内涵。

2. 彰显时代特征。本书编写时充分考虑科技发展和产业变革趋势，把握育人导向，遵循教育规律，将推进家庭劳动教育日常化、学校劳动教育规范化、社会劳动教育多样化的具体举措融入教材，充分展现新时代教育工作的新视野。

3. 设计体系科学。本书分为理论篇和实践篇，注重理论与实践相结合。理论篇侧重概念知识的讲述，实践篇内容循序渐进，设计多层面、有梯度，符合学生的心理特征和认知养成规律。

4. 内容注重实用。本书内容既考虑了高职院校大学生已有的知识技能和生活经验，又考虑了内容与实习实训、社会实践、志愿者服务、大学生创新创业等有机结合，实现了知识内容、典型案例、话题探讨、课后阅读的有机统一，做到实用为主，够用为度。

5. 坚持学生立场。本书坚持以学生为本，始终站在学生的立场来思考问题和组织内容，符合高职院校学生的认知特点和认知规律。

本书由贵州电子信息职业技术学院薛运强、崔邦军编著。本书在编写过程中参考了国内一些专家、学者的相关成果和网络资源，在此表示衷心的感谢。

由于编写时间仓促，编者水平有限，书中难免存在疏漏之处，恳请各位读者不吝指正，以便修订时完善。

编　者

目 录
CONTENTS

上篇　劳动理论

第一章　劳动与劳动教育 ·· 3
　　第一节　劳动 ··· 5
　　第二节　劳动教育 ·· 10

第二章　劳动价值观 ·· 16
　　第一节　马克思主义劳动价值观 ····································· 17
　　第二节　新时代中国特色社会主义劳动价值观 ················ 20
　　第三节　大学生如何树立正确的劳动价值观 ···················· 23

第三章　劳动精神 ··· 26
　　第一节　劳动精神概述 ·· 27
　　第二节　劳模精神 ·· 32
　　第三节　工匠精神 ·· 39
　　第四节　大学生如何培育劳动精神 ·································· 51

第四章　劳动素养 ··· 59
　　第一节　劳动素养概述 ·· 60
　　第二节　劳动习惯 ·· 69
　　第三节　劳动品质 ·· 74

下篇　劳动实践与鉴定

第五章　劳动与日常生活相结合 ··· **83**
　　第一节　校园劳动周 ··· 84
　　第二节　校园日常劳动 ··· 89
　　第三节　生活自理劳动 ··· 101
　　第四节　家庭日常劳动 ··· 110

第六章　劳动与实习实训相结合 ··· **124**
　　第一节　劳动与实习实训结合路径 ··· 125
　　第二节　实习实训中的劳动考核鉴定 ··· 130

第七章　劳动与社会服务相结合 ··· **136**
　　第一节　社会实践 ··· 137
　　第二节　社会调查 ··· 150
　　第三节　志愿服务 ··· 156
　　第四节　勤工助学 ··· 163

第八章　劳动与乡村振兴相结合 ··· **170**
　　第一节　农耕助农 ··· 171
　　第二节　校农结合 ··· 179
　　第三节　科技服务 ··· 182
　　第四节　传统手艺 ··· 187

参考文献 ··· 193

上篇　劳动理论

第一章　劳动与劳动教育

学习目标

1. 了解劳动的概念、分类，熟悉劳动的属性及作用。
2. 了解劳动教育的概念、内涵与外延，理解新时代教育的特征。
3. 了解新中国成立以来劳动教育的历程及开展劳动教育的意义。

案例导读

劳动课，把知识变成力量

"假如让你开一家茶楼，你会如何运作？"这是华东师范大学跨学科实训营上，任课老师抛给学生的一个问题。

"假如你来开家小茶楼"项目组从"创办一家茶楼将面临的选址、备货、宣传、运营"等问题入手，设计项目式学习活动，让学生学会综合运用地理、数学、信息技术、社会学、经济学的知识与技能解决创办茶楼过程中遇到的问题。跨学科实训营上有很多这样的项目——"给沙漠一点颜色瞧瞧""唐三彩真的是'三彩'吗？"……同学们认为这种别具匠心的劳动教育走心又实用，真正达到了体力劳动与脑力劳动相结合的劳动教育的初衷。

华东师范大学具有良好的劳动教育传统，学校党委于1952年就号召全校师生开展建校劳动，并成立劳动建校委员会。在新时代的背景下，华东师范大学勇于探索劳动教育的新方法和新形式。

华东师范大学校长钱旭红提出："今天的学校应该花费更多的时间去研究、探索如何开展创造性劳动，让学生在劳动过程中学会面对成功与失败，磨炼出坚强的毅力，通过劳动把知识变成力量，在劳动中创造新的价值和新的自我。"

华东师范大学积极推进劳动教育改革，以落实立德树人为根本任务，通过打造"3L"学习理念、构建课程体系、开发校内外资源、建设评价体系，形成与基础教育的良性互动，深入探索具有华东师范大学特色的可持续发展的劳动教育模式，以激发大学生创新劳动的活力、促进学生全面发展。

在理念上，华东师范大学打造"3L"学习理念，即理论学习(Learn to know)，使学生正确认识劳动和劳动教育，树立正确的劳动观；实践学习(Learn to do)，提高学生劳动能力，使学生养成劳动习惯，塑造劳动品格；劳动创新/教育(Learn to innovate/educate)，最终能够使学生实现创造性劳动。

在课程体系构建上，学校教务处牵头启动了劳动教育课程建设，通过构建劳动教育课程新结构、推进跨学科融合课程建设与体育和美育等多领域融合，以及与大、中、小学课程联动等方式，构建劳动教育课程体系，推动全校劳动教育模式的创新与改革。

华东师范大学围绕创新创业这一人才培养的重要突破口，加强劳动教育与"双创"实践的融合，通过跨学科的方式将脑力劳动和体力劳动充分融合，推动以"双创"为导向的创新劳动教育培养和以动手劳作为主的传统劳动课程建设。

华东师范大学也积极推进体育、美育、劳育相融合，如美术学院以现有课程为基础，积极创新篆刻、木艺、陶艺和漆艺等系列课程。该系列课程从美术学科角度，使学生能看到实物的形状、色彩、艺术性；从物理学科角度，使学生感受在制作过程中的温度、力量等；从化学角度，学生可以看到化学反应等。在培养学生跨学科综合能力的同时，使学生在劳动的过程中丰富美的体验，在美的熏陶下感受劳动的意义。

与此同时，学校依托体育与健康学院，改革传统体育课程的内容和形式，将生物认知、劳动生活与体育运动相结合，系统推动"野外生存生活训练"课程建设。华东师范大学还高度重视师范生的劳动教育课程体系建设与大、中、小学课程的衔接。学校首先构建教师教育课程群，将教育理论与实践紧密结合，将教学内容与中、小学课程有效衔接。

同时，学校将劳动教育贯穿师范生培养方案，开设劳动教育理论课程、劳动实践课程，举办师范生的实习培训和比赛……学校还在通识课程中将劳动教育单独划出，增设"劳动与创造"板块，让师范生的劳动教育培养更加系统化。

除立足课程体系的构建外，华东师范大学也关注校内外劳动教育资源的开发、应用和整合，通过多种多样、灵活有趣的方式实施劳动教育教学。

例如，生命科学学院、化学与分子工程学院、生态与环境科学学院携手成立"啄木鸟"安全小卫士队，聚焦高校实验室安全，增强大学生"知识劳动"能力。

后勤保障部在食堂、苗圃、宿舍楼等区域建设校园劳动实践基地，联合各院系定期开展系列劳动岗位志愿活动，让"爱在华师大"成为一种日常生活实践，并举办师生厨艺比赛、义务植树、美食节等活动。同时，学校还通过华东师范大学教育发展基金会搭建桥梁，充分发挥校外资源在劳动教育中的作用。

劳动创造未来，劳动成就自我。华东师范大学发扬劳动教育传统，利用多学科的劳动教育探索空间和丰富的劳动教育资源，打造具有华东师范大学特色的可持续发展的劳动教育模式，系统推动"五育"融合，促进学生全面而个性的发展，从而培养德、智、体、美、劳全面发展的社会主义建设者和接班人，为建设新时代教育强国贡献力量。

试想：你认为劳动教育是什么？请结合以上材料，谈谈你对劳动教育的理解及学校应如何开展劳动教育。

第一节 劳 动

一、劳动的概念

劳动是人类所特有的，为满足自身的物质和精神需要，有目的地调整和控制人和自然界之间的物质变换过程的一种改变自然物的社会实践活动。恩格斯在《劳动在从猿到人转变过程中的作用》一文中指出："从某种意义上不得不说，劳动创造了人本身"。所谓劳动是指人们运用一定的生产工具，作用于劳动对象，创造物质财富和精神财富的有目的的活动。劳动是人类社会存在和发展最基本的条件，劳动在人类形成过程中起了决定性的作用。

劳动是人类的本质特征，社会上一切的物质财富与精神财富都来源于劳动，可以说，没有劳动，就没有人类的生活。

二、劳动的分类

按照劳动的复杂程度，可以将劳动分为简单劳动和复杂劳动两大类。简单劳动是在一定的社会条件下，不需要经过特别的专门训练，每个普通劳动者都能从事的劳动；复杂劳动是与简单劳动相对的，需要经过专门学习和训练，从而在技术上比简单劳动复杂的劳动，它等于强化了的简单劳动。

根据劳动所依靠的主要运动器官的不同，可以将劳动分为体力劳动、脑力劳动、生理性劳动。体力劳动是指以人体肌肉与骨骼的劳动为主，以大脑和其他生理系统的劳动为辅的人类劳动；脑力劳动是指以大脑神经系统的劳动为主，以其他生理系统的劳动为辅的人类劳动；生理性劳动是指除体力劳动和脑力劳动外的其他形式的人类劳动。

一般的人类劳动由脑力劳动、体力劳动与生理性劳动按照不同的比例关系组合而成。通常意义上的脑力劳动是指那些脑力劳动占主要比例的复合劳动；体力劳动是指那些体力劳动占主要比例的复合劳动；生理性劳动是指那些生理性劳动占主要比例的复合劳动。在现实劳动中，既没有单纯的脑力劳动，也没有单纯的体力劳动。任何劳动都是脑力劳动与体力劳动的结合。马克思曾说过："单个人如果不在自己的头脑的支配下使自己的肌肉活动起来，就不能对自然发生作用。"一般性的体力劳动同样不能离开脑力与智力的活动。

知识链接

生理力劳动的具体形式

（1）恢复性生理力劳动。恢复性生理力劳动是指用以恢复和补偿原有的生理性组织、器官和体液等功能特性的生理力劳动。例如，当人的大脑受到轻微损伤时，其机体通过吸收适当的营养物质并进行良好的精神调养以后，会逐步恢复大脑的健康；当产妇出现体质虚弱时，其机体通过吸收营养物质并将其转化为适当的化学物输送到相应的组织、器官和体液中，用以恢复和补偿其功能特性；当皮肤擦破时，机体就自动地修补好皮肤；当机体的血液损失时（如献血），机体将通过肝脏等器官来制造新的血液。

（2）加强性生理力劳动。加强性生理力劳动是指用以改善和加强原有生理性组织、器官和体液等功能特性的生理力劳动。当人的某些生理组织、器官和体液的功能特性处于正常状态时，其机体通过某种生理力劳动来不断地积累生理信息，以改善和加强这些组织或器官的功能特性。例如，对人的某些组织或器官进行适当的、损伤性的物理或化学刺激后，这些组织或器官的功能特性不仅能很快地恢复，而且还能得到改善和加强。

（3）生育性生理力劳动。生育性生理力劳动是指用以生产新生儿的生理力劳动。妇女在怀孕过程中，一方面通过生理力劳动将各种营养物质和食物能量进行消化与吸收，并转送到胎盘里，又把胎盘所排泄的废物排出体外；另一方面孕妇体内的生理、心理和精神状态是胎儿生长发育的外环境，孕妇必须付出一定的生理力劳动来形成、维持和改善这种环境。

三、劳动的属性

1. 人类专属性

从表面上看，劳动作为一种活动，是对自身生活有用的自然物质的占有，这好像与自然界的动物的活动没有什么区别，如蜘蛛通过织网来捕食猎物，蜜蜂通过建筑蜂巢来储存蜂蜜，燕子通过衔草筑巢来繁殖后代。然而，动物的这些活动不能称之为劳动，因为它是一种动物生存的本能。人的劳动和动物的本能活动最不同的地方在于人的劳动是由自觉意识支配的、能动的和具有一定目的的活动。

2. 自觉意识和能动性

马克思指出："蜘蛛的活动与织工的活动相似，蜜蜂建筑蜂房的本领使人间的许多建筑师感到惭愧。但是，最蹩脚的建筑师从一开始就比最灵巧的蜜蜂高明的地方，是他在用蜂蜡建筑蜂房以前，已经在自己的头脑中把它建成了。"人类在劳动时不仅知道为什么去做，怎样去做，而且知道将会做成怎样，这些就是人类劳动和动物本能活动之间的本质区别。劳动是具有自觉意识和能动性的有目的的活动。

3. 劳动的创造性

有自觉意识和能动性的活动并不都是劳动。因为人是有意识和思想的，人的一切活动都受意识的支配，如旅游、跳舞、吃饭，虽然也具有目的性，但不能称之为劳动。在人的活动中，只有那些能够创造出物质财富和精神财富的创造性活动，才能称之为劳动。而前面所说的那些消费性活动，则不能称之为劳动。

课堂小提示

  劳动在人类认识自然、改造自然来满足自身需要、创造使用价值的过程中发挥着重要的作用。人类通过劳动使体力和脑力得到不断发展，在创造物质财富和精神财富的同时也实现自身发展。

四、劳动的作用

1. 劳动创造人类

  劳动是人类适应自然和改造自然的独特方式。恩格斯说："首先是劳动，其次是语言和劳动一起，成为猿人发展的主要推动力，猿的脑髓逐渐变成了人的脑髓。"劳动创造智慧，智慧创造生产工具。人发明制造劳动工具让劳动创造获取更多的价值。如果没有劳动，便没有发明与创造，那样人类社会将永远停留在原始、野蛮的古代社会，根本不会创造出现在如此灿烂辉煌的物质财富和精神财富。劳动是人类生存的需要，也是安全的需要、爱的需要、发展的需要，还是人类最后自我实现的需要。

2. 劳动开发思维

  人类的思维活动离不开实践活动，而智力的核心是思维能力。实践活动既有学习活动，又有创造活动，而劳动正是兼有学习与创造两个功能。例如，在劳动中，往往会使大学生遇到课堂上、书本里没有的问题，这就会引起大脑思维的需要，大学生就要对劳动的结果有所预想，就要设计达到目的的过程。当大学生克服劳动中的困难，解决了劳动中的问题，看到了自己的劳动成果，便会获得成功的喜悦，这将进一步激发他们的求知欲，增进学习兴趣，促进智力发展。而这一过程在其他活动中是难以实现的。

3. 劳动培养吃苦耐劳精神

  劳动不仅是一种生活体验，也是锻炼我们动手能力、社会实践能力的重要途径，更是培养我们尊重劳动、勤俭节约、劳动光荣等价值观的重要方式。虽然现在高职学生就业不难，可是最让学校老师和企业头疼的是有相当多的高职毕业生在企业里干不了几天，就会辞职。他们受不了一点苦，没有坚定的意志，缺乏吃苦耐劳的精神。因此，学生在学校时就应该多参与一些力所能及的劳动，在活动中要勇于自我挑战，使自己敢于吃苦，乐于吃苦，从而培养吃苦耐劳的劳动精神。随着社会的进步、科学的发展，我们在未来社会所从事的劳动越来越依靠智力而不是体力。尽管如此，基础劳动总是必需的，脑力劳动不会完全替代体力劳动。

4. 劳动培养责任意识

  劳动是衡量一个人综合素质的最后形式，通过劳动教育，人的道德、知识、能力、素质可以得到全面、综合的提升和展示。劳动教育有助于提高学生独立自主的生活能力，有助于增强他们的公民意识和社会责任感。国内外大量的调查研究证明，从小养成劳动习惯，长大后更可能具有责任心，也更容易适应家庭生活和职场工作，而不爱劳动的人则恰恰相反，他们更可能成为生活与职场的失败者。

5. 劳动是个人和家庭幸福的源泉

幸福是个人由于实现或接近理想而引起的一种内心满足。追求幸福是人们的普遍愿望。幸福不仅包括物质生活，也包括精神生活；幸福不仅在于享受，还在于劳动和创造。科学技术日新月异的未来社会要求我们必须具备多方面、多层次的劳动能力和勤奋工作的态度。无论将来从事什么工作，都需要有动手的技能，这与知识的掌握既有联系又有区别。如果我们在成长过程中就珍惜动手的机会，有意识地培养训练自己的动手能力来解决自己生活中的问题，久而久之，就会使自己形成动手动脑的好习惯，在未来社会中便能很好地适应生活和工作。正如习近平总书记指出的，劳动是财富的源泉，也是幸福的源泉。

知识拓展

劳动指标

劳动指标是以劳动时间单位计量的统计指标，劳动时间单位是人力资源管理中的一项重要内容，劳动时间单位有工时、工日等。我们可以借用劳动时间单位来计算劳动总消耗，并据此确定劳动力资源的需要量。通过对劳动量指标的统计分析，我们可以评价劳动力资源的利用程度，如计算用生产总量和劳动时间总量对比的劳动生产率。同时，劳动量指标也是制定工时定额、控制生产成本的重要指标。

劳动指标具有以下特点：

（1）劳动指标是以劳动时间为单位计算的总量指标，如出勤工日、实际工时、定额工时等。

（2）劳动指标主要在企业范围内使用，是企业编制和检查计划的重要依据。不同类型、不同经营水平企业的劳动指标不能直接相比。

课堂案例

梦桃精神穿越时空——记"三秦楷模"

岁月峥嵘，总有一种精神熠熠生辉；时光荏苒，总有一种信念生生不息。

党的好女儿赵梦桃离开我们已经57年了，咸阳纺织业也经历了翻天覆地的变化，而"高标准、严要求、行动快、工作实、抢困难、送方便"的梦桃精神一直激励着无数一线工作者砥砺前行。

赵梦桃是原西北国棉一厂细纱车间的一名普通工人，在进厂的11年里，她首次被评为劳动模范、三八红旗手，连续7年每月全面完成生产计划，并帮助13名工人成为工厂和车间的先进生产者。她创造的一套先进的"巡回清洁检查操作法"在陕西省全面推广。

时代变迁，赵梦桃小组的精神接力依然不辍。这背后是一代代组员长期的付出。

"进赵梦桃小组之前，总觉得能进小组很光荣；进入小组之后才知道，赵梦桃小组不仅意味着荣耀，更意味着要比别人吃更多的苦、受更多的累。"赵梦桃小组第11任组长刻小萍深有体会地说。2003年，为了满足市场需求，企业技改频繁，一批高、密、细、薄织物成为主要生产品种。赵梦桃小组试纺135高支纱时，现有的摇车方法络纱时造成的断头率达90%以上，白花增多，产量下降，小组的生产管理和生产计划受到很大影响。而用同样的摇车方法落 45 支纱时,断头率仅有 5%。经过反复试验、分析、总结,赵梦桃小组创新性地推出"高支纱络纱方法",使 60 支以上的高难品种络纱断头率由 50% 下降到 10%。新操作法在 60 支以上的高难品种上推广后,大大提高了质量和效率,提高了产品的市场竞争力。赵梦桃小组第 9 任组长徐保风至今难忘她刚进厂时的情景。当时,她练技术很不适应,便觉得委屈、辛苦。周围 35 ℃ 左右的潮湿热气、不绝于耳的机器轰鸣声,还有直钻耳鼻的飞絮,感受可想而知。她的手也被纱线划破了,钻心的疼,种种困难让徐保风常常半夜躲在被子里哭。她曾经想过放弃,但小组"大家庭"般的温暖让她最终留了下来。时光飞逝,光阴如梭,"赵梦桃小组"命名以来,已经走过了 57 个春秋,先后经历了 13 任新老组员的不懈征战。

2019 年 11 月,习近平总书记对赵梦桃小组亲切勉励:"希望大家继续以赵梦桃同志为榜样,在工作上勇于创新、甘于奉献、精益求精,争做新时代的最美奋斗者,把梦桃精神一代一代传下去。"

"习近平总书记给我们的亲切勉励让我们感到格外振奋,这是对赵梦桃小组每个组员最大的精神鼓舞。作为新时代的纺织青年、梦桃精神的传人,我们一定不负众望,将梦桃精神继续传承好、发扬好,在平凡的岗位上做出不平凡的业绩。"赵梦桃小组现任组长何菲坚定地表示。

课堂活动

考察劳动的"前生后世"

一、活动目标

通过探究劳动创造历史过程,收集劳动印记的历史证据,绘制劳动创造历史的路线图,发现劳动在人类历史进程中的作用,研究劳动智慧。

二、活动形式

分小组讨论,将收集到的资料以电子演示文稿、视频短片或图文海报的形式呈现,要求每个小组有一个汇报人说明小组的发现与感悟。

三、活动时间

建议 30 分钟。

四、考核等级及考核标准(表 1-1)

现场由全班同学打分。

表 1-1 考核等级及考核标准

等级	考核标准
1	汇报说明详略得当,小组感悟充实科学,有一定的学习意义
2	汇报说明较好,小组感悟得当
3	汇报说明一般,有小组讨论要点的展示
4	汇报说明缺乏主题,没有展现小组的讨论要点

第二节　劳动教育

2020年3月，中共中央、国务院印发《关于全面加强新时代大中小学劳动教育的意见》强调，劳动教育是中国特色社会主义教育制度的重要内容，要把劳动教育纳入人才培养的全过程，贯通大中小各学段，贯穿家庭、学校、社会各方面，与德育、智育、体育、美育相融合，实现知行合一，促进学生形成正确的世界观、人生观和价值观。显然，职业院校实施劳动教育已是其技术技能人才培养不可或缺的关键要素。

一、劳动教育的概念

劳动教育是国民教育体系中与德、智、体、美并举的专门一部分。苏霍姆林斯基认为："劳动教育是对年轻一代参加社会生产的实际训练，同时也是德育、智育和美育的重要因素"，其劳动教育的理想追求是：使每一个人早在少年时期和青年早期就能领悟到劳动能使自己的自然天赋更全面、更明显地发挥，劳动会带给他精神创造的幸福。陶行知把劳动教育视为"在劳力上劳心"的实践活动，他说："中国教育之通病是教用脑的人不用手，不教用手的人用脑，所以一无所能""劳动教育的目的，在谋手脑相长，以增进自立之能力获得事物之真知及了解劳动者之甘苦"。

当代学者陈勇军认为："劳动教育的本质含义是指通过参加劳动实践活动所进行的一种有目的、有计划、有组织的培养受教育者多种素质的教育活动，是融德育、智育、体育、美育为一体的全面提高学生素质的综合性教育。"

二、劳动教育的内涵与外延

劳动教育自古有之，与教育的产生几乎同步。东西方古代的劳动教育是面向大众、面向生产实践的教育，带有明显的体力劳动倾向，存在于普通教育之中，没有独立形态。学校里独立的劳动教育是近代以后的产物。不同时期、不同国家的劳动教育及其思想有所差异，但基本内涵大体一致。

在内涵上，劳动教育由劳动、教育两个元素构成，是一种以提升学生劳动素养的方式促进学生全面发展的教育活动；在外延上，劳动教育的范畴涉及劳动价值观的形成、劳动智能的传授、劳动态度的培养、劳动情感的培育等方面，劳动教育的类型涉及学校劳动教育、家庭劳动教育、社会劳动教育，劳动教育的形态涉及课堂教学、专业实践、社会活动、家庭生活、生产实践等。

由于劳动价值观是劳动素养的核心内涵，劳动认知又对劳动价值观的形成具有重大的影响，因而结合内涵和外延表述的劳动教育，也可以界定为：以促进学生形成劳动价值观（树立正确的劳动观点、养成积极的劳动态度、热爱劳动和劳动人民等）、养成良好劳动素养（形成劳动习惯，有一定劳动知识与技能，有能力开展创造性劳动等）为目的，具有独立品质、多种类型及形态的教育活动。

新时代高校劳动教育的定义

高校劳动教育是高等教育人才培养体系的重要组成部分，是顺应新时代劳动发展趋势对大学生进行系统的劳动思想教育、劳动技能培育与劳动实践锻炼，全面提高大学生劳动素养的过程。其目的是引导新时代大学生在劳动创造中追求幸福感、获得创新灵感，培养具有社会责任感、创新精神和实践能力的高级专门人才。

三、新时代劳动教育的特征

社会在发展，教育在进步。在新的时代，劳动教育必然会在与社会的互动中保持时代性，呈现出自己鲜明的特色。

1. 劳动教育理念的科学化

观念是行为的先导，理论是行动的指南。劳动教育必须成为与德、智、体、美并行的教育。要科学的认识劳动教育的价值，并准确地贯彻实行，不能使其"在学校中被弱化，在家庭中被软化，在社会中被淡化"。劳动教育需要价值化而不能工具化，要从培养学生良好的劳动价值观和促进学生全面发展的角度出发，设计规划劳动教育，而不能使其满足于简单的劳动技能、劳动知识的教育。

2. 劳动教育特质的时代化

劳动在不同的时代具有不同的特质。在农业文明时代，生产劳动主要是以经验或技术的方式进行。在工业文明时代，生产劳动是以技术加科学的方式进行，强调制造。而在信息时代，科技制胜，生产劳动演变成以科学技术的方式进行，人才成为第一资源，创新成为发展的第一动力，劳动更在于"智造"而非"制造"。因而，劳动教育需要适应时代发展的特点，引导学生上进创新，以"有本领"的面貌实现自己的时代担当。

3. 劳动教育形式的多样化

劳动教育的实施要科学规划，做好设计，依据不同的教育目标，采取不同的教育形式。要统筹安排好学校、社会和家庭劳动教育的形式与关系，在具体形式上，要适应时代特点，在传统体力劳动的基础上更加重视创造性的非体力劳动形式，如科学技术的发明创造、公益活动、志愿服务，以及其他非物质劳动形式，如数字劳动、体育劳动等。

课堂案例

"假如航天员不能安全返回、返回舱没有平稳着陆，载人航天就没有意义……"从技校毕业到如今成为"工人专家"，张自飞整整走了23年，其间有一半时间伴着中国的载人航天工程一起走过。

对张自飞来说，结缘"神舟号"系列飞船，是一次偶然的"激情相遇"。那是在2004年，企业的公告栏上贴出了一张神秘的"招贤榜"。有一种应用于国家重点工程项目上的电源变换器，西方发达国家进行技术封锁，断言"中国工人造不了"；而国内的专家们只能给出这种交换器的技术参数、外形尺寸和环境适应要求，正在国内苦寻高水平技师攻关。年轻的张自飞有一股"不服输"的冲劲,脑子"一根筋",就相信一条——"没有中国工人干不了的活"。他撕下了"招贤榜"。认真端详产品要求时,心里却为之一怔:这是一个比香烟盒还要小巧的"魔盒",造价却高达近 50 万元,内部的复杂结构胜过一座小型的变电站。要实现五路的稳定输出电压,而其中一路为 1 800 V 高压,还要求工作时与其他设备互不干扰,同时要在-55 ℃低温到 85 ℃高温的恶劣环境下稳定工作。

此后一年多的时间里,张自飞每时每刻都沉迷在这个"魔盒"中,脑海里整天翻腾着 300 多个电阻、电容、电感的元器件和五六百个焊接点。2005 年的秋天,完成了绘图设计、工艺流程到组织生产、检测检验的全过程,张自飞怀里揣着 6 个"魔盒"样品来到北京,交给专家们接受检测。检测显示各项技术指标达到项目要求时,一位老专家激动地走出来拍着他的肩膀说:"你能做出这样一个电源变换器真是太伟大了!你为中国的航天事业做了不可替代的贡献!"这位来自甘肃天水华天电子集团七四九电子有限公司的高级技术工人,为实现航天着陆系统电子控制装置组件的"中国制造"走出了关键的一步。

张自飞说:"宇宙无止境,航天无终点,唯有永无止境地追求完美,才能让中国飞船在我们手中飞得更远,回来得更稳、更安全。"

四、新中国成立以来劳动教育的历程

1. 劳动教育的奠基与曲折发展时期(1949—1977 年)

新中国成立初期,我国各领域建设百废待兴,为适应国家的发展需要,这一时期我国的主要任务是建设适应社会主义建设的新教育,毛泽东继承和发展了早期无产阶级领导人马克思、恩格斯关于教育与生产劳动相结合的观点,借鉴苏联的教育经验和教育模式,力图摸索出一条符合新中国实际情况的劳动教育之路。1949 年,第一次全国教育工作会议提出了教育要为无产阶级政治服务、与生产劳动相结合、与社会实践相结合的教育方针。1957 年,毛泽东在《关于正确处理人民内部矛盾的问题》中谈到,通过教育,要让受教育者在德育、智育、体育等方面得到发展,成为有社会主义觉悟的、有文化的劳动者。同时,还规定,学校必须将生产劳动列为正式课程,并在中学和小学分别增加了劳动、手工劳动课,即和教学工厂实习课程,主张边学习边劳动。

在此期间,以毛泽东为核心的党中央高度重视劳动教育问题,其外显性表现为强调教育与生产劳动相结合,注重劳动的生产性和实用性,注重培养学生的动手能力和实践能力。与生产劳动相结合的教育方针,明确了新中国培养人才的方向,明确了劳动教育的发展方向,更重要的是有助于我国培养一大批素质较高的社会主义社会劳动后备军。

2. 劳动教育的探索革新时期(1978—2011 年)

1981 年,《关于建国以来党的若干历史问题的决议》提出了要"坚持德智体全面发展、又红又专、知识分子与工人农民相结合、脑力劳动与体力劳动相结合的教育方针"。

1986 年,又提出了把德、智、体、美、劳五育全面发展的教育思想。1993 年,中央发布的《教育改革和发展规划纲要》中指出:"坚持教育与生产劳动、社会实践相结合……鼓励学生积极参与志愿服务和公益事业。"1999 年,中央发布的《深化教育改革全面推进素质教育的决定》中强调要加强"劳动技术教育和社会实践",使学生接触自然、了解社会,

培养热爱劳动的习惯和艰苦奋斗的精神，强调使诸方面教育相互渗透、协调发展，促进学生的全面发展和健康成长，"教育与生产劳动、社会实践相结合"成为新时期的教育方针。在21世纪新一轮课改中，义务教育阶段的劳动技术教育不再作为单独的课程开设，而归并到综合实践中，对劳动教育做了宽泛的理解。

2001年，《国务院关于基础教育改革与发展的决定》(以下简称《决定》)发布，赋予了劳动教育愈加丰富的内涵与要求，推动了劳动教育迈入整合发展的时代。

2010年，《国家中长期教育改革和发展规划纲要（2010—2020年）》进一步强调了坚持教育教学与生产劳动、社会实践相结合，加强劳动教育，培养学生热爱劳动人民的情感，对教育与生产劳动相结合的方针进行了更加深化的阐述，并融入了新时期教育改革的思想。

3. 劳动教育的创新发展时期(2012年至今)

党的十八大以来，习近平总书记在继承和发展马克思主义劳动观及劳动教育理论的基础上，结合中国特色社会主义进入新时代的发展现实，逐步形成新时代中国特色社会主义的劳动新思想、新观点、新论断。在2013年同全国劳动模范代表座谈会、2015年"五一"国际劳动节等讲话中，习近平总书记多次强调了劳动本身的价值和力量，提出实现"两个一百年"奋斗目标要靠辛勤劳动、诚实劳动和创造性劳动，要坚持走辛勤劳动、实干兴邦的现实路径，要把"创造伟大"作为重要的发展动力，以劳动托起"中国梦"。在2018年全国教育大会上，习近平总书记把"劳"纳入人的全面发展教育体系，并提出"社会主义是干出来的，新时代也是干出来的"，号召全社会都要尊重劳动、尊重劳动者，弘扬劳模精神和工匠精神，在劳动中创造美好生活。

2020年3月，中共中央、国务院印发《关于全面加强新时代大中小学劳动教育的意见》中提出要构建德、智、体、美、劳全面培育的教育体系，要把劳动教育贯通大中小学教育的各个学段，设定符合学校和地区发展实际的劳动教育形式，确立相应的劳动教育目标内容和考核评价办法，制定各学段有序递进、贯通一致的劳动教育制度，并且整合家庭、学校、社会各方面的力量，积极拓宽劳动教育的有效路径，调动各方力量形成协同育人的格局。习近平总书记指出："中华优秀传统文化中很多思想理念和道德规范，不论是过去还是现在，都有其永不褪色的价值。"

> **课堂小提示**
>
> 在看到这些振奋人心的伟大成就的同时，我们也要清醒地看到现实中一些让人担忧的现象。相当一部分年轻人不愿意劳动、懒惰、不懂得尊重他人的劳动成果，甚至鄙视劳动。有的学生毕业了，到了该找工作的时候都不愿意工作，而是赖在家里"啃老"，缓就业、慢就业、不就业已经不是个别的、少数人的状态，而是已占到毕业生总数的28.59%(《2019高校毕业生就业情况观察报告》)。当前劳动教育存在的问题可以概括为：劳动教育的认识浅化、劳动教育的普及短化、劳动教育的内容窄化、劳动教育的育人价值虚化。

五、开展劳动教育的意义

劳动教育关系到人的全面发展，关系到国家的未来，开展劳动教育是遵循马克思主义教育思想、构建高质量教育体系和高水平人才培养体系的必然要求，对于职业院校整个课程教学及人才培养具有重要的意义，应当予以高度重视。

1. 劳动教育是遵循马克思主义教育思想的必然要求

对照人类社会的发展史，无论是人类自身发展和解放，还是获得物质财富都离不开劳动，幸福也需要通过劳动创造。重视劳动，强调教育与劳动相结合，是马克思主义重要的主张。马克思主义哲学认为，劳动推动社会历史进步，是人作为人的最本质、最显著的特征。因此，人民创造历史，劳动开创未来。劳动是推动人类社会进步的根本力量，也是人民美好生活的源泉。构建德、智、体、美、劳全面培养的教育体系，加强劳动教育，是回归人之本质、回归学生自身的主体性教育方式，能够帮助学生在自主实践中发现自我，通过双手改变和创造自己的生活。

2. 劳动教育是立德树人的重要途径

立德树人既是教育的根本任务，也是检验教育成效的根本标准。立德树人的目的是培养德、智、体、美、劳全面发展及合格的社会主义建设者和可靠的接班人，劳动教育则是实现立德树人目标的一个重要过程。首先，劳动教育丰富了教育工作的内涵，促使学生端正劳动态度并树立正确的劳动观念，能够培养学生对于劳动和劳动人民的思想感情，逐步养成热爱劳动、善于劳动及勤于劳动的素质。其次，劳动教育和道德教育紧密联系，劳动教育也是加强道德教育的过程。因此，道德教育与劳动教育相结合也是道德教育的一种方法。我国历来注重劳动教育的重要作用和实际意义，将劳动视为形成良好道德品质的重要途径，"德之根在心，人之本在劳"，二者结合就是立德树人的根本。

3. 劳动教育的客观需要

劳动教育是劳动和教育的有机结合，一方面发挥了劳动的效用，通过利用和总结实践经验实现了理论和实践的相结合与知行合一，人们得以在实践中学习，在学习中实践；另一方面发挥了教育的效用，深化了学生对于劳动生产知识和技术的认识与理解，提高了学生的劳动实践能力及分析和解决问题的水平。"以劳动托起中国梦"是习近平总书记对于历史和现实的清晰判断，只有加强劳动教育才能培养出一大批勤于劳动和善于劳动的人才，也才能符合新时代教育发展的根本要求。因而，劳动教育成为实现个人梦想和国家梦想的一个重要选择。

但在现实生活中，由于社会物质生活的丰富和传统的家庭教育的方法有失偏颇，孩子应该做的事情都由家长包办了，致使一些孩子在家，力所能及的事情都不肯去做，都没有做过，过着饭来张口、衣来伸手的"小太阳"生活。毫无疑问，贯彻落实党的教育方针，把"劳"作为培养目标之一，在职业院校开展多种形式的劳动教育，是当前社会现实的需要，更是年轻一代成为实现中华民族伟大复兴中国梦的社会主义事业建设者和接班人的需要。

课堂案例

汽车调试工韩某：从汽车调试工到"劳模"

1990年出生的韩某是合肥长安汽车有限公司的一名一线技术工人。2018年，对他而言是收获的一年：获得合肥市"五一劳动奖章"；以他的名字命名的劳模创新工作室成立。

韩某的日常工作是进行整车电器故障诊断与维修。工作室成立后，他利用双休时间进行技修人才培养培训。

"以前只需要做好自己手上的工作，现在要进行人才培养和疑难攻关，考虑问题的方式方法不同了。"韩某介绍，"工作室成立以来，开展培训25次，培训300多人次、124个课时。"

这也是韩某近两年来的工作收获，他骄傲地说："工作室培养出一批电器维修工。公司生产现场的安全员、现场员、异常员等很多都是从我们这儿出来的。"

由于忙于一线生产，韩某工作外的私人时间并不多。"现在主要忙着提产上量，周末休息时间要开展培训。"

韩某新的一年的工作目标简单明了："在提升自身能力的同时，培养更多技能型人才，为公司解决更多疑难问题。"

课堂活动

讨论：劳动教育的重要意义

一、活动目标

引导学生深刻理解劳动教育的重要意义。

二、活动时间

建议15分钟。

(1)教师出示以下阅读材料，并提问：结合实际谈谈造成以下现象的原因和对策。

来自北京教育科学研究院基础教育科学研究所的报告显示：美国小学生平均每天的劳动时间为1.2小时，韩国0.7小时，法国0.6小时，英国0.5小时，而中国小学生平均每天的劳动时间只有12分钟。针对这种现象，首都青少年劳动教育调研组赴北京市党政机关、教育机构、企事业单位、基层社区实地走访并发放千余份调查问卷，对首都青少年的劳动教育现状进行了摸底调查。据了解，只有不足3成的小学生会整理房间、打扫卫生，很多孩子根本不做或不会做。调查结论认为，中国孩子现在自理能力缺失，对于劳动的意识也很淡薄。对此，有些家长表示：不是孩子不爱劳动，而是孩子没有时间劳动，也不会劳动。

(2)将学生分成4~6个人的活动小组，通过小组内部讨论形成小组观点。

(3)每个小组选出1名代表陈述本组观点。

(4)教师进行归纳分析，引导学生深刻认识开展劳动教育的重要性。

第二章 劳动价值观

学习目标

1. 理解马克思主义劳动价值观的内涵。
2. 理解新时代中国特色社会主义劳动价值观的内涵。
3. 了解大学生树立正确的劳动价值观的意义和途径。

案例导读

部分青少年劳动价值观异化四大怪象

现象一：好逸恶劳、嫌贫爱富，不尊重劳动和普通劳动者

受社会不良风气及家庭教育不当的影响，一些孩子从小形成了"劳动分贵贱"的错误价值观。"爸爸妈妈教育我，如果不好好学习，以后就要去扫大街，当工人，进工厂，回家种田"……在他们幼小的心灵里，劳动已然分了贵贱。

现象二：小皇帝、小公主层出不穷，"老儿童""巨婴"越来越常见

受当前青少年的教育环境和成长氛围的影响，本来应该由家庭承担的劳动教育被课外补习替代，小皇帝、小公主层出不穷。如今，甚至出现了"老儿童"现象。天津一所高校的一名女学生，一上大学就带妈妈过来陪读，妈妈白天打工，早中晚过来送饭，给孩子洗衣服，还承包了宿舍的卫生。除这种陪读外，还有学生定期寄脏衣服回家洗，或者花钱雇钟点工去宿舍打扫卫生，学生自理能力堪忧。

现象三：不劳而获、坐享其成在青少年中存在苗头

当前，大中小学生超前消费的苗头已经显现，中小学生使用奢侈品、高档化妆品的新闻频现报端，大学校园贷、裸贷案例层出不穷。据了解，陷入裸贷的女学生中有部分人是因追求奢侈品而无法自拔，还有的是不顾学习痴迷于炒期货、黄金和互联网金融P2P，追求"一夜暴富""嫁个富二代，少奋斗10年"。

现象四：不思进取，青年"啃老"现象日益凸显

随着城乡经济条件的改善，一些大中专毕业生不就业或慢就业的情况比较常见。如果找不到"不苦不累，冬暖夏凉，坐办公室"的工作，有些青年宁可回家"啃老"，每天在家上

网打游戏，或者拿着父母的钱周游世界，吃喝挥霍。

试想：你如何看待上述异化的劳动价值观？你认为新时代正确的劳动价值观应该是什么？

第一节　马克思主义劳动价值观

马克思认为，"全部人的活动迄今都是劳动"。劳动是马克思思想体系中的核心观念，也是马克思主义理论研究的基础。马克思把劳动比喻成整个社会为之旋转的太阳，劳动是人类生存的本质，人类的发展过程就是劳动的发展史。马克思主义对于劳动的论述，主要体现为劳动本质论、劳动价值论及劳动解放论。

一、劳动本质论

（1）劳动创造人和人类生活。马克思、恩格斯在达尔文的人是由类人猿演化而来的思想基础上，阐明从猿到人的演变历程和人类社会的形成过程中劳动的重要作用。恩格斯指出："劳动和自然界一起才是财富的源泉""整个人类生活的第一个基本条件就是劳动"，强调自然是人类通过劳动实现物质变换的"材料供应站"。生命个体的存在也是人类社会历史存在和发展的重要基础，并通过劳动不断创造出自身所需要的物质生产和生活资料。

（2）劳动的过程是人自我实现的过程。人通过劳动使自身在自然中蕴藏着的潜力发挥出来，并且使这种潜力的活动受自己控制。由此可见，人们可以在劳动过程中发挥自身力量、激发自身潜能，从而达到为自己服务的目的。也就是说，劳动"被看作自我的实现、主体的物化、实在的自由活动"，"谋生"不再是劳动的主要目的，而仅仅是一种外在的目的。比"谋生"更重要的是人在劳动过程中的自我认识、自我升华、自我创造和自我实现。在具体的社会生活中，随着劳动形式的多样化和劳动过程的复杂化，人类通过劳动不断把体力和智慧注入劳动对象，提高自身劳动能力和劳动素质，培养一定的劳动品德，逐渐在劳动的过程中实现人的全面发展。

（3）劳动是人类社会产生和发展的决定性因素。恩格斯指出："人们首先必须吃、喝、住、穿，就是说必须首先劳动，然后才能从事政治、科学、艺术、宗教等。"可以看出，劳动是人们获得物质生活资料的基本实践活动，也是人类社会历史的基础，还是形成社会经济、政治和文化结构的必要前提。随着科学技术的不断提升，劳动工具逐渐得到改进和升级、劳动范围不断扩大、劳动内容也变得多样化和复杂化，在劳动过程中形成的人与人之间的社会关系也得到发展和完善，这些都为促进社会进步和发展创造新的机会、注入新的活力。

二、劳动价值论

劳动价值论是马克思关于劳动创造商品价值及商品生产、交换遵循价值规律的理论，它详细阐述了商品经济的本质和运行规律。

1. 价值实体

价值实体是指商品中消耗的人类的抽象劳动。也就是说,价值这个东西指的是抽象劳动。商品的双重性就是使用价值和价值。价值是商品的社会属性,商品的自然属性是使用价值。这里最重要的是马克思创立的劳动的双重性理论,就是具体劳动和抽象劳动的理论。这是理解马克思主义经济学的枢纽点,不懂得劳动双重性就根本不懂得马克思主义经济学。所以,我们必须对它进行深入的了解。从劳动双重性理论中,我们就可以了解到具体劳动创造使用价值,抽象劳动创造价值。只有理解劳动的双重性,才能懂得马克思主义的劳动价值论。

2. 价值量

价值量就是指价值的大小、价值的多少。商品价值的数量由社会必要劳动时间来计算。社会必要劳动时间是指在社会平均条件下,用社会中等的劳动强度生产一个使用价值所需要的劳动时间。社会必要劳动时间有微观和宏观双重含义。微观含义是指生产一个商品的社会必要劳动时间,这一含义是在《资本论》第一卷中阐述的;宏观含义是指社会生产这种商品的总量时所需要的必要劳动时间。生产总量所需要的时间称为宏观上的社会必要时间。

3. 价值的形式

价值的形式就是指交换价值。交换价值是一个商品和另一个商品交换的比例。交换价值有简单的价值形式、扩大的价值形式、一般的价值形式、货币的价值形式四种形式。货币是最高的价值形式,也是最完整的价值形式。用货币表现的商品价值称为价格,价格是商品价值的货币表现。价格就是一种交换价值,是一种最高形态的交换价值。所以,在马克思主义的经济学中,价值、交换价值、价格三个词是有严格界限的,不能混淆。所有西方经济学至今为止仍然都不区分这三个概念,都混同使用。这在现实当中会造成很多混乱。

4. 价值的实质

价值的实质就是商品所能体现的人和人之间的经济关系。人和人的经济关系在商品经济、市场经济中就是商品和商品的关系,也是劳动和劳动的关系,还是物和物的关系。反过来说,物和物进行交换时所体现的就是人和人的关系。经济学表面上是研究商品和商品的关系,归根到底是研究人和人之间的关系,因为商品的背后是人。马克思主义的经济学既见物又见人,认识到了商品流动背后的人和人的关系、劳动者和劳动者之间的关系。而西方经济学都是见物不见人的,他们不讲人和人之间的关系、人和人之间的经济关系,而只讲商品和商品的关系,即物和物的关系。马克思说,经济关系是在物的掩盖下的人和人的关系,必须通过物看到人。真正的经济学应该是既见物又见人,只看见物不看见人,只看见商品、货币、资本,而不看见人,这就会产生商品拜物教。

三、劳动解放论

劳动解放论是从劳动本质论和劳动价值论中得出的对科学社会主义的深刻表述,认为劳动的发展过程推动了人类史中在自然和社会两个方面的不断解放。劳动解放首先是人类智力的提高过程,是劳动工具的改进与经济形态的创新,而不是一种简单的政治行为或政权的归属问题。其次，劳动者解放程度是衡量社会文明的尺度和标准，劳动者解放程度的前进或倒退、保护或破坏等，直接反映出社会的政治体系与制度模式的优劣。总之，劳动者解放是全人类的共同使命，一切社会制度都必须遵从并致力于劳动者的社会解放。

课堂小提示

劳动是一种自由自觉的活动。但在资本主义异化劳动状态下，劳动只是作为人们谋生的手段。人的劳动达到自由自觉状态的首要条件是消灭资本主义私有制，从而建立共产主义社会。劳动解放也就是人的解放，只有这样人们才能得到真正的解放，从而真切地感受劳动创造带来的快乐与幸福。

课堂案例

行行出状元　快递小哥评上杭州高层次人才

快递小哥李庆恒，被评定为"高层次人才"，获得 100 万元的政府补贴的新闻火了。

只有高中学历的他，在普通人眼里，高层次人才跟他就是截然对立的两面。作为 90 后的李庆恒，高中毕业后就独自开始闯荡社会，在不起眼的快递行业已工作 5 年。

从客服岗到一线快递员工，李庆恒的能力也在不断提升，真所谓厚积薄发。在被领导看到娴熟的业务能力后，李庆恒被指派参加了快递员有奖比赛，这也是他第一次参赛，却捧回了一个奖杯。此后，每年的比赛他都会参加，即使在最难的环节，李庆恒也能带领团队突破难关，结果就是奖励证书铺满了整个桌子。

而在浙江省第三届快递职业技能竞赛中，李庆恒更是带领团队拿下了金牌大奖，由于此次比赛的含金量较高，李庆恒最终获评杭州市高层次人才。

随着快递业的迅猛发展，需要从事的快递员越来越多，对技能的要求也越来越高。俗话说："三百六十行，行行出状元"，李庆恒的热情和努力，为他带来了许多荣誉和奖金，而这些荣誉和奖金是支撑他继续前行的力量。新时代大学生，应该树立正确的劳动观，干一行，爱一行，在喜欢的领域努力钻研，终有出彩的一天！

课堂活动

讨论：劳动创造意识

一、活动目标

引导学生深刻理解劳动教育、提高对创新意识的认识。

二、活动时间

建议 15 分钟。

三、活动流程

教师出示以下阅读材料，并提问：请结合实际情况谈一谈造成以下现象的原因及对策。

就业力报告

2020年4月22日,中国人民大学中国就业研究所联合智联招聘发布《2020年大学生就业力报告》,全景分析在疫情影响下的大学生就业形势。报告显示,75.8%的人首选单位就业,选择自由择业和升学的分别为7.7%和7.5%,选择创业的仅为2.8%,6.2%的人选择暂不就业等慢就业类。这组数据说明大学毕业生的劳动创造意识不容乐观。

(1)教师将学生按照6~8人划分小组,通过小组内部讨论形成小组观点。

(2)每组推选一名代表陈述本组观点,其他小组可以对其进行提问,小组内其他成员也可以回答提出的问题;通过问题交流,将每一个需要研讨的问题都弄清楚。

(3)教师进行归纳、分析和总结,引导学生深刻认识开展劳动教育的重要性,提前做好就业准备。

(4)教师根据各组在活动过程中的表现予以赋分。

第二节　新时代中国特色社会主义劳动价值观

新时代要加强培育学生的劳动精神,使学生树立正确的劳动价值观,这既是形成学生正确世界观、人生观和价值观的有效途径,也是培养有理想、有本领、有担当的社会主义建设者和接班人的客观要求,还是学校实现立德树人根本任务的现实需要,对于加快推进教育现代化、建设教育强国具有重要的意义。

新时代中国特色社会主义劳动价值观的内涵,主要体现在坚守劳动价值论、弘扬劳动精神、弘扬劳模精神及弘扬工匠精神。

一、坚守劳动价值论

劳动,作为人类社会一切物质财富和精神财富的源泉,是人类生存与发展的基础。习近平总书记热情礼赞了劳动的价值:"人世间的一切幸福都需要靠辛勤的劳动来创造""全面建成小康社会,进而建成富强民主文明和谐的社会主义现代化国家,根本上靠劳动、靠劳动者创造""劳动创造了中华民族,造就了中华民族的辉煌历史,也必将创造出中华民族的光明未来"。

二、弘扬劳动精神

进入新时代,习近平总书记深刻指出,劳动没有高低贵贱之分,任何一份职业都很光荣。一切劳动,无论是体力劳动还是脑力劳动,都值得尊重和鼓励;一切创造,无论是个人创造还是集体创造,也都值得尊重和鼓励。人间万事出艰辛,一勤天下无难事。要在全社会大力弘扬劳动光荣、知识崇高、人才宝贵、创造伟大的时代新风,促使全体社会成员弘扬劳动精神。劳动模范、先进工作者和先进人物要身体力行,向全社会传播劳动精神和劳动观念。广大党员、干部要带头弘扬"勤俭、奋斗、创新、奉献"的劳动精神,牢固树立依靠劳动推动发展的理念,高度重视劳动、切实尊重劳动、鼓励创新创造,让劳动光荣、创造伟大成为铿锵的时代强音,让劳动最光荣、劳动最崇高、劳动最伟大、劳动最美丽蔚然成风。

 **拓展阅读**

致敬普通劳动者　19 位职业人在快手直播"一日人生"

2020 年 5 月 1 日，北京快手科技有限公司（简称"快手"）联合人民网推出《一日人生》劳动节接力直播，从 5 点至 24 点，"水果医生"、武铁武汉所铁警、外卖小哥和演员矢野浩二等 19 位不同职业人轮番上阵，记录真实生活。当天，《一日人生》系列直播观看人次达 3 121 万，点赞数为 2 522 万，其中人民视频直播间吸引了超过 1 000 万人次观看。

新的一天，从升旗仪式开始。主播"尘客将军"为网友直播北京天安门广场的升旗全程。清晨 5 时许，仪仗队员迈着整齐划一的步伐踏过金水桥，穿过长安街。一切准备就绪后，5 点 15 分，在国歌伴奏下五星红旗冉冉升起。"尘客将军"是快手平台短视频红人，坚持每天为观众直播升降旗，宣扬正能量。

网红"水果医生"王野虓接力直播，他是黑龙江省鹤岗市人民医院重症医学科（ICU）的主治医师，擅长以浅显易懂的语言科普医学知识。在直播中，他用水果模拟人体器官，为网友讲解妇科疾病原理和治疗方式。此外，他还通过情景模拟的方式教授常见的基础急救技巧。王野虓从 2018 年开始尝试给猕猴桃做龙凤胎剖宫产，用苹果演示心脏缝合手术，给枇杷果切阑尾……生动有趣的手术示范令他一举爆红。

"90 后"无臂女孩杨莉用脚做了一盘西红柿炒鸡蛋和一碗清汤面，在直播间边吃边和网友聊天。她因童年时期的一场意外失去双臂，此后学习用脚生活，不少人在直播间中祝福她早日找到心仪对象。杨莉于 2018 年开设快手账号，化名"芯痧"在平台分享日常生活，展示用脚化妆、洗脸、写字、织毛衣、包饺子、切西瓜等各种日常生活。她的励志人生及乐观积极的生活态度感动了无数网友。

在中国生活了 20 年的日本演员矢野浩二在直播中讲述了工作学习经历，并分享了饮食和身材管理方法。作为"中国人的女婿"和"中国人最熟悉的日本面孔"，矢野浩二直言喜欢中国。中国新冠肺炎疫情暴发初期，他第一时间筹集了 13 万只口罩，从日本寄往中国。

除此之外，维持市容的环卫工人，唤醒味蕾的早餐铺老板，武铁武汉所最帅铁警，登上时代杂志的外卖小哥高治晓，快手主播娃娃，以及消防员、婚礼主持人、交警、农民工、北漂青年、妇产科医生等各行各业的劳动者均出现在直播中，为网友呈现日常工作，体现了平凡人不平凡的人生。

三、弘扬劳模精神

劳模精神是我国优秀传统劳动文化的时代结晶。习近平总书记强调，劳模始终是我国工人阶级中一个闪光的群体，享有崇高声誉，备受人民尊敬。长期以来，广大劳模以高度的主人翁责任感、卓越的劳动创造、忘我的拼搏奉献，谱写出一曲曲可歌可泣的动人赞歌，铸就了"爱岗敬业、争创一流，艰苦奋斗、勇于创新，淡泊名利、甘于奉献"的劳模精神，为全国各族人民树立了光辉的学习榜样；生动诠释了社会主义核心价值观，丰富了民族精神和时代精神的内涵；是我们极为宝贵的精神财富，是激励全国各族人民团结奋斗、勇往直前的强大精神力量。

四、弘扬工匠精神

工匠精神表现为精于工、匠于心、品于行。习近平总书记指出,大国工匠是职工队伍中的高技能人才,他们在长期的实践中积淀了刻苦钻研、精益求精、追求卓越、创造一流的职业素养。在中华民族数千年的历史长河中,工匠精神源远流长。"巧夺天工""独具匠心""技进乎道"等成语典故,体现的正是匠人们卓绝的技艺和精益求精的价值追求。工匠精神宣传目前已经进入黄金时段、重要版面,影响和带动着更多人崇尚劳动,爱岗敬业。社会各方要为劳动模范、大国工匠发挥作用搭建平台、提供舞台,为劳模、工匠传承技能、传承精神创造条件,培养造就更多的劳动模范、大国工匠。

课堂案例

辽宁舰上的巧匠

翟国成是辽宁舰首个获得国家专利的航空母舰舰员。3本国家专利证书、10余项创新研究成果、4次荣立三等功、全军优秀士官人才奖一等奖……这是二级军士长翟国成在航母上收获的一份成绩单。更让这位航空保障部门支持设备区队区队长骄傲的是,有一种工具能以自己的名字命名——"翟国成扳手"。

翟国成精通所带区队的10多个专业,先后保障过4型战机。车辆应急启动装置、甲板专用警戒杆等十多项研究成果,让翟国成成为战友们眼中的士兵发明专家。其中,管线导引装置、立式开盖扳手、管线升降装置获国家实用新型专利证书。绿色的证书封面上,"实用新型专利证书"八个金色大字醒目耀眼。每次从箱底翻出,他都要细细地端详,将它们在手中抚摸好几遍。这几本证书从立项到研发,从申报到审批,他等了足足两年,这份对航母舰员发明创造"唯一性"的肯定,在他心中分量何其重。

在翟国成的引领下,辽宁舰掀起了装备革新的热潮,涌现出多名"装备革新之星",为航母建设提出的装备改进建议多达数百条。"是航母给了我平台,让我去创新。"关于发明创造的初心,翟国成说:"一切都为了能打仗、打胜仗。装备改进一点,航母的战斗力就提高一点。"

一群年轻人,用吃苦耐劳的劳动精神、精细精准的工匠精神、无私奉献的劳模精神,见证了我国航母工程建设取得的每一项成就,也伴随着辽宁舰一同成长,用他们精益求精的追求演绎着无悔青春,成为为社会主义现代化建设做出突出贡献的"大国工匠"。

课堂活动

讨论:新时代劳动教育

一、活动目标
理解新时代劳动教育的意义。

二、活动时间
建议10分钟。

三、活动流程

（1）阅读以下材料，阐述：你从年度工匠人物中学到了什么？

2018年的10位"大国工匠年度人物"揭晓：他们分别是为火箭铸"心"，为民族筑梦的高凤林；以柔情呵护复兴号筋骨的李万君；擦亮中华"翔龙"之目，铺就嫦娥奔月星途的夏立；在"刀锋"上起舞，守护岁月通明、灯火万家的王进；一腔热血融进千米厚土，一缕微光射穿岩层深处的朱恒银；56 000步零失误的核燃料修复师乔素凯；用极致书写精密人生的陈行行；在尽头处超越、平凡中非凡的王树军；以无声的温柔唤醒在黑暗中沉睡的宝藏的谭文波；以心为笔、以血为墨，让风化的历史暗香浮动，绚烂重生的李云鹤。他们就是先进代表，在不同的行业和岗位上书写奇迹、熠熠生辉，展现了中国工匠的风骨与情怀。

（2）将学生分为4~6人的活动小组，通过小组内部讨论形成小组观点。

（3）每个小组选出1名代表陈述本组观点，小组之间通过交流、讨论将问题弄清楚。

（4）教师对各组观点进行分析、归纳、总结。

第三节　大学生如何树立正确的劳动价值观

一、大学生树立正确的劳动价值观的意义

1. 有利于学生树立正确的价值观和事业观

新时代的学生要将日常生活与理想追求紧密结合起来，在劳动创造中实现远大理想和个人目标，自觉把人生追求融入国家富强、民族复兴的伟业，实现个人与集体、国家的融合发展，真正树立依靠辛勤劳动、诚实劳动、创造性劳动获取财富，实现人生价值的正确思想观念，从而为其走出校园后的人生之路奠定良好的事业发展基础。

2. 有利于学生培育和践行社会主义核心价值观

尊重劳动坚持爱岗敬业的工作态度和职业操守，是践行社会主义核心价值观的要求和具体体现。培育新时代学生的劳动精神，能够使学生真正理解人民创造历史、劳动开创未来，相信劳动是推动人类社会进步的根本力量；真正认识到正是因为中国人民的劳动创造，我们才拥有今天的幸福生活。通过弘扬劳动精神，学生要扎扎实实干事，踏踏实实做人，培养积极主动的岗位意识、职业意识，进取精神和创新精神。

知识链接

社会主义核心价值观

党的十八大提出，倡导富强、民主、文明、和谐，倡导自由、平等、公正、法治，倡导爱国、敬业、诚信、友善，积极培育和践行社会主义核心价值观。富强、民主、文明、和谐是国家层面的价值目标，自由、平等、公正、法治是社会层面的价值取向，爱国、敬业、诚信、友善是公民个人层面的价值准则。这24个字是社会主义核心价值观的基本内容。

3. 有利于学生感受时代精神力量

要引导新时代学生确立劳动最美丽的思想观念，使他们真正感受到劳动本身所激发出的人性光辉、品德光辉和精神光辉，体验到劳动者在劳动中所体现的精益求精、专注执着、无私奉献、创新创造的宝贵精神，体验到高标准、高品质的追求和敬业之美、创造之美的价值升华，从而激励自己投身于新时代中国特色社会主义伟大事业，奉献无悔青春。

二、大学生树立正确的劳动价值观的途径

1. 尊重劳动：常怀感恩之心

新中国的劳动者中既有劳动模范，又有先进典型，他们的事迹在历史发展的长河中画上了浓墨重彩的一笔，他们身上所体现的劳模精神和劳动精神始终熠熠生辉。

实现我国的奋斗目标，要靠劳动者的实干。无数奋斗者用实际行动证明，只有尊重劳动、尊重劳动的价值，才能让劳动者有更多的获得感和成就感，创造出更多的财富。实干兴邦，一个尊重实干、尊重劳动的国家，必然拥有充分的活力和强大的发展动力，从而在奋斗的道路上取得更多伟大的成就。

我国每一次重大任务的完成和重大斗争的胜利，无不凝聚着所有劳动者的心血与汗水。举世瞩目的红旗渠工程，是当年 30 万林州人民在极其险恶的环境下，通过 10 年苦战，在悬崖峭壁上，用双手一锤一铲开凿出来的；在抗击新冠肺炎疫情的斗争中，是无数医务工作者、疫情防控人员用一往无前、舍生忘死的拼搏，才遏制了蔓延的疫情，挽救了成千上万人的生命。

正是每一个劳动者在各行各业的岗位上尽心尽责、辛勤劳动，才让整个社会物质充裕、运转有序、人们共享幸福。劳动者在创造幸福的同时，也带给他人以幸福。我们应常怀感恩之心，尊重身边每一位劳动者，尊重每一份平凡普通的劳动。

2. 热爱劳动：人生幸福据点

劳动不仅是人类文明进步的起源，还是打开幸福之门的钥匙，通过劳动，人类从森林走向陆地，从远古走向现代文明，从食不果腹走向"吃好穿美"。

劳动是财富的源泉，也是幸福的源泉。劳动能帮助我们完善内心、完成自我实现。劳动不仅为我们幸福的实现提供了物质条件，而且劳动的过程本身就是一种幸福的体验。人们常说"劳动创造幸福"，这是因为人们付出了汗水，就会有回报，有了回报，就会产生幸福感。正是因为劳动，中国综合国力才不会断增强，人民生活水平才会不断提高，幸福指数才会不断上升。

3. 践行劳动：奋斗的青春最美丽

劳动是推动人类社会发展的决定性力量，每个人的梦想照进现实，归根到底都要靠辛勤劳动、诚实劳动、科学劳动。

2020 年春天，我们见证了太多感人又温暖的故事：白衣执甲的医护人员、星夜驰援的物流司机、逆行而上的铁路工作者、筑牢防线的青年志愿者群体、坚守岗位的公安干警……无数劳动者都在为抗击疫情尽自己的一份力。守护共同家园，用奋斗定义自身价值，这样的主人翁姿态，时代也必将予以铭记。

奋斗是青春的底色，幸福不会从天而降，梦想不会自动成真。面对新形势、新困难、

新挑战，每个劳动者都要焕发热情、释放潜能，在各自的岗位上踏实苦干、努力奉献。撸起袖子加油干，千千万万劳动者所凝聚起来的力量，必将掷地有声。

课堂案例

努力赢得机会实现儿时梦想

2017年，王圆毕业于一所高职院校的护理专业，经过双向选择于2017年8月成为北京某三甲医院的一名护士，2018年还被单位评选为优秀护士。

做一名白衣天使是王圆儿时的梦想，所以高考结束后她就报了护理专业。从开学第一课她知道了学校对优秀学生提供到北京的知名三甲医院见习和实习的机会。为了让自己变得优秀，在校学习期间，她除认真学习护理专业基础课和核心课外，对于各种拓展课和实践课，她也是尽量多抽出时间参与。对于班级组织的各种劳动实践课和公益活动她都积极参与，尽自己所能承担更多的工作，任劳任怨，获得了老师和同学们的一致好评。大一暑期王圆参加了学校组织的医院和康养机构见习，通过两周的学习，她对自己未来的工作有了更清晰的认识，对护士的辛苦工作也有了更多的了解。大二学业结束后，她凭借优秀的成绩进入了北京某三甲医院成为一名实习护士。在实习期间，因为王圆工作认真细致、娴熟的业务操作能力、病人满意度高，她击败了很多本科生成为一名正式护士。

课堂活动

让青春在劳动中闪光

一、活动目标

通过活动帮助学生们深刻体会劳动创造美好生活，认识劳动不分贵贱，养成热爱劳动的良好习惯。

二、活动时间

建议60分钟。

三、活动准备

教师将学生按照4~6人划分活动小组，并根据活动内容安排各组分别准备以下内容。

(1)关于劳动的诗词不少于5首。

(2)领袖人物的劳动故事不低于3个。

(3)录制《劳动最光荣》视频不低于2个。

四、活动流程

(1)教师首先安排准备诗词的小组分享诗词，讲述诗词背后劳动与生活、社会的关系。

(2)教师安排准备领袖人物劳动的小组讲述劳动故事。

(3)教师安排准备视频的小组演示《劳动最光荣》视频。

(4)教师要求各小组按照"劳动的基本内涵→树立正确的劳动观→劳动的青春最出彩"展开探究和讨论，并组内分工合作写一篇1 000字左右感想。

(5)每组推选一名代表分享小组撰写的感想。

(6)教师分析、归纳和总结，引导学生树立劳动最光荣、劳动最崇高、劳动最伟大、劳动最美丽的观念，并根据各小组在活动中的表现予以赋分。

第三章　劳动精神

学习目标

1. 了解劳动精神的内涵及意义，熟悉新时代劳动精神的具体要求。
2. 了解劳模精神的含义及特征，理解新时代劳模精神的内涵，熟悉新时代劳模精神的具体表现。
3. 了解新时代工匠精神的内涵，熟悉新时代工匠精神的主要表现与自我修炼，弘扬新时代工匠精神。
4. 了解大学生劳动精神的主要特征，熟悉大学生劳动精神培育的途径。

案例导读

总书记回信凝聚劳动精神、劳动力量

2020年4月30日，五一国际劳动节前夕，习近平总书记给郑州圆方集团全体职工回信，向他们并向全国各族劳动群众致以节日的问候。习近平总书记指出，面对这次突如其来的疫情，从一线医务人员到各个方面参与防控的人员，从环卫工人、快递小哥到生产防疫物资的工人，千千万万劳动群众在各自的岗位上埋头苦干、默默奉献，汇聚起了战胜疫情的强大力量。希望广大劳动群众坚定信心、保持干劲，弘扬劳动精神，克服艰难险阻，在平凡的岗位上续写不平凡的故事，用自己的辛勤劳动为疫情防控和经济社会发展贡献更多力量。

当前，新冠肺炎疫情给我国经济社会发展带来前所未有的冲击，随着境外疫情的加剧蔓延，世界经济下行风险加剧，不稳定、不确定因素增多。2020年是全面建成小康社会和"十三五"规划收官之年，也是脱贫攻坚决战决胜之年，突如其来的疫情给我们完成既定目标带来了挑战。之前，习近平总书记给参与"东方红一号"任务的老科学家回信，强调无论条件如何变化，自力更生、艰苦奋斗的志气不能丢。越是在这样的特殊时刻，越需要广大劳动者发扬自力更生、艰苦奋斗的优良传统，秉持勤于劳动、善于创造的优秀品质，有力有序地推动复工复产，提速扩面，确保夺取疫情防控和决胜全面小康、决战脱贫攻坚的双胜利。

试想：什么是劳动精神？思考在校期间应如何培养劳动精神。

第一节　劳动精神概述

一、劳动精神的内涵

劳动精神主要是指人们对于劳动的热爱态度及劳动者在劳动过程中体现出来的精神状态、精神面貌、精神品质。它是人们关于劳动的思想意识和心理状态的总括，是每位劳动者为创造美好生活而秉持的劳动态度、劳动理念及其展现出的劳动精神风貌。

对于劳动精神的科学内涵，可以从劳动和劳动者两个方面来理解。从劳动角度看，劳动精神是源头精神、诚实精神、创造精神、勤快精神和崇高精神；从劳动者角度看，劳动精神体现了尊重劳动、发展劳动、热爱劳动等方面的精神风貌。劳动精神是人类为了自身的发展和社会的进步而奋斗拼搏的精神。

1. 马克思主义劳动价值论是新时代劳动精神生成的思想源泉

劳动价值论在马克思主义理论体系中处于基础地位，揭示了劳动的本质属性和劳动推动人类发展的重要作用。因此，马克思主义劳动价值论是劳动精神的理论源头。在中国社会主义革命、建设和改革实践中，中国共产党人以马克思主义劳动价值论为指导，结合中国实际的发展形成了中国化的马克思主义劳动思想。它继承和发展了马克思主义劳动价值论的精髓，对劳动及劳动者的地位和尊严给予了充分的肯定，为新时代劳动精神的形成发展注入了中国元素。

2. 中华民族劳动历史和文化是新时代劳动精神的历史基础

劳动精神是维系中华民族生存和发展的精神纽带，孕育在中华民族创造历史的劳动实践之中，积淀于中华民族五千年文明历史所孕育的中华优秀传统文化——党领导人民在革命、建设、改革中的革命文化，社会主义先进文化和中国特色社会主义伟大实践之中，反映了中华儿女崇尚劳动、尊重劳动的共同价值。

历史赋予新时代劳动精神必须承载的伟大而艰巨的时代使命，现实要求新时代劳动精神必须富有开创美好未来的创造活力。"实现我们的发展目标，不仅要在物质上强大起来，而且要在精神上强大起来。"工匠精神、劳模精神、"两弹一星"精神、红旗渠精神、塞罕坝精神、改革开放精神、航天精神、右玉精神等劳动精神资源是践行社会主义核心价值观的生动体现，是中国特色社会主义文化的集中体现，是实现国家富强、民族振兴、人民幸福的更基本、更深沉、更持久的精神力量。

3. 广大劳动者的劳动实践是新时代劳动精神生成的实践基础

在中国社会主义革命、建设和改革中，广大劳动者奋勇拼搏、艰苦创业，这种强大精神力量是新时代劳动精神生成的实践基础。首先，革命斗争是劳动精神的现实基础。在土地革命时期、抗日战争时期、解放战争时期，广大劳动者通过把劳动实践与革命斗争相结合，形成了艰苦奋斗、不畏艰难、甘于奉献等革命斗争精神，构成了劳动精神的现实基础。其次，民族精神是劳动精神的核心要素。一代代劳动者用自己的辛勤劳动、诚实劳动和创造性劳动，为民族精神注入新能量，不断丰富着民族精神的博大内涵，劳动精神既体现了以爱国主义为核心的团结统一、爱好和平、勤劳勇敢、崇德尚礼、公而忘私的民族情怀，又体现了知行合一、自立自强的人生追求。最后，时代精神是劳动精神的重要内容。在劳动者的创造性实践和不断探索中，激发出蕴含着自主性、首创性、先进性元素的劳动精神，不断为时代精神注入新能量，凸显并丰富了时代精神的内涵。

4. 社会主义核心价值观是劳动精神生成的价值导向

劳动精神是社会主义核心价值观的应有之义，既包含对劳动价值的判断，也包括对劳动的态度，生动诠释着社会主义核心价值观中蕴含的劳动内容。首先，劳动价值的回归与社会主义核心价值观的价值理念相吻合。中国梦的实现"根本上靠劳动，靠劳动者创造"。"富强、民主、文明、和谐"是社会主义核心价值观在国家层面的准则，与劳动精神的价值倡导高度一致。只有广大学生树立正确的劳动观念，积极参加劳动实践，才能确保"富强、民主、文明、和谐"的价值观念在中国大地落地生根。其次，劳动态度的培养与社会主义核心价值观的价值准则相契合。弘扬劳动精神有利于培养学生"爱岗敬业、争创一流、艰苦奋斗、勇于创新"的劳动态度，这与社会主义核心价值观在个人层面提倡的"爱国、敬业、诚信、友善"的价值准则高度契合。最后，劳动实践的锻炼与社会主义核心价值观的价值取向相融合。劳动实践中锻炼的岗位意识、职业精神、进取精神、拼搏精神、创新精神、家国情怀和奉献精神等，正是对社会主义核心价值观的生动呈现。

课堂案例

全国道德模范王顺友："马班邮路"上的信使

2021年5月30日，一位邮递员永远离开了我们。初夏的凌晨，王顺友在凉山州木里县的家中永远地闭上了眼睛。

5点40分和6点05分，王顺友的女儿王小英在朋友圈发出两条信息："爸爸一路走好"。后一条信息，王小英配发了一张王顺友身着邮政制服，蓝天白云下牵马走在邮路上的照片。

清晨的木里县下起小雨，空气中传来草木和泥土的味道，就像那条王顺友牵着马走了30多年的"马班邮路"的味道。

"马班邮路长又长，山又高来路陡峭。情注邮路不畏险，爱洒人民永不悔……"王顺友的歌声曾拂过"马班邮路"上的每一道岭、每一棵树、每一块石头。

只是，这歌声今后再也不会响起了。

由于特殊的地理环境，过去的木里县很多乡镇不通公路、不通电话，只有通过"马班邮路"，党报党刊、政策文件才能尽快地送到偏远的乡村，党的声音才能传到木里县的每个角落，远方亲人的问候才能温暖家乡父老的心田。

1985年，走了一辈子"马班邮路"的父亲把手中的马缰绳交给王顺友，并对他说："父亲老了，走不动了，这个班今后就交给你。"那年，王顺友不到20岁。他继续走着父亲走过的路，一走就是30多年。王顺友每走一个班要14天，一个月要走两班。一年365天，他有330天走在邮路上。他这样描述自己的生活：冬天一身雪，夏天一身泥，饿了吞几口糌粑面，渴了喝几口山泉水或啃几口冰块，晚上蜷缩在山洞里、大树下或草丛中与马相伴而眠，如果下雨，就得裹着雨衣在泥水中躺一夜。

最苦的是心头的孤独，特别是到了晚上，大山里静得可怕，伸手不见五指，他能感觉到的只有风声、水声和不时的狼嚎声。

每当王顺友想打退堂鼓时，就会想起自己把邮件送到老乡手里时他们高兴的样子，想起把录取通知书送到学生家里的样子，想起自己在路上生病了乡亲们陪着走几天几夜的样子。"乡亲们需要我"这个念头，让王顺友继续坚持下来。

30多年来，他每年投递各类邮件近万件，没有延误过一个班期，没有丢失过一分邮件，投递准确率达100%。30多年来，他在雪域高原跋涉了26万千米，相当于21趟二万五千里长征或绕地球赤道6圈。30多年来，他为了一个简单而又崇高的使命，在大山深谷之中穷尽青春年华。30多年来，他以忠诚如铁、责任如山的可贵精神和执着不悔、坚定顽强的实际行动创造了中国乃至世界邮政史的纪录和传奇。

二、劳动精神的重要意义

劳动光荣、知识崇高、人才宝贵、创造伟大的时代新风构成新时代劳动精神的深刻内涵，它不仅折射出一个时代的人文精神，同时，也反映出一个民族在一个时代的人生价值和道德取向。新时代劳动精神需在科学内涵的基础上，从尊重劳动、崇尚劳动、热爱劳动、辛勤劳动、诚实劳动和创造性劳动方面深刻理解劳动精神的重要意义。

1. 尊重劳动

尊重劳动是劳动精神所蕴含的核心内容。尊重劳动，不仅是对于劳动本身的认知，更是对劳动成果的认知。虽然在具体形式上，劳动可分为脑力劳动和体力劳动、简单劳动和复杂劳动，但是在本质上，劳动创造了人本身，创造了物质和精神世界，凡是为社会进步提供贡献的劳动，凡是为了社会进步提供贡献的劳动者，都是值得尊重的，党的十六大报告中强调四个尊重："尊重劳动、尊重知识、尊重人才、尊重创造"，更是体现着现代社会尊重劳动的必然要求和重要意义。

2. 崇尚劳动

崇尚劳动，是劳动者应具备的尊崇和提倡劳动的态度，劳动是光荣和神圣的。首先，劳动是宪法所赋予的、不可剥夺的权利和义务。我国宪法明确规定："公民有劳动的权利和义务。"公民通过劳动的权利义务，为社会发展进步提供产品和服务，同时提升、发展自我；其次，劳动的成果是神圣的，劳动者通过劳动创造出满足人类社会进步发展的各种产品。人们通过劳动，体会着成功和梦想的能量，获得着满足感、成就感和尊严感。劳动成为人类最美好、最崇高的存在。人们常说劳动创造美，那是因为劳动本身就是美的，没有劳动，衣、食、住、行都将成为泡影，只有尊重劳动并崇尚劳动，才能通过劳动创造实实在在的价值。

3. 热爱劳动

热爱劳动，不仅是对劳动成果的美好向往，更体现在遇到阻力、挫折时的坚持与热爱。劳动精神，是甘愿为社会的进步发展奉献一切、兢兢业业劳动的崇高精神。"知之者不如好之者，好之者不如乐之者。"对待劳动，更应该保有积极的态度和足够的热情，通过劳动，劳动者不仅可以体会劳动成果的珍贵，更能感受到身心的愉悦和幸福。中华民族是艰苦奋斗、热爱劳动的民族，中华民族的灿烂文化是广大劳动者通过辛勤劳动获得的，中国梦的实现和美好未来的开拓更应该是中华儿女用足够的劳动热情迎接的。热爱劳动，勇敢面对劳动过程中的艰难险阻，为民族振兴、国家富强和人民幸福而奋斗。

4. 辛勤劳动

辛勤劳动是劳动精神实践层面的重要组成部分。《左传》中写道："民生在勤，勤则不匮"意思就是，百姓生活的根基在于辛勤劳作，只要辛勤劳作就不会缺少物资。《古文观止》中的《敬姜论劳逸》中也记录有"民劳则思，思则善心生"，由此可见，勤劳是中华民族的优良传统，通过辛勤的劳动，中华民族屹立于世界民族之林。现如今，我们也依靠勤劳，开创了中国快速发展的新篇章。"一勤天下无难事"弘扬劳动精神，不仅要从认知层面肯定辛勤劳动，更要在实际生活工作中，践行辛勤劳动，反对一夜暴富和不劳而获等错误思想，用踏实肯干和聪明才智更好地践行辛勤劳动。

5. 诚实劳动

诚实劳动是劳动精神所蕴含的重要部分，是劳动价值的基本追求。诚实劳动不仅是每一位劳动人民应该遵循的准则，更是传承并发扬光大的中华美德。以诚为先、以诚为重、以诚为美，这才是劳动的应有之义。诚实劳动的重要性，它不仅关乎劳动价值、关乎道德底线，更涉及人民的生命和生活。不讲诚信的劳动，不仅是与优秀的传统文化相违背，与社会主义核心价值观相背离，更是危害社会的行为甚至是违法犯罪的行为。

6. 创造性劳动

创造性劳动是争创一流、勇于创新的代名词，新时代科学技术的快速发展，弘扬劳动精神更加重视创造性劳动，成为其重要内容。创造性劳动不仅需要继承优秀劳动成果，更需要在当今时代创造出更优秀的劳动果实，在脚踏实地的劳动中勇于创新，立足脚下，仰望世界。创造性劳动不仅可以创造出物质财富，还可以通过创新创造出幸福生活，这就需要劳动者不仅要用汗水来辛勤劳动，更要不断提高劳动者的素质，用其智慧创造性地劳动。习近平总书记在庆祝"五一"国际劳动节大会上的讲话指出让创造伟大成为铿锵的时代强音，"劳动创造了中华民族，造就了中华民族的辉煌历史，也必将创造出中华民族的光明未来。"

知识链接

全国五一劳动奖状、全国五一劳动奖章

全国五一劳动奖状和全国五一劳动奖章（图 3-1），是中华全国总工会授予在中国特色社会主义建设中做出突出贡献的劳动者和企事业单位、机关团体的光荣称号，是中国工人阶级最高奖项之一。全国五一劳动奖状是中华全国总工会设立的授予先进集体的荣誉称号。全国五一劳动奖状授予在中国境内依法注册或登记的非跨地区的企业、事业、机关、社会组织及其他组织与驻外机构。除召开全国劳模表彰大会的年份外，全国五一劳动奖状每年评选表彰一次。对在国际、国内有重大影响的事件中，国家经济建设和国防建设中，抢险救灾等危急情况下及在全国总工会书记处批准的全国示范性劳动竞赛中做出突出贡献的先进集体，可即时授予全国五一劳动奖状。

全国五一劳动奖章是全国总工会为奖励在社会主义各项建设事业中做出突出贡献的职工而颁发的荣誉奖章。颁发范围包括工业交通、基本建设、农林水利、财贸金融、文化、教育、新闻、出版、政法、卫生、科研、体育、机关团体等各行各业的职工。

图 3-1　全国五一劳动奖章

三、新时代劳动精神的具体要求

勤劳勇敢、爱岗敬业、诚实守信的实干精神，是劳动精神的深刻内涵；锐意进取、建功立业、甘于奉献的奋斗精神，是劳动精神的更高体现；精益求精、执着专注、追求卓越的创新精神，是劳动精神的专业要求。劳动精神是所有劳动者的财富、动力、追求，是鼓舞劳动者、激励劳动者、鞭策劳动者的核心源泉。

劳动精神是为广大劳动群众在平凡岗位上创造不平凡业绩，提供强大精神动力的劳动态度、劳动习惯、劳动观念及其整体精神面貌，主要内容包括热爱劳动、开创未来、埋头苦干、默默奉献、坚定信心、保持干劲。

热爱劳动是劳动精神的首要内容。劳动精神就是开创未来的精神。埋头苦干的精神，在本质上也体现精益求精的工匠精神。默默奉献的劳动精神，体现广大劳动群众的崇高境界和伟大品格。劳动精神是广大劳动群众热爱劳动、开创未来、埋头苦干、默默奉献、坚定信心劳动状态的集中体现，是"保持干劲"的精神。

我们处在一个攻坚克难、砥砺前行、创造奇迹的美好时代，既需要更多敢立潮头的"弄潮儿"挺身而出，更需要千千万万的劳动者埋头苦干。党的十八大以来，每逢"五一国际劳动节"，习近平总书记都会通过各种方式表达对广大劳动者的无比敬意，反复强调大力弘扬劳动精神，就是要激励广大劳动者在追梦圆梦的征途上努力奔跑，以辛勤劳动、诚实劳动、创造性劳动托举梦想、成就梦想，谱写一曲感天动地、气壮山河的奋斗赞歌。

鲁迅先生说过："我们自古以来，就有埋头苦干的人，有拼命硬干的人，有为民请命的人，有舍身求法的人，他们是民族的脊梁"。在这种"脊梁"中就有劳动精神的"养分"。

> 课堂活动

讨论：职业精神的意义

一、活动目标

引导学生了解职业精神对社会发展的重要性。

二、活动时间

建议10分钟。

三、活动流程

阅读以下材料，并讨论司机、售票员缺失的职业精神都有什么。

职业精神的缺失

据《扬子晚报》报道，2003年11月30日晚，在扬州市区某处路边，有一对母女相拥而泣，周围行人纷纷询问时，母女俩道出了实情：她们来自泰兴农村，因女儿要去仪征上学搭乘从泰兴至扬州的班车。因为晕车，母女俩禁不住在车内呕吐起来。司机、售票员见状，不仅对她们大声辱骂，还威胁着要将她们赶下车。在母女的请求和乘客们的支持下，司机才将母女带至车站。司机和售票员要求她们打扫车厢，母女俩想下车找工具，售票员却拿起女儿的书包擦呕吐物，随后打开车门，将书包扔出车外，母女俩只好下车，因不认识路，才在路边哭。

(1)将学生分成4～6人活动小组，通过小组内部讨论形成小组观点。

(2)每个小组选出1名代表陈述本组观点。通过交流，将每个需要研讨的问题都弄清楚。

(3)教师对各组观点进行分析、归纳、总结，给予点评并赋分。

第二节　劳模精神

劳动模范简称"劳模"，是时代的先锋、民族的楷模，他们身上承载和彰显的劳模精神一直发挥着引领作用，丰富和拓展了中国精神的内涵，助力中国从站起来、富起来到强起来，实现历史性飞跃。劳动模范是在我国社会主义建设事业中成绩卓著的劳动者，经职工民主评选，有关部门审核和政府审批后被授予的荣誉称号。劳动模范可分为全国劳动模范与省、部委级劳动模范，有些市、县和大企业也评选劳动模范。中共中央、国务院授予的劳动模范为"全国劳动模范"，是中国最高的荣誉称号。

一、劳模精神的含义

劳模精神，是指爱岗敬业、争创一流、艰苦奋斗、勇于创新、淡泊名利、甘于奉献的劳动模范的精神，是伟大时代精神的生动体现。其中，爱岗敬业是本分，争创一流是追求，艰苦奋斗是作风，勇于创新是使命，淡泊名利是境界，甘于奉献是修为。做一个守本分、有追求、讲作风、担使命、有境界、有修为的人，是每位劳模的精神风范，更是每位劳动者应该追求的目标。

长期以来，广大劳模以高度的主人翁责任感、卓越的劳动创造、忘我的拼搏奉献，谱写出一曲曲可歌可泣的动人赞歌，为全国各族人民树立了优秀的学习榜样。每个时期的劳模，都是时代的精神符号和力量的化身。随着时代的发展，劳模被赋予越来越多的时代内涵和元素，但无论是生产者还是创业者，无论是比表现还是比贡献，无论是讲精神作用还是讲经济效益，劳模的核心价值都是始终不变的。

二、劳模精神的本质特征

1. 工人阶级优秀品格的体现

　　工人阶级是我国的领导阶级，是中国共产党最坚实可靠的后盾，代表了先进生产力和先进文化的前进方向。劳动模范和先进工作者作为工人阶级和劳动群众的优秀代表，是祖国和人民的骄傲，是最美的劳动者，党和国家始终维护人民当家做主的地位，全心全意依靠工人阶级。

　　劳动模范作为我国工人阶级中最闪光的一个群体，他们身上凝聚的劳模精神始终体现着我国工人阶级的优秀品格。一方面，劳模精神体现了工人阶级的先进性。在中国共产党领导中国人民革命、建设和改革的各个历史时期，我国工人阶级都是勇挑重担、建功立业、开拓创新的时代先锋和行动楷模，他们在任何时代都是辛勤劳动、诚实劳动、创造性劳动的有功者，推动国家富强与民族进步。劳模精神作为劳动模范的核心要素和行动指南，是支撑时代前进的强大精神力量，充分体现了工人阶级的先进性，推动了工人阶级的成长进步。另一方面，劳模精神彰显了工人阶级强烈的主人翁责任感。劳动模范先进的思想和优秀的品质是时代的产物，他们所拥有的高度的主人翁责任感是自这个阶级出现就具有的，是劳模精神的内在本质。正是他们自觉的、高度的主人翁责任感使他们将国家的富强和民族的复兴作为自己的责任，以极大的热情投入到各项事业中，努力进取、勇于创新、艰苦奋斗、淡泊名利、无私奉献，将个人理想与国家理想、个人梦与中国梦融合在一起，为中华民族的伟大复兴奋斗终生。

2. 伟大的中华民族精神的传承

　　习近平总书记在第十三届全国人民代表第一次会议上重新定义了中华民族的伟大精神，指出中华民族是具有伟大创造精神、伟大奋斗精神、伟大团结精神和伟大梦想精神的民族。这"四个伟大精神"精准而深刻地描绘出中国人独有的气质和禀赋，即富于创造、崇尚奋斗、团结一心、追求梦想。创造给予我们奇迹，奋斗给予我们机会，团结给予我们力量，梦想给予我们希望，它们是支撑我们中华民族创造伟大历史、不断向前发展的精神底气，而劳模精神就是对它的一种传承与发展。

　　一方面，劳模精神中强烈的主人翁意识和责任感、艰苦奋斗和勇于创新的品质特征，就是对中华民族伟大创造精神和伟大奋斗精神的直接展现。中国人民是具有伟大创造和伟大奋斗精神的人民，而作为人民群众杰出代表的劳动模范就更具有这种优秀的精神品质。另一方面，劳动模范之所以拥有爱岗敬业、争创一流、淡泊名利、甘于奉献的精神，就是因为他们有着伟大的团结精神和伟大的梦想精神。回顾中国改革开放 40 年来取得的巨大成就，中国网、中国港、中国路、中国桥这些都是怀揣伟大梦想的人民创造的。梦想是引领我们向前发展的动力，但发展的根本还是要各族人民团结一致，同心同德。有梦想、能团结才能形成守望相助的大家庭，才能铸牢中华民族的共同体意识。新时代进一步弘扬和践行劳模精神，要在每个人的心里都种下团结与梦想的种子。

3. 改革创新的时代精神的凝结

时代精神是一个国家和民族在新的历史条件下形成和发展的思想观念、价值取向与精神风貌的总和，是一种体现国家和社会发展的方向，反映民族特色和时代潮流的集体意识，在国家整体发展战略中占据着重要的地位。当今我国时代精神的核心是改革创新，它贯穿改革开放的全部实践，体现在时代精神的各个方面。改革开放进程中涌现出来的一大批时代楷模和榜样群体都生动地展示着以改革创新为核心的时代精神。

课堂案例

全国劳模梁兵：为坦克打磨"火眼金睛"

早上6点，河南焦作，晨光熹微中，梁兵起床，做好饭，送女儿上学，然后快步走路去上班，体格精瘦的他走路带风。

梁兵今年45岁，是河南平原光电有限公司高级技师。

8点不到，梁兵换上工作服，扎进生产现场。他一边走一边检查，检查夜班工作有无遗留问题，"我们被称作'为坦克制造眼睛'的人，因为我们加工的产品直接影响到坦克的射击精度，加工的零件精度都是微米级，0.008毫米也很常见。"

20分钟的巡检过后，梁兵走回工作室，打开电脑中的编程软件忙碌起来。上午10点半，一场小规模的校企座谈在梁兵技能大师（劳模）创新工作室召开。"希望在学生培养上能给我们更多支持。"河南工业职业技术学院工会主席屈保中带队从南阳赶来，语气诚恳。

"没问题，以后你们的人才多往这儿送吧。"梁兵笑着说，技能人才的春天已经到来。

座谈会后，梁兵带记者参观他的工作室，指着他的一张领奖的照片说："那是我第一次进人民大会堂，拍照时特意把眼镜摘了，显得精神些。"

2004年，梁兵获得全国首届数控技能大赛职工组第一名时，只有29岁。几天前，他成为隶属于中国兵器工业集团的平原光电建厂56年来第一位全国劳模。

吃过午饭，记者和梁兵边走边聊。"小时候，母亲会带些厂里不用的装铣刀的小纸盒给我当玩具。"他说，母亲退休前也是平原光电的铣工，他自小就对机械的质感、设备的声音、机油的味道感到亲切。

从平光小学到平光技校，再到1993年入职平原光电……梁兵从一名普通技校生成长为中国兵器工业集团"首席技师"和国家级技能大师。

"经过多年实践，我能通过按压来感知零件的平面度，通过听力判断切削参数是否合适，根据机床振动确认程序编制是否合适。"一次，梁兵尝试将冰冻技术应用在装夹领域，在一个关键薄壁零部件上解决了平面度0.006毫米精度的加工难题。

紧张的工作之余，他喜欢爬山，"周末带家人去南太行，换换脑子"。以前喜欢打太极，由于太忙，只得放弃。

下午2点，"全国青年岗位能手"魏金龙来找梁兵请教。"他是我们的榜样和指路明灯。"魏金龙说，自己刚从技校毕业时，很迷茫，了解梁兵的事迹后，坚定了选择。

"他常带我们去北京参加国际机床展,长了很多见识。"2014 年被选入梁兵工作室的张建军说。

作为工作室的带头人,梁兵负责解决生产一线的疑难杂症,总结推广绝招绝技,培养优秀人才;作为全国人大代表,他常去一线倾听职工心声,为产业工人队伍建设建言献策;作为河南工业职业技术学院的客座讲师,他鼓励学生学习工匠精神,为中国制造崛起而努力。

三、劳模精神的意义

1. 劳模精神是工人阶级主人翁意识的集中凸显

主人翁意识是劳模精神的内在本质,是正确认识和理解劳模精神的关键词。正是因为自觉的、强烈的主人翁意识,劳模才以车间为家、以厂为家、以企为家,才具有积极主动的岗位意识、职业意识、进取精神和创新精神,才在本职工作中充分发挥积极性、主动性和创造性,才能够艰苦奋斗、淡泊名利、甘于奉献,自觉把人生理想、家庭幸福融入国家富强、民族复兴的伟业之中,最终建构起个人与集体、个人梦与中国梦、小家与国家民族融合统一的发展共同体和命运共同体。

2. 劳模精神是工人阶级先进性的集中体现

在中国革命、建设、改革的各个历史时期,我国工人阶级都具有走在前列、勇挑重担的光荣传统。劳动模范作为工人阶级的优秀代表,是时代的引领者,在工作生活中发挥了先锋和排头兵作用,他们以辛勤劳动、诚实劳动和创造性劳动,持续推动着社会进步、国家发展和民族复兴。劳模精神作为劳动模范的思想内核、行动指南和精神灯塔,成为推动时代前进的强大精神动力,充分体现了工人阶级先进性的主体地位,彰显了工人阶级的伟大品格,推动了工人阶级的成长进步。

3. 劳模精神当代品格的核心要素是工匠精神

从本质上讲,工匠精神是一种基于技能导向的职业精神,它源于劳动者对劳动对象品质的极致追求,它具有精益求精、专注执着、严谨慎独、创新创造、爱岗敬业及情感浸透、自我融入的基本内涵,既表现了极致之美的品质追求,又体现了敬业之美的精神原色,更展现了创造之美的价值升华。工匠精神充分凸显了新时代劳模精神爱岗敬业、精益求精、追求卓越的精神品质和价值导向,可以说,工匠精神是对劳模精神的重要深化和丰富发展。

4. 劳模精神是培育时代新人的重要手段

一方面,劳模精神作为社会主义核心价值观的生动体现,更简单为人们所理解,更容易为人们所接受,更方便为人们所模仿,将对培育时代新人起到重要推动作用;另一方面,通过强化教育引导、舆论宣传、文化熏陶、实践养成、制度保障,培养和造就具有劳模精神的时代新人,能够激发广大劳动者干事创业的积极性、主动性和创造性。

知识链接

劳模精神和劳动精神的关系

劳动精神应该成为所有劳动者都必须拥有的精神。劳模精神也是所有劳动者都应该学习的精神。二者也是方向和基础的关系，劳模精神是方向，劳动精神是基础。

劳模先锋不仅具有忘我的劳动热情、积极进取的精神状态，也饱含无私、淡泊名利的利他主义作风。他们身上闪耀着的优秀品质正是劳动精神的积极呈现。

劳模精神继承并发展了中华民族传统优秀的劳动观念，树立并彰显了一种辛勤劳动、诚实劳动、创造性劳动的新理念，营造并弘扬了一种劳动光荣、技能宝贵、创造伟大的时代风尚，生成并传播了一种劳动者至上、劳动者平等、劳动者可敬、劳动最光荣、劳动最崇高、劳动最伟大、劳动最美丽的劳动观。

课堂案例

张新生：立志改变家乡面貌的带头人

他远赴海南，潜心学习现代农业种植技术，20余年锲而不舍，刻苦钻研农业生产管理经验。为了改变家乡面貌，他回乡创业，带动乡亲致富，致力脱贫攻坚、精准帮扶。他就是河南省信阳市潢川县金塔红种植养殖专业合作社理事长，一名新时代优秀农民的代表——张新生。

1975年出生于潢川县付店镇骆店村的张新生，是一名地地道道的农民。为了生活，他年仅18岁就外出打工，在海南三亚繁育种基地给农业专家当学徒，挑了3年农家肥，打了3年植保药，几乎干过所有的农活。在海南打工的20多年，他不仅学会了诸多种养殖技术，还掌握了现代农业经营管理模式，从一个懵懂无知的青年，蜕变为一名具有先进知识的新型农民，成为远近闻名的农业种养殖"专家"。

让张新生痛心的是，家乡还是坚守着传统的农业生产方式。大多数青壮年外出打工，留守的都是老人和儿童，"空心村"比比皆是，大量肥沃的土地被闲置、撂荒。

即使多年在外，故乡一直都是张新生魂牵梦绕的家园。日夜思念着贫穷的家乡，张新生想用自己学到的农业知识和管理经验，彻底改变家乡的面貌。2010年，张新生放弃在海南优厚的待遇，返乡创业，成立了潢川县金塔红种植养殖专业合作社。

10余年转瞬即逝，张新生的合作社得到了长足发展：从成立之初流转土地420亩发展到2 700亩；各类农机设备从最初的10余台发展到60余台（套）；员工从当初的20余人发展到如今的50多人。合作社紧紧围绕"依靠科技、做强、做精，打造高效的生态农业"的经营理念，因地制宜，量力而行，在滚动中发展，在探索中壮大。截至2018年年底，合作社经营收入突破1 500万元，带动200户农民增收，吸纳100余名贫困人口就近务工。

2019年年初，张新生又流转1 500亩荒地建设一个集林果生产、生态观光、休闲体验、农业科普为一体的生态农业园区。园区建成后，大幅度增加了农民就业岗位和提高农民收入，为实现农业强、农村美、农民富做出新的贡献。

这就是张新生，一个会管理、懂技术、爱学习、有经验的优秀农民，一个在产业发展、精准帮扶、促民致富等方面取得成绩的先进代表。

四、新时代劳模精神的内涵

尽管每一时代的劳模群体都呈现出多元的组合,以体现对不同劳动价值的肯定,但总的趋势,社会对劳动价值的评判,正在从"出大力,流大汗""苦干加巧干",向知识型,创造社会效益、经济效益方向转变。

新时代劳模精神具有十大内涵:劳模精神是工人阶级先进性的集中体现,是工人阶级主人翁意识的集中凸显,是社会主义核心价值观的生动诠释,是时代精神的生动体现,是民族精神的重要组成部分,是劳动精神的积极呈现,是培育时代新人的重要手段,是文化自信的重要支撑,是实现伟大复兴中国梦的重要力量。劳模精神当代品格的核心要素是工匠精神。

五、新时代劳模精神的具体表现

习近平总书记指出,劳动模范是民族的精英、人民的楷模。长期以来,广大劳模以平凡的劳动创造了不平凡的业绩,铸就了"爱岗敬业、争创一流,艰苦奋斗、勇于创新,淡泊名利、甘于奉献"的劳模精神,是我们极为宝贵的精神财富。作为个体,劳动模范以"爱国、敬业、诚信、友善"为行为准则,是个人践行的典范;作为公民,他们将"自由、平等、公正、法治"作为社会价值取向,是价值引领的旗帜;作为人民的一分子,他们以"富强、民主、文明、和谐"为奋斗目标,将"小我"融入国家发展的潮流,是价值实现的楷模。翻阅一代代劳模的事迹,在他们身上,对事业的"痴"、对工作的"狂"、对得失的"傻"交织在一起,这也正是我国发展中所需的定力、闯劲、韧劲,共同标志着中华民族一代又一代建设者们奋斗的底色。

2013 年 4 月,习近平总书记在同全国劳动模范代表座谈时指出,"幸福不会从天而降,梦想不会自动成真。实现我们的奋斗目标,开创我们的美好未来,必须紧紧依靠人民、始终为了人民,必须依靠辛勤劳动、诚实劳动、创造性劳动"。劳动模范是"干出新时代"的排头兵,是践行"实干兴邦"的楷模。因此,激励广大劳动群众争做新时代的奋斗者,就是要让实干担当在新时代蔚然成风,让改革创新在新时代焕发活力,让精益求精在新时代落地生根。

劳模精神推动着新时代产业工人队伍建设。产业工人是工人阶级中发挥支撑作用的主体力量,是创造社会财富的中坚力量,是创新驱动发展的骨干力量,是实施制造强国战略的有生力量。2017 年 4 月,中共中央、国务院印发了《新时期产业工人队伍建设改革方案》一项与亿万产业工人息息相关的重大改革拉开大幕。3 年来,一项项积极举措在工会组织陆续推出,产业工人队伍建设改革取得了实质性进展,劳动光荣、技能宝贵、创造伟大的时代风尚更加浓厚。在抗击新冠肺炎疫情的全民战争中,在党中央全面部署、统一指挥下,各行各业、各族群众,尤其是大批劳动模范,把"小我"融入国家的"大我",携手共克时艰,参与到疫情防控中。医护工作者全力救治患者,社区工作者尽职尽责构筑抵御的防线,人民警察、环卫工人、公交司机、快递小哥等坚守岗位,为守护人民群众健康、保障人民群众正常生产生活辛勤工作,创造了中国速度与中国奇迹,谱写了一曲曲抗疫赞歌,充分体现了新时代产业工人的担当,彰显了中国特色社会主义制度的显著优势。在新时代，要继续充分发挥劳动模范和工匠人才的示范带动作用，培养更多的劳动模范、大国工匠，努力打造一支有理想守信念、懂技术会创新、敢担当讲奉献的宏大的产业工人队伍，建设知识型、技能型、创新型的德才兼备劳动者生力军。

劳模精神引领着新时代劳动教育的价值取向。2018年9月，习近平总书记在全国教育大会上强调，"要在学生中弘扬劳动精神，教育引导学生崇尚劳动、尊重劳动，懂得劳动最光荣、劳动最崇高、劳动最伟大、劳动最美丽的道理，长大后能够辛勤劳动、诚实劳动、创造性劳动"。劳动模范是整个时代劳动精神的典型象征，有助于引导广大青少年聆听劳模故事、感受劳模精神、体悟劳模精神，增进劳动体知、深植劳动情怀、锤炼劳动品质、养成劳动习惯，形成正确的劳动价值观，在磨炼意志和增长才干的实践中感受劳动的乐趣和收获，从而培育辛勤劳动、诚实劳动的精神气质。

课堂案例

钟南山："共和国勋章"获得者

钟南山，福建厦门人，1936年10月出生于南京，中共党员、中国工程院院士、教授、博士生导师，著名呼吸病学专家，中国抗击非典型肺炎的领军人物，曾任广州医学院院长、党委书记，广州市呼吸疾病研究所所长，广州呼吸疾病国家重点实验室主任，中华医学会会长，"共和国勋章"获得者，现为国家呼吸系统疾病临床医学研究中心主任、国家卫健委高级别专家组组长、国家健康科普专家。钟南山长期从事呼吸内科的医疗、教学、科研工作，重点开展哮喘、慢阻肺疾病、呼吸衰竭和呼吸系统常见疾病的规范化诊疗，以及疑难病、少见病和呼吸危重症监护与救治等方面的研究。

从医以来，钟南山先后取得了国家、省、市各级科研成果20多项。他是近10多年来推动中国呼吸疾病科研和临床事业走向世界前列的杰出领头人之一。他和他的同行们在这个专业的突出贡献奠定了中国呼吸疾病某些项目的研究水平在亚太地区的领先地位。用"著述等身""声名显赫"来形容钟南山的成就一点也不为过。

他保持着对事业的追求，在科学的殿堂坚持创新、永不停步。这种性格也深深地感染了他周围的人，熏陶出了一个勇于奉献、蓬勃向上的群体，使广州呼吸疾病研究所成为国内令人瞩目的学术阵地——国家重点学科、广东省重点实验室、国家临床药理基地、博士学位授予点。

2003年非典型肺炎疫情暴发，作为中国抗击非典型肺炎的领军人物，在SARS猖獗的非常时期，钟南山不但始终在医疗最前线救死扶伤，还积极奔赴各疫区指导开展医疗工作，倡导与国际卫生组织之间的密切合作，因功勋卓著，荣获全国五一劳动奖章，同时被广东省荣记特等功，被广州市授予"抗非英雄"称号。2020年1月，湖北武汉遭遇了"新型冠状病毒"的袭击，在众多正在为消灭病毒而奋勇救人的白衣天使中，84岁高龄、头发花白的钟南山院士站在了抗击疫情的最前线。他不辱使命，带领着医护队伍向祸害人类的"新型冠状病毒"亮出早已磨得锋利的宝剑，为祖国、为人类无怨无悔地挥洒着自己的满腔热血。钟南山是中国呼吸系统传染病防治当之无愧的领军人物，更是新时代劳动模范的典型代表。

课堂活动

劳模人物访谈

一、活动目标

通过访谈，了解劳模的事迹和劳模精神，帮助自己提升劳动素养。

二、活动时间

建议90分钟。

三、活动准备

知识准备：联系三位不同行业的(全国、省、市、县)劳模，就他们的劳动事迹、工作岗位和工作感悟进行访谈。教具准备：白纸、笔、录音笔。

四、活动流程

(1)教师将学生按照8~10人划分小组，并进行小组分工。

(2)确定3个不同行业的访谈对象，可以从小组成员身边能联系到的群体中确定，并准备好相应的访谈提纲。

(3)小组成员分工合作对劳模进行访谈。

(4)组内运用头脑风暴法进行访谈，感悟并总结该如何进一步提升个人劳动素养。

(5)每个小组选派一名代表进行分享以便其他组学生能了解更多的劳模事迹，感悟劳模精神。

(6)教师进行分析、归纳、总结，并根据每组代表在分享过程中的表现给予点评并赋分。

第三节　工匠精神

一、工匠精神的概念

1. 工匠的概念

中国古代社会就已经出现了关于"工匠"一词的相关记载。东汉文字学家许慎编著的《说文解字》中有"工，巧饰也。"即工匠具有精湛的技能技巧，以手工技艺维持着基本的生存需求。《辞海》工部指出："工，匠也。凡执艺事成器物以利用者，皆谓之工。"中国著名文学家杨树达在《积微居小学述林全编》中解释"工"："工，象曲尺之形，盖工即曲尺也。"即"工"为量度的曲尺。我国最早的手工艺专著《周礼·考工记》曰："国有六职，百工与居一焉……或审曲面执，以饬五材，以辨民器……谓之百工。"《考工典》中记录着："兴事造业之谓工""工，百工也。以其精巧工于制器，故谓之工。"即"工"为兴建土木事业。《庄子》中记载道，"夫残朴以为器，工匠之罪也。"《荀子·儒效》："人积耨耕而为农夫，积斫削而为工匠，积反货而为商贾。"上述著作中均出现了"工匠"一词，因此，工匠也称"匠""工""百工"等。由此可见，在中国汉语史上，"工"由最初的曲尺之意，逐步演化为了工人、工艺和工业等更广泛的意思。正因为工匠是"执艺事成器物以利用"的"兴事造业"之人，所以传统工匠专门指凭借自身的手工技艺制造器物的技术劳动者。手工工场的出现，涌现出了大批手工劳动者，在制造产品的过程中，传统工匠的技艺也得到了锻造，精湛的手工技巧不仅以产品的形式表现出来，同时，产品制造的背后也蕴含了技艺者追求极致、细心严谨、潜心钻研等工匠品质，并逐步演绎为一种精神的力量，在这种精神的指引下造就了专业技能一流、职业素养高尚的巨匠，以纯真的匠心、精湛的匠艺打造至臻的匠品。这表明传统工匠在注重物质本身的技术价值实现的基础上，还追求精神文化的价值，提升个人的修养水平，即"形而上者谓之道，形而下者谓之器。"因此，从技术水平的高低来划分，传统工匠可以划分为三个层次：下层工匠是指普遍意义上的"百工"，即拥有技能的"工人"；中层工匠是指在各自领域内专门研究某一岗位技能的专业化人才，如"铁匠""机匠"等；上层工匠不仅追求技艺的出神入化，还注重个人精神文化素养水平的提高，即"哲匠""匠师"等。工业革命推动社会生产大变革，生产力不断发展，社会化大生产逐步取代了手工工场，随之工匠的内涵也发生了变化。工匠不再仅指局限于传统手工业中的劳动者。现代工匠泛指各行各业中的工作者，不仅包括手工艺人，还包括技术人员、科技工作者、专业技术专家、工程师、设计师、管理人员等。

狭义上，工匠的内涵是指专门从事某种工作的手工劳动者；广义上，工匠是指在社会各个领域中以爱岗敬业为职业准则，从事不同行业、不同职业的社会工作者。广义上的工匠，即在各个领域中专注做事、热爱工作、精益求精、创新实干，并拥有一流技艺和高尚职业道德的工作者。工匠自古具有"尚巧"的创造性，为了谋生，工匠发挥自己的主观能动性，手创万物，服务于社会，推动着社会的发展与变革，即工匠是在劳动过程中，发挥自身的主观能动性创造万物，同时，服务于社会发展和变革的主体。

知识拓展

现代工匠

现代工匠是指从事现代机器生产的工业生产者（以技术工人和工程师为主）及相对应的传统手工业生产者。现代大工匠，即高水平的工匠，包括工程师、建筑师、机械师、各类技术专家等。

大国工匠的现代意义包括：大国工匠是"中国制造"走向"中国创造"的人才基石；大国工匠身处行业和企业的关键生产岗位，这个岗位所需要的技术、技能直接关乎产品品质；要将"中国制造"打造成高品质的代名词，需要一代又一代、一批又一批大国工匠的努力；大国工匠的自身素质直接决定着一个品牌的成功打造。

2. 工匠精神的概念

工匠精神是一种劳动精神，是职业道德、职业能力、职业品质的体现，是从业者的一种职业价值取向和行为表现；它是一种在设计上追求独具匠心、质量上追求精益求精、技艺上追求尽善尽美、服务上追求用户至上的精神。

工匠精神是指不仅要具有高超的技艺和精湛的技能，而且还蕴涵着严谨细致、专注执着、精益求精、淡泊名利、敬业守信、勇于创新的工作态度，以及对职业的认同感、责任感、使命感、自豪感等可贵品质。

工匠精神可以概括为坚守执着、精益求精、专业专注、追求极致、一丝不苟、自律自省。从工匠精神的角度看,坚守执着是一个人的本分,精益求精是一个人的追求,专业专注是一个人的作风,追求极致是一个人的使命,一丝不苟是一个人的境界,自律自省是一个人的修为。

课堂案例

李军:让"工匠精神"照亮成长之路

在外行眼里,整日穿梭于发电机之间和一堆冰冷的机器打交道,是件不折不扣的粗活、累活。但在国网安康水电厂职工李军眼里,这是一项可以做得"很精细,很有成就感"的技术活,他从最初的钳工到现在的水轮机副班长,一干就是 30 多年(图 3-2)。

图 3-2　国网安康水电厂高级技师李军

"任何一个零件、一个环节,都追求精益求精,同时也要有责任心,给社会提供优质电能,就是工匠精神的最好体现。"对于荣获陕西省"三秦工匠"荣誉称号的李军来说,"工匠精神"是贯穿其职业生涯的关键词。

1989 年,李军从技校毕业分配到国网安康水电厂修配分场。当时他的愿望是:练好基本功,当好"手艺人"! 作为一名钳工,他深刻体会到虽然在机组运维中这是一个小角色,但每一次制作出优质工件,都能提高机组的运行效率,小角色也能发挥大作用。

当一名好的钳工,不仅是靠蛮力、体力,下手时的轻重缓急,角度力度都要拿捏到位,没点儿灵气还真干不好这活儿。"悟性很高",是老师傅对李军的评价。而这个悟性,也并非靠天赋异禀和偶尔的灵机一动,更多的是善于思考、善于总结。为提高自身技术水平,李军总是追着老师傅不放,缠着老师傅办学习班开小灶,把业余时间几乎都用在了研究机械零件和理论知识的学习上,遇到难题,无论寒冬酷暑,他都扎在厂房车间里反复练习、揣摩,精心加工每个零部件,让机组运转顺畅,让检修人员用着趁手。

入职 7 年后,因工作关系李军转岗到机械分场调速班工作,这次岗位更换对于他来说是一次认知的改变。

原来电也是有质量的,大电网的频率波动不能大于正负0.2赫兹每秒,而这个质量还与自己所从事的工作有关,如何让调速器根据指令控制水轮机转速,这是一个理论与实践更强的领域,也给他带来不小的挑战。为了尽快掌握调速器检修技术技能知识,他用了最原始也是最有效的方法——每天晚上多学习一个小时。就这样日复一日,他完成了专业知识的学习。

理论知识再强大也只有经过实践检验才有实用价值。他抓住一切可以"练手"的机会,从毛坝关、蔺河口电站小机组调速器检修干起,逐渐成长为独当一面的工作负责人。当面对安康电站20万机组调速器更换时,他游刃有余、全力投入,和同事们完成了四台机组的更换任务。

在一次次检修工作中,他经常思考,水轮机导水机构零部件配合间隙的大小对调速器死区有多大影响?调速系统与水轮机的导水机构在检修与调试中应当怎样协调……这些问题一直困扰着他,也成了工作中的瓶颈。带着这些问题,已经是高级技师的李军,主动要求到水轮机班工作,他从最基础的工作做起,两年时间参与了6台次水轮机抢险检修,并熟悉了水轮机检修流程及各部件工艺要求。

水轮机部件不但大、重、脏,而且工作环境狭窄潮湿,许多工具采用通用部件,没有针对性,工作效率低,耗费大量人力、物力。如何在检修中缩短工期?如何增加部件强度?用什么元件做动力?这些问题常常让他夜不能寐。经过不断设计、绘制、加工、组装、改进和试验,由他带领的李军创新工作室设计研发的国家实用新型专利工具,极大地降低了劳动强度和人力投入,同时也提高了工作效率,检修安全更有保障。他主导参与创新项目37项,获得国家实用新型专利9项、发明专利2项,14次取得省公司及以上奖励,切实解决了现场安全隐患,提升了检修质量,大大提高了工作效率。

多年来,李军始终坚持高度的责任感和使命感,通过"浸入式"师带徒培训体系为徒弟们在工作学习中传承引路,毫无保留地传授自己的宝贵经验和技术诀窍,他的徒弟说:"李军师傅是指路明灯,是他一步步带着我们走向创新之路,让我们快速成长。"

二、新时代工匠精神的内涵

2017年,中共中央、国务院印发了《新时期产业工人队伍建设改革方案》(以下简称《方案》)。《方案》指出:"要加强产业工人队伍建设,必须把培育和弘扬'工匠精神'放在更加重要的位置,让劳动光荣、技能宝贵、创造伟大的时代风尚更加浓厚,真正造就一支有理想守信念、懂技术会创新、敢担当讲奉献的宏大的产业工人队伍,为实现'两个一百年'奋斗目标、实现中华民族伟大复兴的中国梦凝聚最强大的力量。"

当前,我国正处在从工业大国向工业强国迈进的关键时期,培育和弘扬严谨认真、精益求精、追求完美的工匠精神,对于建设制造强国具有重要的意义。而只有对新时代"工匠精神"的基本内涵形成共识,才能树匠心、育匠人,为推进中国制造的"品质革命"提供源源不断的动力。

工匠精神包括爱岗敬业的职业精神、精益求精的品质精神、协作共进的团队精神、追求卓越的创新精神4个方面的内容。其中,爱岗敬业的职业精神是根本,精益求精的品质精神是核心,协作共进的团队精神是要义,追求卓越的创新精神是灵魂。

1. 爱岗敬业的职业精神

爱岗敬业，是爱岗和敬业的合称，二者互为表里，相辅相成。爱岗是敬业的基础，而敬业是爱岗的升华，是工匠精神的力量源泉。爱岗敬业是中华民族的传统美德，是一份崇高的精神，"问渠那得清如许，为有源头活水来"，正是爱岗敬业精神激励着一代代工匠匠心筑梦。

2. 精益求精的品质精神

精益求精，是工匠精神最为称赞之处，具备工匠精神的人对工艺品质有着不懈的追求，以严谨的态度，规范地完成每一道工艺，达到极致。

3. 协作共进的团队精神

如果"爱岗敬业的职业精神""精益求精的品质精神"是传统的"工匠精神"中所具有的内涵，那么"协作共进的团队精神"主要体现于新时代的"工匠精神"之中。

4. 追求卓越的创新精神

工匠们在传承传统品德的同时，也要追随时代的脚步，锐意创新，善于运用新理论、新技术、新工艺、新方法，将工作推上一个新的台阶，是新时代"工匠精神"的内涵之一，甚至是新时代"工匠精神"的灵魂。

课堂案例

新时代中国工匠精神代表人物——胡双钱

"学技术是其次，学做人是首位，干活要凭良心。"胡双钱(图3-3)喜欢把这句话挂在嘴边，这也是他技工生涯的注脚。

图3-3 "航空手艺人"胡双钱

胡双钱是上海飞机制造有限公司的高级技师，一位坚守航空事业35年、加工数十万飞机零件无一差错的普通钳工。对质量的坚守，已经是胡双钱融入血液的习惯。他心里清楚，一次差错可能就意味着不可估量的损失甚至以生命为代价。他用自己总结归纳的"对比复查法"和"反向验证法"，在飞机零件制造岗位上创造了35年零差错的纪录，连续12年被公司评为"质量信得过岗位"，并被授予产品免检荣誉证书。

不仅无差错，他还特别能攻坚。在 ARJ21 新支线飞机项目和大型客机项目的研制和试飞阶段，设计定型及各项试验的过程会产生许多特制件，这些零件无法进行大批量、规模化生产，钳工是进行零件加工最直接的手段。胡双钱几十年的积累和沉淀开始发挥作用。

他攻坚克难，创新工作方法，圆满完成了 ARJ21-700 飞机起落架钛合金作动筒接头特制件制孔、C919 大型客机项目平尾零件制孔等各种特制件的加工工作。胡双钱先后获得全国五一劳动奖章，"全国劳动模范""全国道德模范"称号。

一定要把我们自己的装备制造业搞上去，一定要把大飞机搞上去。已经 55 岁的胡双钱现在最大的愿望是："最好再干 10 年、20 年，为中国大飞机多做一点。"

三、新时代工匠精神的主要表现与自我修炼

（一）新时代工匠精神的主要表现

1. 媒体的舆论导向

媒体是传播信息的媒介，是人借助用来传递信息与获取信息的工具、载体或技术手段。工匠精神的培育应该合理运用媒介手段，积极响应党的号召，宣传党和国家的政策，引导正确的舆论导向，在全社会弘扬主流思想价值观，优化传播环境，净化舆论氛围。工匠精神作为一种时代气质，作为推动社会前进的正能量，理应得到推广。以媒体为宣传载体，成立专栏追踪报道工匠人才的优秀事迹，增加工匠精神的曝光率；在公告栏、宣传栏等张贴优秀工匠代表人物，电子屏播出其相关影视资料，使其成为大众所熟悉的网络热词；通过网络征文、微电影大赛等活动征集民间的优秀工匠，利用自媒体拍摄身边的技艺工作者。扩大工匠精神的传播途径，让工匠走进大众的视野，了解技艺工作者数年如一日、耐心钻研的职业精神。针对传统手工艺和濒临失传的技艺应加大宣传力度，提高大众的认知水平，兴起全民保护的热潮，提高大众对工匠技艺的尊崇和对工匠的认可度。同时，针对违法乱纪、假冒伪劣等违背职业道德的行为，还应该发挥媒体的监管作用，曝光其恶劣行径，使其接受舆论的谴责。

2. 提高制度措施保障

制度是人按照自己的本性和事物的客观规律而建立起来的属人的存在，是调整人与社会关系的中介手段。制度对人的行为具有约束性，是解决社会矛盾与问题的有效途径。国家层面要发挥政府"看得见的手"的宏观调控与指导作用，制定积极的人才引进政策，完善用人制度。习近平总书记 2017 年在江苏徐州考察时强调："大力弘扬劳模精神和工匠精神，在为实现'中国梦'的奋斗中争取人人出彩。"由此可以看出，工匠精神不仅没有过时，而且在新时代我们依旧需要坚守这种精神的力量。

3. 营造社会氛围弘扬工匠精神

社会存在决定社会意识，"社会即学校，生活即教育。"良好的社会环境可以为大学生工匠精神的培育营造积极向上的社会氛围。习近平总书记在党的十九大报告中提出："建设知识型、技能型、创新型劳动者大军，弘扬劳模精神和工匠精神，营造劳动光荣的社会风尚和精益求精的敬业风气。"因此，我们可以营造崇尚劳动光荣的氛围环境来弘扬工匠精神。

4. 物质精神的双重激励

首先，在物质激励方面。国家应投入人力、财力和物力等加大基础设施建设，建设国

家级、省级技术技能人才培训基地,为高级技能人才修建工作室、成立工作站,提供物质支持;还可以提供更多国内外深造培训的机会,发挥其技术带头人作用,为制造业的转型升级发展培养更多技艺精湛的工匠人才。同时,要注重赏罚分明,对于做出重大突出贡献的技术人员,应给予金钱等物质激励,运用税收、股份、津贴等方式给予奖励,调动其工作的积极性;对于违背职业道德、破坏职业规则的人员应该严厉惩戒。

其次,在精神激励方面。马斯洛需求理论指出:当人的物质需求得到满足以后,往往会追求更高层次的需求。例如,可以设立"鲁班奖""优秀工程师""企业首席大师"等荣誉来表彰践行工匠精神的工作者。从精神上鼓舞一线手工技艺工作者以更高的标准与规格要求自身,打造极致。当前我国的高级技能人才处于稀缺水平,所以,应该提高技艺技能要素在人才选拔制度中的占比,用人制度中更加注重人才的实践操作能力和创新能力,人才引进政策中以高技能、高技术人才为主。走出"唯学历"的误区,全面考察其综合能力素质,向实践型、创新型、技能型人才倾斜,缓解人才结构的供给矛盾,树立科学的人才观。以制度明确用人标准,以政策保障用人质量,为技能型人才能力的发挥提供空间,挖掘其内在的潜力,培育社会主义建设所需要的能工巧匠。提升大学生对职业前景的自信心和对整个行业的憧憬之心,培育其脚踏实地、专注钻研、追求极致的工匠品质。只有在公平的市场环境中才能造就出职业素质一流的工匠,才能打造出超一流的匠品,让"中国制造"走出国门,走向世界。

(二)新时代工匠精神的自我修炼

1. 不断学习

践行工匠精神,必须不断学习。学习使人进步,学习使人前进,工匠精神是一种上进的精神,也是一种不屈不挠的奋斗精神,要想自己在职业上有所突破,就必须不断学习,不断进步,在学习中前进,在前进中学习,让学习陪伴自己终身,让学习帮助自己前进。

2. 热爱工作

践行工匠精神,必须热爱工作。具有工匠精神的一般都是行业的领军者和佼佼者。作为职场人,必须热爱工作和生活。只有好的工作,才会帮助人进步;只有好的工作,才会帮助人前进;只有喜欢工作,才会用心去奋斗;只有爱工作,才会努力前进。

3. 精益求精

践行工匠精神,必须精益求精。作为一个职场人,要想在职场上混出名堂,或者在职场上有所作为,对事对工作都必须要精益求精,因为假如做不到精益求精,就无法在职场中做出成绩,也很难在职场上取得成功。

4. 满腔热情

践行工匠精神,必须对职业满腔热情。热情是一种精气神,对自己的工作,对自己的事业没有热情,就不会想到要去奋斗,因为没有追求,所以无所求。所以,职场上的追求就是需要满腔激情,有了满腔的激情,才会为了工作去努力奋斗。

5. 严格自律

践行工匠精神,必须严格自律。一个严格自律的人,绝对是一个能力很强的人,因为他能够管控自己的行为,也能够管好自己。在职场上,在生活中,总是会有很多的诱惑,能否抵挡住这些诱惑,就全靠自身的自制力。这种自制力就是自律能力,假如不能自律,生活就会一塌糊涂，职场路也会走得很难。

6. 做好自我

践行工匠精神，必须做好自我。工匠，就是一个工作很出色的人；工匠精神，是一种主人翁精神。为了自己的工作，可以拼命做好自我；为了自己的工作，也会严格要求自我。无论自己的能力怎么样，只要能够做到问心无愧，这种状态就是最好的状态，这种方式也是最美好的方式。因为能够在职场上实现自我价值，也能彰显自我能力。

7. 与时俱进

践行工匠精神，必须与时俱进。社会在变，人也在变，作为职场人要想不被职场淘汰，就必须学会与时俱进，在前进中成长，在前进中奋进，在前进中实现人生价值，在前进中壮大自我。一个不懂得与时俱进的职场人，只会成为一个随波逐流的人，终究会被职场淘汰。

四、当代工匠的职业价值

1. 手工技艺依然无法被取代

传统工匠主要依赖手工技艺进行器物的制作，其特点主要在两个方面：一是速度慢、周期长、标准不规范、生产效率低；二是体现制作者的个性特征，能够按照需求进行个性化制作，每件作品都独一无二。正是上述两个方面的特点，决定了手工技艺在科技水平已经非常高超的今天，依然无法被取代。所以，当代工匠中的手工艺人，既要得到传统工匠的"风骨"真传，又要获得当代科技文化的极高素养。他们是相关产业的人才支柱和相关产业发展的技术基行。

2. 现代企业中的"三驾马车"之一

通常，管理人员、科技人员、技能人员被视为现代企业的"三驾马车"。现代企业中的技能人员较之传统工匠发生了很大的改变，虽然他们不能自主地决定产品的生产方式和技术规范，但他们对规范和标准的领会程度及操控机器设备的能力依然决定着产品质量的优劣。我们现在所熟知的高质量的"德国制造"，就是得益于大批高素质的当代工匠。

3. 当代科技创新的最终实现者

人类第一次工业革命发生前，工匠的技艺水平往往代表着时代的科技水平。从石器时代、青铜时代、铁器时代到蒸汽时代，催生这种革命的都是以工匠为主导的科技发现和技艺改良。虽然第一次工业革命后，科学家作为一个群体迅速崛起，将人类社会带向了电气时代、信息时代。这期间工匠虽不再作为科技创新的主力军，但依然是所有科技创新的最后实现者。其中原因非常简单，越是尖端前沿的科技构想，越是需要杰出的工匠将其打造为实物。可以这样说，如果没有大批杰出工匠的创造性劳动，人类的一切奇思妙想都将是空中楼阁，这就是工匠的价值所在。

📝 **课堂案例**

深海"蛟龙"守护者——顾秋亮

"蛟龙"号载人潜水器（图3-4）是目前世界上潜水最深的载人潜水器，其研制难度不亚于航天工程。在这个高精尖的重大技术攻关中,有一个普通钳工技师的身影,他就是顾秋亮——中国船舶重工集团公司第701研究所水下工程研究开发部职工,"蛟龙"号载人潜水器首席装配钳工技师。

10多年来,顾秋亮带领全组成员,保质保量地完成了"蛟龙"号总装集成、数十次水池试验和海试过程中的"蛟龙"号部件拆装与维护,还和科技人员一起攻关,解决了海上试验中遇到的技术难题,用实际行动演绎着对祖国载人深潜事业的忠诚与热爱。

作为首席装配钳工技师,他在工作中面对技术难题是常有的事。但每次顾秋亮都能见招拆招,靠的就是工作40余年来养成的"螺丝钉"精神。正是凭着爱钻研的劲儿,顾秋亮在工作中练就了较强的创新和解决技术难题的技能,出色完成了各项高技术、高难度、高水平的工程安装调试任务。

已近花甲的顾秋亮仍坚守在科研生产第一线,为载人深潜事业不断书写我国深蓝乃至世界深蓝的奇迹默默奉献。

图 3-4 "蛟龙"号载人潜水器

五、职业院校实现工匠精神的路径

1. 以"工匠精神"引领大学生正确三观的培养

我国正处在由制造大国向制造强国迈进的过渡阶段,这一时期需要更多的大学生参与到创业创新的行动中。在创业创新的过程中,只有全体成员拥有高度的责任感和创新意识,发挥团队精神,才能顺利实现由制造到创新的转型。以"工匠精神"引领大学生正确价值观的培养,可以使大学生认识到弘扬"工匠精神"的目的是服务社会,创业创新既是追逐梦想的过程也是服务社会的过程。大学生弘扬"工匠精神"和服务社会的理念,在知行合一的过程中,能够感知社会责任的重大,积极地调和个人价值与社会价值之间的冲突,在发展变化的时代逐步建立起正确的价值观。

三观的基本概念

三观一般是指世界观、人生观、价值观，它们辩证统一，相互作用。

（1）世界观是人们对整个世界的总的看法和根本观点。由于人们的社会地位不同，观察问题的角度不同，形成不同的世界观，也称为宇宙观。哲学是其理论表现形式。世界观的基本问题是精神和物质、思维和存在的关系问题，根据对这两者关系的不同回答，划分为两种根本对立的世界观基本类型，即唯心主义世界观和唯物主义世界观。

（2）人生观是指对人生的看法，也就是对于人类生存的目的、价值和意义的看法。人生观是由世界观决定的。人生观是一定社会或阶级的意识形态，是一定社会历史条件和社会关系的产物。人生观的形成是在人们实际生活过程中逐步产生和发展起来的，受人们世界观的制约。

（3）价值观是指人们在认识各种具体事物的价值的基础上，形成的对事物价值的总的看法和根本观点。一方面表现为价值取向、价值追求，凝结为一定的价值目标；另一方面表现为价值尺度和准则，成为人们判断事物有无价值及价值大小的评价标准。一个人的价值观一旦确立，便具有相对稳定性。对诸事物的看法和评价在心目中的主次、轻重的排列次序，构成了价值观体系。价值观和价值观体系是决定人的行为的心理基础。

2. 以"工匠精神"塑造大学生的职业观和创业观

大国"工匠精神"在职业观的塑造中极为关键，它折射出从业人员的职业价值观与就业观。大国"工匠精神"对大学生就业也具有指导意义。大学生只有拥有了过硬的业务能力与优良的职业素质，才能奠定职业发展的良好基础。

在"大众创业，万众创新"的口号响彻中华大地的今天，大学生创业绝不是一件容易的事情，尤其在创业的初始阶段，"工匠精神"应该植根于每位大学生创业者的内心。只有时刻秉持着将产品和服务做精做强的理念，才能在创业中立于不败之地。

3. 以"工匠精神"培养大学生求真务实的良好学风

在今天变革创新的时代亟须大量创新务实的人才。高校要以"工匠精神"培养大学生求真务实的学术精神。一方面，"工匠精神"有助于大学生形成独立自主、踏实务实的学习态度，化被动为主动学习，克服浮躁心态、脚踏实地、深入钻研，积极主动地思考问题；另一方面，"工匠精神"有助于培养大学生严谨的作风和精益求精的品质，能够以追求完美的态度对待自己的学习和生活，并激发对专业的兴趣与热爱。

4. 以"工匠精神"引导大学生精益求精、追求卓越的创新精神

"工匠精神"的深层次含义就是创新。精益求精、追求卓越，本身就包含了不断创新的精神。创新并不是盲目的想象和突发奇想，而是在不断的实践过程中反复打磨而产生的。学习"工匠精神"可以使大学生在实践过程中逐渐形成创新思维模式，在生活中注重观察与思考，勇于质疑与批判，大胆地实践，最终化不可能为可能。正是"工匠精神"的这种敏锐创意、精雕细琢、不断求精的精神支撑，才能使中国实现由制造大国向创新大国的转变。因此，"工匠精神"应当贯穿于大学生成长成才的全过程。

课堂案例

"三峡工匠"李然：痴心守护"大国重器"

万里长江，纳百川汇巨流，成为新时代世界内河运量最大的黄金水道，三峡枢纽控巴蜀引荆襄，扼守长江经济带发展的关键节点。一扇扇开合的巨大闸门，像世界看中国的窗口，成为政治敏感度高、安全风险度高、民生关联度高、社会关注度高的重点航段。保障通航安全畅通高效至关重要，可不论是万里长江第一坝的葛洲坝，还是世界第一大坝的三峡大坝，每一扇闸门都是世界级"巨无霸"，要让它们俯首称臣，谈何容易？

李然16年如一日，"燃"在三峡，独辟蹊径，大胆革新，让三峡船闸停航检修时间从100多天压缩到50天，再到30多天，通航效率不断攀升；始终坚持在第一线开展科学研究，让三峡"天下第一门"提速再提速，用一项项凝聚着汗水和智慧的发明创造，每年为船方和社会节省数亿元。他用行动，用20多项通航关键技术、24项国家专利、3项行业标准，践行着入党誓言：自主创新科技报国，新时代共产党员就该越是艰险越向前。

"李然创新工作室"是湖北省总工会授牌的省级劳模创新工作室，既是创新成果的孵化器，也是人才培养的加速器。2016年成立以来，在李然的指导带领下，工作室累计申报发明专利21项，获得授权发明专利3项、实用新型专利8项，撰写论文86篇，提出合理化建议187条，均成功转化实践应用。在同事眼中，李然是破冰专家，是引航者；在业内人眼里，他是当之无愧的技术管理精英。船厢姿态调整工艺、下闸首排水工艺、升船机补排水工艺、漂浮物清除工艺……李然正带领他的团队开展着很多针对性的研究。每天，他在现场忙得脚不点地，因为在他的心中，守护好、运行好大国重器，早已融为他最坚定的执着与崇高的信念。

六、弘扬新时代工匠精神

当今世界的发达国家，无一不是高度重视工匠精神的，其经济强国的地位都与其产业工人的工匠精神密不可分。工匠精神不仅是劳动者的职业准则，更是政府、企业的金色名片，也是一个地方经济发展保持长盛不衰的源源动力。工匠精神的发扬光大不可能一蹴而就，除推动企业家追求卓越、生产者耐心坚守、深化职业教育改革和培育职业精神外，还需要改善社会文化环境，用规则制度引导人们的行为，需要我们每个人身体力行。

1. 让工匠精神入脑入心

各地都有坚持贯彻工匠精神的出色企业及优秀员工，他们都在自己的领域精耕细作、造福社会。我们应大力将这些人的事迹推介出去，更多地向公众传递工匠精神、讲述工匠故事、表达工匠情怀，使工匠精神在各地蔚然成风，让工匠精神引领中国创造。这就要求宣传文化部门身先士卒，学习工匠的务实与敬业精神，培养和增强自身的看齐意识，脚踏实地践行工匠精神。要实在"学"，要对照"做"，真正把工匠精神内化于心、外化于行；贯彻在宣扬传播的细微处，如切如磋，如琢如磨，孜孜不倦、久久为功，确保工匠精神真正在全社会弘扬开来、落地生根。

2. 使工匠精神成为规制

再好的财富也要靠人来传承，再好的精神也要靠人来弘扬。要发扬光大工匠精神，应建

立有效的激励机制，正确引导人们的行为，发挥好工匠人才的作用。通过采取一系列制度性措施，引导培育学生精益求精的行为习惯，形成体现工匠精神的行为准则和价值观念，当务之急是建立健全一整套工匠制度，并渗透到职业教育、技术培训、市场准入、质量监管及专利保护等各个方面，使精益求精者得到应有的回报，让违法违规者受到严厉的惩罚。

3. 把工匠精神外化于行

对具备工匠精神的人来说，工作不只是眼前的苟且，还有诗和远方。换而言之，大凡敬业者，必将平凡的工作当作一种修行，定得住心、耐得住性、摒弃浮躁、求真务实，用责任感，拾工匠心，塑匠人魂。发扬光大工匠精神，是我们每个人都应该有的文化自觉和价值追求。身为一般的从业者，理应做好本职工作，具有"螺丝钉"精神，在自己平凡的工作岗位上兢兢业业；需要在价值理念和实践上，从社会和公众的需要出发，日复一日、年复一年地向专业的行家里手和能工巧匠靠拢，用工匠精神锻造出彩人生。

4. 将工匠精神延展出新

全面深化改革创新的力度进一步加大，各行各业的从业者面对当前工作中遇到的新情况、新问题，同样离不开发扬工匠精神。积极扩大工匠精神之外延，主动丰富其内涵，既是时代之需，也是职责所系，更是成长、成才的必由之路。职业院校学生应勇于开拓，奋发进取，大胆探索，博采众长，在工作理念、工作机制、工作载体和工作方法上寻求新的突破。

课堂案例

大国工匠李万君先进事迹

焊工是最平凡的工匠，但被誉为"没有翅膀的飞机"的高铁，却离不开他们非凡的双手。

在全国优秀共产党员、中车长春轨道客车股份有限公司焊工李万君看来，工匠精神有两种：一种是创新发明开拓，攻克非凡的难题；另一种是始终如一日，把平凡的工作做到极致。工作了29年、已获得"中华技能大奖"的李万君，每一天都在手握焊枪、踏踏实实地实践着这两种精神。

1987年初入职场，李万君披挂着厚重的帆布工作服，扣着封闭的焊帽，和工友们在电焊车间水箱工段的"烟熏火炼"中淬炼意志。

焊枪喷射着2 300 ℃的烈焰，瞬间将钢铁熔化。炎热的盛夏，车间里火星四溅，烟雾弥漫；声音刺耳，味道呛鼻。一年后，一起入厂的28个小伙伴有25个离职。李万君留了下来。焊工是非常苦非常累的工作，但是李万君热爱它，并钻研它。

厂里的尖端活、关键活都找他，他的作用越来越大。有一年，工厂水管冻裂了，水哗哗地流，生产无法进行。可带压焊接一焊就噗噗冒气儿，经验丰富的老师傅也没了主意。李万君仔细观察，反复琢磨，在裂口处焊上了一个带螺纹的管座，让气体从中排出，难题迎刃而解。

随着我国高铁产业不断升级，技术难题也越来越"高精尖"。既要保证生产任务，又要攻克难题，党员自然要加班加点带头干。2017年，李万君又带领团队攻克了美国纽约地铁列车转向架焊接难题，通过32道焊接把4厘米厚的钢板严丝合缝地焊接在一起，即使用超探、射线技术检测也看不到任何缺陷。

2011 年以来，李万君带头完成国家发明专利 21 项，革新 70 多项，重大技术创新 10 多项，取得五小成果 150 多项，获奖 104 项。在短短 6 年时间里，中国高铁也完成了时速 250 千米、350 千米、380 千米的"三级跳"。大国工匠正助力"中国梦"提速。

课堂活动

工匠精神的探讨

一、活动目标
理解工匠精神是如何培养的及工匠养成的意义。
二、活动时间
建议 15 分钟。
三、活动流程
教师出示以下阅读材料，并提问：你从关改玉身上学到了什么？

钢轨探伤"女神探"关改玉

在高铁建设中，500 米长的钢轨要用自动焊接机一根根焊接在一起。关改玉的工作就是用专用的超声探测仪，检查每一处钢轨焊接口是否合格。关改玉说，做这个工作的第一步就是除锈，就是用专门的钢丝刷，将铁轨接缝处及周围的锈迹刷掉，再用毛刷将上面的细屑、灰土及旁边的沙粒、碎石清理干净；第二步是涂抹机油，就是铁轨探伤用的耦合剂；第三步是用探头检测钢轨的轨底、轨腰、轨头等部位，确认每个焊接口没有伤损，不会给行车留下安全隐患。

能够探到伤损，是探伤工的价值所在。但现在钢轨无缝焊接技术已经非常成熟，常常是一条线路几百千米走下来，没有一个伤损出现。关改玉说，现在碰到的伤损越来越少，但自己的压力反而越来越大，因为枯燥的工作很容易让人疲劳、分心，万一有一个伤损没有被探出，那留下的隐患可能是致命的。所以，尽管检测出伤损的概率很小，但也必须要求自己对每个焊接口的检测，都按照规程严格执行，这样就可以杜绝侥幸心理的出现，保证每个焊接口的检测过程都符合技术要求，所出的最后结果都科学可靠。

(1) 教师将学生按照 4~6 人划分小组，通过小组内部讨论形成小组观点。
(2) 每个小组选出一组代表陈述本组观点，其他小组可以对其进行提问，小组内其他成员也可以回答提出的问题；通过问题交流，将每个需要研讨的问题都弄清楚。
(3) 教师进行分析、归纳、总结。
(4) 教师根据各组在研讨过程中的表现，给予点评并赋分。

第四节　大学生如何培育劳动精神

一、大学生劳动精神的主要特征

1. 提升大学生劳动精神的自主内化能力

提升劳动精神的自主内化能力，需提高大学生劳动精神认知自觉性。"中国梦"要依靠青年的不断奋斗实现，新时代大学生要自尊自强，抓住新时代机遇，自觉内化、转化劳动精神相关理论思想，通过踏实的学习实践，扎实的实用本领，学会自我教育、自我成长。

首先，大学生应进行劳动相关经典著作解读，从而培养劳动精神的理论思维。"原汁原味"读经典著作，使其从理论知识上了解"劳动""劳动精神"，在知其然的基础上，又知其所以然。注重马克思主义经典著作的理论高度和思维深度，同时，强化习近平总书记新时代中国特色社会主义劳动思想的学习，深入了解新时代劳动精神的时代特征，体会新时代劳动精神的继承与发展，从而不断深化对劳动精神的认识。

其次，大学生应高度重视中国优秀传统的劳动精神思想教育，挖掘中华优秀文化中的劳动精神。中华民族自古以来就拥有崇尚劳动的悠久文化，如"愚公移山""精卫填海""书山有路勤为径，学海无涯苦作舟"，不仅是中华民族上下五千年历史发展的基本保障，同时，也是新时代屹立于世界民族之林的强大精神动力，优秀传统文化的传承，可帮助大学生纵向理解劳动精神内涵。

2. 提升参与劳动实践积极性

提升劳动精神的自主内化能力，需提升大学生参与劳动实践的积极性。学生的劳动实践，不仅可以从基本的家务劳动和学校劳动中实现，还应自主的有计划、有方法、有效率的结合所学知识，锻炼核心竞争力，积极投身新时代创新创业劳动，切实感受劳动带来的满足感和获得感，同时体会劳动人民的辛苦和不易，激发劳动热情和劳动创造力。纵观当代大学生集父母亲人的宠爱，处在条件优越的生活、学习环境，加之改革开放后快速发展，许多学生失去了劳动的机会，故作为新时代青年大学生，应积极主动参与劳动，踏实做好本职工作，勇担重任，注重劳动实践的锻炼。一方面，积极主动参加简单劳动，培养基本的生活自理能力，通过简单的体力劳动锻炼身体、磨炼意志，在日常生活中辛勤劳动；另一方面，积极主动参加复杂劳动，在所学专业领域参与实践劳动，不断夯实基础，练就过硬本领，从而诚实劳动、创造性劳动。通过简单劳动和复杂劳动的有机结合，主动接受挑战迎接机遇，增强大学生体质体魄，激发大学生创新灵感，感受劳动价值。

3. 坚定劳动理想信念导向性

提升劳动精神的自主内化能力，大学生需坚定劳动理想信念导向性。理想信念就是人的志向，清代郑板桥诗句"千磨万击还坚劲，任尔东西南北风"表达了竹子坚定的信念。新时代的大学生应该做有理想、有本领、有担当的时代新人，敢于认清身上的重担，并勇于承担新时代赋予的历史使命。坚定理想信念，坚守劳动精神，才能够指引大学生不断克服艰难险阻，勇攀高峰，体会劳动的光荣和伟大，争做民族伟大复兴的践行者。坚定的理想信念是中国共产党安身立命的根本，当代大学生应该在领悟劳动精神内涵的基础上，用实践劳动感悟劳动智慧，同时求真务实、奋发上进，做一名有理想有信念的时代新人。用崇高的理想信念激发大学生的劳动主动性和创造性，鼓舞斗志、振奋精神，在认识和实践中体会劳动的伟大。一方面，树立个人理想，在奋斗中逐渐实现梦想、实现个人价值；另一方面，根植中国梦想，为中华民族的伟大复兴做出自己的贡献，实现社会价值。当代大学生应明确人生目标，坚定理想信念。通过坚实的思想基础、劳动实践的锻炼，用崇高的理想作为人生的支撑点，为人生旅途中的艰难曲折做好充足的准备。通过辛勤劳动、诚实劳动、创造性劳动，不断焕发劳动激情，秉持劳动初心。当代大学生劳动精神培育需要全员、全方位、全过程进行培育，针对劳动精神培育目标，充分发挥引导、规范、激励、教育及凝聚的作用。通过多载体、多形式的培养合力，促使大学生争做劳动精神弘扬者和引领者，培养以德、智、体、美、劳全面发展的社会主义建设者和接班人。

> **课堂案例**
>
> 劳动最光荣——全国"五一劳动奖章"获得者曾国苍
>
> 曾国苍，南通万达锅炉有限公司容器制造部手工焊组班长，2019年全国"五一劳动奖章"获得者。
>
> 曾国苍是南通万达焊工队伍的优秀代表，是中材节能员工的缩影。他勤学苦练，不断进取，熟练掌握多种焊接方法操作技能，曾获得南通市职工职业技能大赛第一名，第四届全国职工职业大赛第五名，第三届北京"嘉克杯"国际性焊接技能大赛"优秀选手"。他"焊"艺卓绝，在公司技术创新、重大项目难点攻克、关键工序应用研发方面做出了突出贡献，先后荣获"全国技术能手""中央企业青年岗位能手""南通市劳动模范"等荣誉称号。
>
> 曾国苍是一名普通焊工，他立足岗位做贡献、扎实工作求发展，在自己的岗位上踏实工作；在平凡的工作中做出了不平凡的业绩。他是千千万万工人的代表，用勤劳的双手描绘了美好的图画，也为无数职业院校学生树立了榜样，从而认识到劳动最光荣，劳动最崇高，劳动最伟大，劳动最美丽。

二、大学生劳动精神的培育途径

针对目前劳动精神存在的一系列问题，国家、学校、社会、家庭、大学生自身应该采取相应的措施。处于新时代，要大力加强对大学生劳动精神的培育，激发大学生勤劳奋进的精神，不断增强自身的劳动观念，塑造劳动品德，培养劳动能力，使大学生以饱满的精神面貌投身于社会主义现代化建设，为中华民族伟大复兴"中国梦"的实现贡献出自己的一份力量。

高校肩负着培育时代新人的职责使命，是青年大学生劳动教育的重要阵地，是传播知识的殿堂和人才培育的摇篮，应该在培育大学生劳动精神方面担负起更多的职责，为新时代中国特色社会主义社会事业培养更多的合格人才。学校要发挥劳动精神培育的关键作用，明确劳动精神的培育主体，拓宽劳动精神的培育平台，丰富劳动精神的培育内容，创新劳动精神的培育形式。

（一）突出学校在大学生劳动精神培育中的主导功能

1. 明确劳动精神培育主体

中共中央、国务院《关于全面加强新时代大中小学劳动教育的意见》中指出的："学校要切实承担劳动教育主体责任，明确实施机构和人员，开齐开足劳动教育课程，不得挤占、挪用劳动实践时间……根据学生身体发育情况，科学设计课内外劳动项目，采取灵活多样形式，激发学生劳动的内在需求和动力。统筹安排课内外时间，可采用集中与分散相结合的方式，组织实施好劳动周……高等学校要组织学生走向社会、以校外劳动锻炼为主。"基于此，高校首先要明确劳动精神的培育主体。所有高校教育者都承担着大学生劳动精神培育的职责和使命，思政课教师、辅导员更是责无旁贷。思政课教师应该在课堂上融入劳动精神培育的相关内容；辅导员在学生的日常管理过程中要注重对大学生进行劳动精神的培育。

2. 拓宽劳动精神培育平台

劳动精神的培育平台可以且应该多样化。目前，高校进行劳动教育的平台还相对较少，不能完全满足学生的需要。高校应该一改传统的教学模式，围绕学生的实际特点开展差异化的教学，依托网络等平台构建以学生为中心的劳动精神培育模式。例如，让学生参与社会志愿服务活动、参加校园环境卫生打扫等，可以利用"两微一端"等新媒体，通过音乐、视频、漫画等多种大学生喜闻乐见的方式传播劳动精神，特别是善于运用身边劳动模范的故事感染大学生，提升大学生对劳动和劳动精神的理解，并进一步主动弘扬劳动精神。广州某高校开设劳动必修课，课程分为理论与实践两部分，实践部分需要学生打扫校园卫生，并纳入学分考核。不断拓宽劳动精神的培育平台，让学生有更多的机会参与劳动的过程。高校要明确劳动教育所依托的课程，可以设置劳动教育必修课程和选修课程，大学生在修完必修课程后，可以根据自己的喜好自由选择选修课程，这样就满足了不同学生的需要。高校还可以结合本校不同的专业、学科，为大学生开设专业化、特色化的劳动课程，使劳动精神自然地融入大学生的学习生活，使他们在潜移默化的过程中接受劳动教育，培养他们崇高的劳动精神，最终影响他们的劳动行为，使他们在不自觉中主动弘扬劳动精神。

3. 丰富劳动精神培育内容

高校要注重细节培养，从细节培育大学生的劳动精神。高校各学院应加强劳动主题教育，弘扬劳动精神，开展劳动相关宣传与教育工作。高校要根据大学生现阶段的特点开设劳动教育课程。每学年可以设置劳动周活动，给大学生创造劳动机会，让大学生有更多的劳动机会锻炼自己。劳动周的具体时间可由高校根据需要统一安排，既可以安排在每学期内，也可选择性地安排在寒暑假期间。建议多采取集体性劳动的方式，这样可以使大学生相互学习、相互鼓励，体会集体劳动的乐趣。劳动是美丽的，劳动的人更是美丽的。目前，开设了劳动课程的高校往往以思政课的方式进行，而且劳动教育的内容往往比较陈旧，这样必然难以达到新时代培育大学生劳动精神的要求。针对劳动精神培育的重要性和必要性，有条件的高校可以设置专门的劳动课程，并将劳动教学纳入整个教学考核体系。同时，高校还要改变传统课程设置的方法，将劳动课程设置为校内外活动结合的课程，将社会实践活动纳入劳动教育体系，进而依靠体系增强大学生的劳动精神，激发他们积极参与劳动实践的积极性。高校大学生劳动精神的培育要根据当前大学生的实际特点、教育、教学开展情况和生理、心理发展需求进行，要使大学生真正明白劳动精神的特定内涵，理解劳动精神所包含的具体内容。高校要多组织、集中地开展服务于生活的简单体力劳动、教学社会实践、社会公益活动等，并吸引大学生参加，使他们在力所能及的劳动实践活动中体验劳动、掌握劳动的基本技能、享受参与劳动的过程、领悟劳动创造价值的深刻内涵，激发大学生的责任感与意识，从而达到对大学生进行德、智、体、美、劳教育的目的。

4. 创新劳动精神培育形式

培育劳动精神的形式可以是多种多样的，除传统的课堂教学外，还应综合运用多种方式开展劳动精神的培育。高校在开展劳动教育时要不拘一格，围绕大学生的实际特点来开展差异化的教学。例如，高校可以利用新媒体，通过多种形式，宣传有关劳动和劳动模范的故事，提升大学生对劳动与劳动精神的理解程度和对于劳动人民的亲切感；尤其是要利用好身边的真实案例，以情动人，影响和感染大学生；邀请劳动模范到学校做公益讲座，讲述自己身上发生的真实案例，让大学生有更直观的感受，仿佛跟主人公一起经历了相同的事情，更容易引起他们的共鸣。除此之外，学校还要善于利用校内外的各类资源（如校内的学生会、学生社团等学生组织），借助他们的力量发展丰富多彩的校园活动，提高大学生的参与度；加强校企合作，利用校外实践基地和教育基地对大学生开展劳动教育。学校定期带领大学生参与劳动过程，使他们亲身体会劳动、感怀劳动，明白劳动的难能可贵，珍惜劳动得来的一切，并且学会传承劳动文化、弘扬劳动精神。劳动形式的创新有利于大学生更积极地参与劳动。在新时代的今天，劳动教育的方式可以并且应该多样化，劳动精神的培育方式有待进一步创新，高校应该对这个问题引起重视，劳动教育不容忽视。

课堂案例

互联网时代的"懒人经济"

"90后""00后"成长于互联网技术大发展、智能手机普及的时代。他们对自动化、信息化、智能化、远程化等生活方式具有一种几乎天然的认同感和亲近感，特别是，伴随科学技术的飞速发展和"互联网+"的兴起，网络订餐、网上购物、网约车等社会服务业日益发达，饿了么、美团、淘宝、天猫、滴滴打车等网络平台无孔不入地嵌入了大学生的日常生活，对他们的衣食住行产生了翻天覆地的影响。然而，科学技术是一把双刃剑，在便利人们生产和生活的同时也增长了人们的惰性。如外卖订餐的出现，在为忙碌的人们节省时间的同时，也助长了学生的懒惰，不少大学生不去餐厅吃饭，而是习惯点外卖，甚至有的学生外卖到了都懒得下楼去取，催生了代取外卖等业务；打车软件的流行，方便了学生的出行，这也使得部分大学生外出不愿意步行，甚至不坐公交车，而是选择滴滴快车等舒适便捷的网约车服务。

（二）重视社会在大学生劳动精神培育中的环境影响

社会在大学生劳动精神的培育过程中，应尽力发挥好必要的支持作用。社会虽说不是大学生劳动精神培育的主体，但可以为大学生劳动精神的培育提供必要的条件支撑，如调动各方面的社会资源，为大学生参与劳动实践提供场所。比如，利用政府部门的力量，协调高校、企业、公司、工厂、家庭、农场之间的合作，调动他们互动的积极性，互帮互助，这些机构或单位为高校提供实践场所，高校为这些机构输出大量人才，这样就能实现共赢。

1. 为学校组织劳动实践提供场所

社会可以为大学生劳动精神的培育提供外力支持，如为学校组织劳动实践活动提供场所。高校如果仅仅依靠校内力量，难以达到对大学生劳动精神的全方位培育，必须要依靠社会力量进行综合培育，才能达到实践育人、协同育人的最终目的。社会各界力量应该支持学校组织学生参加他们力所能及的生产实践活动，参加一些新时代的新型劳动，让他们在参与劳动的过程中体会劳动的艰辛，知道劳动过程的不易。这样，他们在日后的工作中才能够正视工作过程中遇到的困难，并勇敢地克服它们。这种体验对于大学生来说是十分难得的，也是十分必要的。社会可以为劳动精神的培育提供必要的场所，支持学校为大学生开展实践教学活动，更好地培养新时代大学生的劳动精神。

2. 为大学生劳动实践提供技术支持

社会除能为大学生劳动精神的培育提供必要的场所外，还可以提供一定的技术支持，尤其是一些高新企业可以为大学生体验现代高科技提供服务。例如，对于学习智能制造专业的学生，如果有机会接触最前沿的发明，更有利于激发他们的想象力和创造力。尤其是在新时代，每天都有一些新奇事物的出现，如果大学生能够从这些实践活动中找到灵感，这无疑比他们天天钻在实验室里埋头做试验有趣得多，也不会使他们成为一个个书呆子。通过社会提供技术支持，高校才能有更多的方式培养和锻炼学生的劳动能力。

3. 鼓励大学生参加志愿服务活动

社会的向前推进，离不开每个人的奉献，社会上的一些福利组织为大学生开展无偿劳动做出了很好的表率。例如，学校的共青团积极组织大学生参加一些公益性质的劳动，社会的福利组织主动为大学生搭建相关的劳动实践活动平台，带领大学生深入福利院、敬老院、孤儿院、残疾人活动中心等地参加志愿服务活动，开展一系列的公益劳动。多参加这些活动能够更好地培养大学生的奉献意识，让大学生体会劳动给他们带来的快乐。这种快乐是发自内心的，不同于其他的。

（三）发挥家庭在大学生劳动精神培育中的熏陶作用

家庭是孕育孩子的土壤，父母是孩子最好的老师。父母对孩子的影响可以说是终身的，在劳动精神的培育过程中，家庭的作用同样不可忽视。家庭是培养大学生劳动精神的重要场地，必须重视营造优美的家庭环境、良好的家庭氛围，充分发挥家庭环境对大学生劳动精神培育的熏陶作用。如作为家庭成员，每个人都要养成自觉打扫卫生的良好习惯，不能将保洁的任务固定地落到某个家庭成员的身上；一家人都要主动清洁卫生，将物品摆放整齐，注意美化、绿化、亮化家庭环境，让家庭环境常看常新。营造干净、舒适的家庭环境不仅有利于培养一家人的劳动观念，还有利于一家人互相体贴、相互尊重，使一家人都能保持心情舒畅、身心健康。中共中央、国务院发布的《关于全面加强新时代大中小学劳动教育的意见》（以下简称《意见》）中指出："家长们要注重抓住衣、食、住、行等日常生活中的劳动实践机会，鼓励孩子自觉参与、自己动手，随时随地、坚持不懈地进行劳动，掌握洗衣、做饭等必要的家务劳动技能。"鼓励学生参与生活技能展示活动。"学生参加家务劳动和掌握生活技能的情况要按年度记入学生综合素质档案。鼓励孩子利用节假日参加各种社会劳动。家庭要树立崇尚劳动的良好家风，家长要通过日常生活的言传身教、潜移默化，让孩子养成从小爱劳动的好习惯。"《意见》为家庭如何对孩子进行劳动教育指明了方向，也引导了家长如何更好地培育孩子的劳动精神，为孩子的成长助力。

（四）大学生要在劳动精神培育中发挥好自育作用

内因是基础，外因是条件，外因要通过内因才能起作用。要想培育大学生的劳动精神，必须要发挥大学生的自我培育作用。大学生要树立正确的劳动观点，养成良好的劳动习惯，培养自身热爱劳动和热爱劳动人民的思想情感。同时，还要具备遵守劳动纪律、爱护劳动工具和尊重劳动成果的优良品德。大学生要树立科学的劳动理念，秉持正确的劳动态度，培育优良的劳动品德，养成良好的劳动习惯，塑造高尚的劳动情怀。大学生综合自身进行自育，才能达到更好的培育效果。

1. 树立科学的劳动理念

劳动理念就是对于劳动的认识和看法。培育大学生的劳动精神必须要依托高校优质的劳动教育资源，通过教师的合理引导，让大学生形成良好的劳动精神。大学生劳动精神的自我培育首先要从劳动观念入手，大学生必须要树立正确的劳动教育理念。劳动精神培育的关键之处是要让学生树立尊重劳动、热爱劳动、积极参与劳动的劳动意识。意识具有能动的反作用，对于人的行动具有一定的指导作用。理念具有先导性和前瞻性，正确的理念能够指导人们进行正确的活动，而科学的劳动理念能够指导大学生进行正确的劳动行为。

2. 秉持正确的劳动态度

劳动态度是指劳动者对于劳动所持有的评价和行为倾向。大学生要端正劳动态度，要明白无论从事哪个行业，每个劳动者都在以自己的方式为社会的进步做出自己的贡献。职位没有高低贵贱之分，平凡的岗位上也能创造辉煌。大学生要秉持正确的劳动态度参与劳动，在劳动中发现快乐，挖掘劳动背后隐藏的价值，探寻劳动的奥秘，揭开劳动的神秘面纱。大学生在未进入社会前要端正自己作为未来劳动者的态度，将来有一天自己走向工作岗位时，无论从事的是哪一份职业，都要自觉按照社会所要求的职业道德准则来规范自己在日常工作和生活中的行为。可以预知的是，秉持正确的劳动态度能够使大学生在未来的职业生涯中更容易收获成功。态度决定一切，正确的劳动态度能够使大学生在实际劳动过程中不至于偏离航线。

3. 培育优良的劳动品德

劳动品德是指热爱劳动的优秀品德。大学生良好劳动品德的养成有助于给他人留下良好的印象，有助于大学生更好地参与劳动，有助于大学生为今后的幸福生活创造美好的条件。品德的力量是无穷的，一旦大学生形成了优良的劳动品德，就能引导其正确的劳动行为，从而积极从事劳动。品德要经过长期的劳动实践才能塑造出来。劳动品德一旦形成，将具有稳定性的特征，它能够反映出一个人的整体道德素质，影响人的后续发展。因此，要注重大学生劳动品德的培育，使大学生在劳动的过程中修炼自身德行，完善自身的素质，体现高尚的人格。

4. 养成良好的劳动习惯

劳动习惯是指一个人长期劳动形成的一种身体的本能。劳动习惯具有相对的稳定性。俗语说："习惯成自然"，良好的劳动习惯能够使大学生在日常的生活中将劳动看作一种自然的行为，而不是被动发生的行为。人要想成就优良的学业和辉煌的事业，拥有一段幸福且美好的精彩人生，必须养成良好的学习、工作和生活习惯。那些优秀的人，多半是拥有良好学习和生活习惯的人。良好劳动习惯的养成，有助于培养吃苦耐劳的劳动精神。一个人要想获得成功，不仅需要有远大的理想和伟大的志向，丰富的知识和扎实的技能，更重要的是，还有脚踏实地、吃苦耐劳的劳动精神。良好的劳动习惯教育对一个人的成长和成才具有不可忽视的重要作用，因此，大学生要注重自身良好劳动习惯的养成，让良好的劳动习惯贯穿自己生活的始与终。

5. 塑造高尚的劳动情怀

劳动情怀是指对于劳动的特殊情感。劳动情怀是建立在对劳动认知正确的基础上，经过长期的社会实践而形成的。高校可以通过勤工助学、校园绿化、整理图书，以及设置助教、助管、助研、助理等岗位给予大学生勤工俭学的机会，强化对大学生劳动情怀的培育，以实现"立德树人"的根本任务。对于大学生自身来说，要主动培养自身的劳动情怀，培养自身对于劳动的这份特殊情感。劳动是人类特有的，是人类区别于其他动物的显著标志。人类有必要将劳动代代传承下去，形成一种热爱劳动的情怀。这种情怀一旦形成，就将具有持久的生命力，会指引着人们不断前进，依靠双手创造更加美好的明天。

课堂活动

探讨新时代劳动精神

一、活动目标

培养新时代劳动精神。

二、活动时间

建议10分钟。

三、活动流程

(1) 阅读以下材料，并阐述：你从田志永身上学到了什么？

巧手赢美誉——特变电工田志永

在世界变压器领域，德国的西门子是老牌领先者。2002年，田志永所在的沈阳变压器厂承担了引进直流换流变压器的重大任务，面对这个高精密工艺要求的庞然大物，装配班长田志永充满好奇与探索的兴趣，然而他的请教却遭到西门子技术人员的断然拒绝，一句"你不要动！"让他明白了，外国人是不会把关键技术教给他的。于是，他白天寸步不离看外国人装配，晚上拿着图纸附着实物"读"，将变压器上80多根电缆和上千根控制线对照原理图进行艰苦繁杂的倒装推理验证。就这样，他用半个月的时间，硬是啃下了这块硬骨头，最终全面掌握了这种当时世界上先进变压器的装配技术。此后，他参与了54种世界级重大产品的装配，其中24种为世界第一。他技术高超，对超大型和大型变压器的上百个装配疑难问题的解决方案了然于胸，装配变压器一次次合格率达到国际高水平。他善于创新，在工艺、流程和组装方法上，实现了200多项创新，形成了"田医优法"。现在，在超大型和大型变压器产品上，田志永已成为国内外少有的了解全部产品所有装配工艺技术的"大拿"，而且他还在不断地自我超越中。

(2) 将学生分成4~6人的活动小组，通过小组内部讨论形成小组观点。

(3) 每个小组选出1名代表陈述本组观点，通过交流，将每个需要研讨的问题都弄清楚。

(4) 教师对各组观点进行分析、归纳、总结。

(5) 教师根据各组在研讨过程中的表现，给予点评并赋分。

第四章　劳动素养

学习目标

1. 了解劳动素养的内涵及结构体系，熟悉职业院校学生劳动素养培养途径。
2. 了解劳动习惯的认知，理解劳动习惯养成的重要性，培养自我管理的劳动习惯。
3. 了解劳动诚信的含义及意义，熟悉劳动诚信的要求与实现途径，能够树立诚实守信的良好品质。
4. 了解劳动责任的定义及特点，熟悉劳动责任的内容，强化劳动责任意识。

案例导读

世界杂交水稻之父——袁隆平

袁隆平，男，汉族，江西省九江市德安县人。1930年9月7日出生于北京。他用毕生的精力在解决吃饭——这个人类一直未能解决的大问题，他用智慧改造了大地，用心血造福了人类，他的名字、事业、精神光耀环宇。他是中国杂交水稻育种专家，中国研究与发展杂交水稻的开创者，被誉为"世界杂交水稻之父"（图4-1）。

图4-1　袁隆平

袁隆平是杂交水稻研究领域的开创者和带头人。从 1946 年开始，他几十年如一日，全心致力于杂交水稻技术的研究，成功研发出"三系法"杂交水稻。1987 年，国家"863"计划将两系法杂交水稻研究立为专题，袁隆平组成了两系法杂交水稻研究协作组开展协作攻关，历经 9 年的艰苦攻关，1995 年两系法杂交水稻取得了成功，一般比同熟期的三系法杂交水稻增产 5%～10%，且米质一般都较好。两系法杂交水稻为中国独创，它的成功是作物育种上的重大突破，体现了以袁隆平为首的中国杂交水稻科技工作者的聪明才智。随后他又率领团队创建了超级杂交水稻技术体系，使水稻产量平均亩产提高到 900 千克。截至 2017 年，杂交水稻在中国已累计推广超 90 亿亩，共增产稻谷 6 000 多亿千克。他多次赴印度、越南等国家，传授杂交水稻技术以帮助克服粮食短缺和饥饿问题。

袁隆平从事杂交水稻研究已经半个世纪了，他不畏艰难，甘于奉献，呕心沥血，苦苦追求，使中国杂交水稻研究始终居世界领先水平，为中国粮食安全、农业科学发展和世界粮食供给做出了杰出贡献。他被授予全国劳动模范，被评为全国道德模范，荣获国家最高科学技术奖和联合国教科文组织科学奖，2018 年获得国家"改革先锋"荣誉称号。

试想：结合以上案例，谈谈你对劳动素养的理解，如何提升劳动素养？

第一节　劳动素养概述

一、劳动素养的内涵

劳动素养的养成是大学生全面发展的关键。立足新时代，全面把握大学生劳动素养的内涵与特征是优化劳动教育的重要内容。劳动素养是指经过劳动或劳动教育等特殊形式的社会实践活动所形成的、与劳动相关联的人的素养。劳动素养有广义和狭义之分。广义上的劳动素养专指劳动价值观，是对劳动的根本认识和基本看法；狭义上的劳动素养则专指劳动知识、劳动技能和劳动习惯等。此外，劳动素养还具有规范性特征。一般说某人具有"劳动素养"，实际是指某人在劳动价值观、劳动知识、劳动技能和劳动习惯等方面具有良好的修养。高校开展劳动教育的目的就是以提升学生的劳动观念、劳动态度、劳动情感、劳动知识、劳动思维、劳动技能和劳动习惯等方式，推动大学生劳动素养的形成。劳动教育及其社会实践活动使大学生不仅能够"爱劳动""会劳动"，还要能够"懂劳动"，并能够结合自身所学的专业和今后的职业创造性地开展劳动，最终成为能够"流自己的汗，吃自己的饭"的有尊严、有教养的现代公民。

二、劳动素养结构体系

劳动素养结构主要包括劳动能力、劳动观念、劳动精神、劳动习惯和劳动品质四个维度。四者相辅相成，共同构筑了学生劳动素养结构体系。

1. 劳动素养体系的基础：劳动能力

劳动能力是学生劳动知识、劳动技能及劳动活动实践创新等多项内容的综合表现，主要包括劳动知识、劳动技能与劳动创新，是学生个体劳动观念、劳动精神及劳动习惯等人格品质形成的坚实基础。劳动能力素养的形成始于学生对劳动知识的学习与劳动技能的尝试。劳动知识是历史潮流中前人在劳动实践中认识客观世界、推动社会生产和发展自身的经验结果与传承积累，它包括理论知识和实践知识。劳动技能是指运用一定知识和经验顺利完成某种劳动任务的活动方式。在劳动教育过程中，学生需要系统学习劳动知识，包括劳动项目的起源、发展历程、社会作用及未来意义等内容，体系化和专业化的知识掌握形成了学生劳动知识素养。劳动技能素养是指学生在具体的劳动活动中所形成的稳定技术性能力等，主要表现为学生能独立或合作完成简单的劳动项目并能熟练运用常见的劳动工具等，帮助学生从日常劳动中学习基本的生活技能。劳动创新是指学生通过知识与技能的学习，在各类劳动实践活动中所形成的劳动创新思维及在以往劳动基础之上继承创造的能力。如对传统劳动工具进行改造的想法、对如何优化劳动效率的思考等，这些都是青少年创新思维、创造能力的体现，也是未来人才所必备的竞争性能力。劳动知识的积累、劳动技能的掌握及劳动创新的培养，完善了学生知识结构体系，提升了劳动能力，为劳动品质与劳动习惯等素养的形成奠定了基础。

2. 劳动素养体系的重心：劳动观念

劳动观念是指学生在劳动活动中所形成的综合性认知，是学生劳动意识、劳动思想和劳动态度的表达。意识源于人对大脑内外所收获信息的觉察。劳动意识是学生个体关于劳动信息的主观性想法的表达，如自己的事情自己做的想法、尊重他人劳动成果、安全劳动等意识。劳动意识是正确认识劳动创造价值的核心，并进一步影响学生的劳动态度与劳动行为。劳动思想是指学生要正确认识马克思主义劳动思想及新时代习近平总书记劳动观的具体内容，促进学生对"劳动最光荣、劳动最伟大"等思想认识的形成。劳动态度是学生对劳动活动系列内容的心理和行为倾向，常常外化为个体行为表现，如学生书桌整理、洗衣、做饭等主动承担劳动的行为，是积极劳动态度的表现。劳动观念是学生劳动素养体系的重心，是消除因家庭淡化劳动教育所形成的"宅男""宅女""啃老族"和"佛系青年"等现象的良药。劳动观念的培养能够使学生在动手实践、体力付出中形成"劳动平等"与"劳动最光荣"等思想观念；在规范自我劳动行为、学习劳模精神和体验劳动过程中，端正劳动态度；在社会公共劳动活动中，形成公共服务、劳动自立、自我实现等意识。劳动观念的培养是学生自我价值实现的隐形奠基石，折射出个体内涵式发展的光芒，为其全面发展提供保障。

课堂案例

没有伞的孩子会努力奔跑

当父亲叹着气，颤抖着手将四处求借来的 4 533 元递来的那一刻，他清楚地明白交完 4 100 元的学费、杂费，这一学期属于他自由支配的费用就只有 433 元了！他也清楚，年迈的父亲已经尽了全力，再也无法给予他更多。"爹，你放心吧，儿子还有一双手，两条腿呢。"强忍着辛酸，他笑着安慰父亲，转身走向那条弯弯的山路。转身的刹那，有泪流出。穿着那双半新的胶鞋，走完 120 里山路，再花上 68 元坐车，终点就是他梦寐以求的大学。

到了学校，扣除车费，交上学费，他的手里仅剩下可怜的 365 元。5 个月，300 多元，应该如何分配才能熬过这一学期？看着身边那些脖子上挂着MP4，穿着时尚品牌的同学来来往往，笑着冲他打招呼，他也跟着笑，只是无人知道，他的心里正泪水汹涌。饭，每天只吃两顿，每顿控制在2元钱以内，这是他给自己拟定的最低开销。可即便这样，也无法维持到期末。思来想去，他一狠心，跑到手机店花150元买了一部旧手机，除了能打能接听，还有短信功能。

第二天，学校的各个宣传栏里便贴出了一张张手写的小广告："你需要代理服务吗？如果你不想去买饭、打开水、缴话费……请拨打电话告诉我，我会在最短的时间内为你服务。校内代理每次1元，校外1千米内代理每次2元。"小广告一贴出，他的手机几乎成了最繁忙的"热线"。

一位大四美术系的师哥第一个打来电话："我这人懒，早晨不愿起床买饭。这事就拜托你了！"

"行！每天早上7点我准时送到你的寝室。"他兴奋地刚记下第一单生意，又有一位同学发来短信："你能帮我买双拖鞋送到504吗？41码，要防臭的。"

他是个聪明的男孩。入校没多久，他便发现了一个有趣的现象：校园里，特别是大三、大四的学生，"蜗居"一族越来越多。所谓"蜗居"就是一些家境比较好的同学整日缩在宿舍里看书、玩电脑，甚至连饭菜都不愿下楼去打。但他是在大山里长大的，坑洼不平的山路给了他一双"快脚"，奔跑是他的特长，上五楼、六楼也就是一眨眼的事情。

当天下午，一位同学打来电话，让他去校外的一家外卖快餐店，买一份15元标准的快餐。

他挂断电话，一阵风似的去了。来回不到10分钟。这也太快了！那位同学当即掏出20元，递给他，说不用找了。他找回3元。因为事先说好的，出校门，代理费2元。做生意嘛，无论大小都要讲信用。

后来就冲这效率和信用，各个寝室只要有采购的事情，总会想到他。能有如此火爆的生意，的确出乎他的意料。有时一下课，手机一打开，里面便堆满了各种各样要求代理的信息。

一天下午，倾盆大雨哗哗地下，手机却不失时机地响了，是一位女生发来的短信。女生说，她需要一把雨伞，越快越好。接到信息，他一头冲进了雨里。等被浇成"落汤鸡"的他把雨伞送到女生手上时，女生感动不已。

随着知名度的提高，他的生意越来越好，只要顾客需求，他总会提供最快捷、最优质的服务。仿佛是一转眼，第一学期就在他不停地奔跑中结束了。

寒假回家，老父亲还在为他的学费发愁，他却掏出1 000元塞到父亲的手里："爹，虽然你没有给我一个富裕的家，可你却给了我一双善于奔跑的双腿。凭着这双腿，我一定能'跑'完大学，跑出个名堂来！"

转过年，他不再单兵作战，而是招了几个家境不好的朋友，为全校甚至外校的顾客做代理。代理范围也不断扩大，慢慢地从零零碎碎的生活用品扩展到电脑配件、电子产品等。这一学期跑下来，他不仅购置了电脑，在网络上拥有了庞大的顾客群，还被一家大商场选中，做起了校园总代理。

奔跑，奔跑，不停地奔跑，他一路跑向了成功。

他说，大学4年，不仅要出色地完成学业，还要赚取将来创业的"第一桶金"。他把

"第一桶金"的数额定为 50 万元。他的名字叫何家南，一个从大兴安岭腹地跑出，径直跑进黑龙江省师范大学的学子。

虽然做了校园总代理，可他依然是他，依然是那个朴实、勤快、为了给顾客打一壶开水赚取 1 元钱代理费，而像风一样奔跑的大男孩！

3. 劳动素养体系的核心：劳动精神

劳动精神是指学生面对劳动所秉持的精神风貌和人格气质，是学生劳动素养的核心内容。一般意义上，劳动精神是指劳动者在劳动中展现的精神状态、精神面貌、精神品质。劳动精神是个体思想、意识、思维等心理认知的凝练与升华，它指导与规范着个体外在劳动行为的表现。青少年是未来社会主义的接班人和中华优秀传统文化的传承人。劳动精神的培育必须立足中华民族优秀传统文化，结合时代发展需要和青少年身心特征来核定其主要内容，为塑造合格的时代新人提供保障。新时代劳动教育要培养奋斗、奉献、勤俭等劳动精神。奋斗、奉献、勤俭是学生在日常生活、生产及服务性等劳动活动中所必备的精神内容，也是培育学生坚持不懈、持之以恒、勤俭节约等良好道德修养的重要因素。学生劳动精神素养主要包括劳动奋斗、劳动奉献、劳动勤俭等基本劳动精神风貌。劳动精神素养是新时代社会发展对未来人才品德的要求，也是当今青少年学生所要学习和达到的个人品德标准。同时，劳动精神也是指引学生劳动品质与劳动思想形成的核心力量，是促使学生在社会公益劳动、日常生活劳动及生产劳动等活动中学会自立自强、勤奋坚强、勇于克服困难、乐于奉献的动力源泉，对未来提升社会公益活动质量、形成社会劳动风尚及推动学生突破自我劳动认知限度具有促进作用。

4. 劳动素养体系的关键：劳动习惯和劳动品质

劳动习惯和劳动品质是随着学生成长而养成的人格品质，体现在日常的自觉化劳动行为与思考方式，是从个体内在思维、思想到外在行为表现的素养展现，也是学生劳动素养体系的关键内容。个体的行为习惯有积极与消极两个方面。积极的劳动行为习惯激励着学生的劳动热情，督促着学生规范劳动行为。劳动习惯和劳动品质主要包括劳动自主、劳动诚信、劳动责任。具体而言，劳动自主在于学生能够自觉主动、积极自愿地投入家务劳动、班级服务劳动等劳动活动，形成自觉能动的能力和主动劳动的习惯；劳动诚信是指学生养成尊重劳动事实、遵守劳动规范的行为品格；劳动责任是指学生要在各阶段发展过程中形成各类劳动实施责任感，具体表现为个人、学校、家庭及社会劳动责任等，以此来强化青少年对于社会、家国发展的责任感。选择、坚持良好的劳动习惯不仅是学生养成劳动品质、形成劳动精神和劳动能力的关键，也是自身实践能力发展的重要举措。正如俄国教育家康斯坦丁·德米特里耶维奇·乌申斯基所言："如果你能成功地选择劳动，并把自己的全部精神灌注到它里面去，那么幸福本身就会找到你。"学生良好劳动习惯和品质的生成，不仅是满足课程专业发展的需求，更是自身幸福感的来源，也是获得感得以实现的重要渠道。

三、职业院校学生的劳动素养现状

具体而言，高职学生的劳动素养是指在掌握扎实专业知识的同时，具有积极主动的劳动意识、良好的热爱劳动的心态和尊重他人劳动成果，不仅能够扎实开展学习、生活、工作中的脑力与体力实践活动,而且能够根据条件变化创造性地开展劳动的能力。当前高职学生反映的劳动素养现状有以下几个方面。

1. 劳动认知不足

认知是态度和行为的基础,对劳动的积极认知,能够指导大学生热爱劳动、尊重劳动、投身劳动;反之,大学生可能对劳动持消极和抗拒态度。然而,由于社会环境、成长经历和应试教育等因素的长期影响,当前大学生对劳动的认知普遍不足。劳动包含体力劳动和脑力劳动,但不少大学生对劳动简单化理解,片面地将体力劳动等同于劳动的全部,对劳动充满抵触情绪;也有部分学生轻视体力劳动,认为从事体力劳动低人一等,对体力劳动者缺乏应有的尊重;部分学生毕业后找不到满意的工作,宁愿在家"啃老"也不愿意到基层一线去;还有一些学生不能理解国家开展劳动教育的意义和价值,对劳动教育是"人生的第一教育""劳动教育是立德树人的重要载体"的认识不到位,觉得当下开展劳动教育多此一举。

2. 劳动态度消极

对劳动教育认知的不足,导致部分学生劳动意识淡薄,劳动态度不够端正。如有学生认为经济社会发展了就无须发扬艰苦奋斗精神,甚至认为辛勤劳动是愚蠢行为,因而,依赖父母积累的物质财富和社会资本不思进取,逐渐养成逃避劳动的心理,形成好逸恶劳的思想和懒散消极的习惯,成为"啃老族""佛系青年";少数学生劳动取向功利化,参加志愿服务及社会实践活动不以认识社会和提升能力为目的,而是关注能否在综合测评中"加分",是否有助于"评优评先",一旦认为达不到应有的回报,便选择逃避。日常生活中对劳动的消极态度,影响着大学生对劳动及劳动人民的情感,并进一步影响到大学生的就业观,表现为就业时眼高手低,追求不切实际的薪酬待遇,随意毁约,频繁跳槽。

3. 劳动能力弱化

娴熟的劳动能力需要在长期的学习及动手实践中培养和练就。因为劳动观念淡薄、劳动价值模糊、劳动实践不足,当前大学生普遍动手能力较差,缺乏基本的劳动技能,更有甚者,连自己的日常生活都不能自理。如有的学生不会做饭烧菜,甚至不会整理房间和清洗衣物,以至于新生开学常有父母帮忙挂蚊帐的现象,媒体中时有大学生邮寄脏衣服回家清洗的报道。部分学生不会使用劳动工具,扫把不会拿,拖把不会用,把劳动工具当玩具,劳动技能几乎为零。一些毕业生眼高手低,只会纸上谈兵,不能很好地胜任工作岗位,且不愿意向有经验的先辈学习。

4. 劳动品质欠佳

社会主义的劳动教育最重要的目的是培养学生的劳动价值观,使学生知道劳动的价值,欣赏劳动的过程,尊重劳动的果实。然而受劳动认知不足和劳动态度消极的影响,不少大学生没有养成良好的劳动品质,且劳动情怀比较缺失。如有的学生崇尚安逸享乐,渴望不劳而获,妄想一夜暴富;有的学生劳动意志脆弱,不能够吃苦耐劳,在劳动面前容易产生退缩心理;也有的学生缺乏艰苦奋斗精神,生活不够节俭,铺张浪费,攀比享乐;还有的学生以自我为中心,不善于团队协作。部分学生在学校宁愿把大量时间花在娱乐消遣上,也不愿意打扫宿舍卫生,导致寝室脏乱不堪。还有一部分学生缺乏劳动意识和劳动自觉,不仅不愿意亲自动手劳动,而且还难以理解劳动过程的辛勤,不爱惜、不尊重别人的劳动成果,随手丢垃圾,随地吐痰等现象时有发生。

造成大学生劳动素养偏低的原因是多方面的，集中表现为大学生成长历程中缺乏培育劳动素养的土壤。这种缺乏，涉及社会氛围、学校教育、家庭环境等各个方面，具体表现为知识本位的文化传统、急功近利的社会风气、分数为王的应试教育、劳育缺失的高等教育、过度娇宠的成长经历、科技宠溺的消费社会。

知识拓展

劳动素养

劳动素养是指经过生活或教育活动形成的与劳动有关的人的素养，包括劳动价值观、知识、能力等具体指向。苏霍姆林斯基认为，劳动素养还包括"劳动活动在一个人精神生活中的作用和地位，以及劳动创造中充实的智力内容、丰富的道德意义和明确的公民目的性"。从职业院校学生的特点、评价指标的可操作性、社会认知程度等综合角度来看，劳动素养的内涵与指向重点体现在以下四个方面：

（1）劳动意识的评价维度。人类的劳动活动是有意识的，在活动之前就存在着一定的思考和安排。培养正确的劳动意识就是使学生具有正确的劳动动机和劳动态度。劳动动机体现为劳动者在劳动过程中所追求的目的，劳动态度体现为劳动者在劳动过程中的心理感受。学校通过劳动教育，使学生明确劳动动机、端正劳动态度，进而增强劳动意识。

（2）劳动观念的评价维度。劳动可以锻炼人的吃苦精神，劳动会让人有坚定的意志。劳动观念是人们对劳动的看法和态度。新时代的劳动观念要以热爱劳动为荣、以好逸恶劳为耻，尊重努力劳动、贡献社会的不同阶层的劳动者，愿意以自己的体力劳动和脑力劳动建设祖国、贡献社会、服务人民。树立正确的劳动观念，是提高学生劳动素养的基本要求。

（3）劳动能力的评价维度。劳动能力是人们进行劳动工作的能力，包括体力劳动和脑力劳动两个方面，是体力劳动和脑力劳动的总和。劳动能力是让学生懂劳动、会劳动，也是人们通过劳动创造价值的必要手段。

（4）劳动成果的评价维度。劳动是人与社会、人与自然的互动过程，强调结果评价是在探讨人作为劳动主体，对生活和工作的影响。劳动能使学生学会生活、学会生存、学会交往、学会发展，劳动使人身心健康，劳动实践活动可以培养学生热爱劳动的思想、吃苦耐劳的精神和对工作的责任心。

课堂案例

新时代是干出来的——为节日期间坚守岗位的劳动者点赞

2019年5月2日央视《新闻联播》以"新时代是干出来的——为节日期间坚守岗位的劳动者点赞"为题，报道了南昌地铁人五一假期坚守岗位、加班加点保障市民出行、全身心投入运营服务的景象。

五一假期的南昌地铁很忙碌，5月1日当天更是以73.43万乘次的客流刷新了单日线网最高客流纪录。这一切有赖于乘客的理解、支持与配合，更离不开全体南昌地铁人的恪尽职守。

为了给乘客提供更加便利、舒适的出行体验，五一期间南昌地铁有4 000多名一线人员在岗位上继续工作。其中，站务员是地铁车站对外运营服务的窗口，与市民群众的联系最为紧密。接发列车、疏导客流、为乘客提供贴心服务……站务员的工作看似简单，但却通过他们的一言一行，为乘客一次又一次的排忧解难，兑现"安全、便捷、精准、高效"的服务承诺，为这座城市的便捷交通出行贡献自己的力量，书写新时代劳动者的光荣篇章。

"我觉得在工作中，得到乘客的认可点赞最让我自豪。我们只要立足本职岗位诚实劳动，就能实现自己的梦想。"这是坚守岗位的站务员李建鑫接受采访时的回答，也道出了每位南昌地铁人的心声。

幸福生活是奋斗出来的，我国70多年来取得的成就、创造的奇迹是全国人民撸起袖子干出来的，挥洒汗水拼出来的；南昌市民的美好交通出行也是靠全体南昌地铁人夜以继日努力奋斗出来的。未来的每一天，我们将继续立足本岗位，鼓足干劲、攻坚克难，不断砥砺前行，在劳动中彰显光荣。

四、职业院校学生劳动素养培养途径

劳动是人类社会发展进步永恒的主题，劳动素养是一个合格职业院校毕业生必备的基础素养。当代学生的劳动素养会左右他们对未来职业、岗位和人生道路的选择，影响他们人生价值的实现，进而在一定程度上影响国家和社会的未来。职业院校学生提升劳动素养要从以下几个方面着手。

1. 加强马克思主义劳动理论学习

学生要自主自发地利用课堂和课余时间学习马克思主义劳动理论，深刻理解和领会马克思主义关于劳动创造人、劳动促进人的全面发展等观点，努力提高参加劳动实践、接受劳动锻炼的自觉性和主动性，同时，学习新时代劳动教育的内涵和意义，领悟习近平总书记给劳动教育赋予的时代思想意蕴。习近平总书记在2018年五一国际劳动节前夕，给中国劳动关系学院劳模本科班的同志们回信，站在坚持和发展新时代中国特色社会主义的战略高度，勉励全国劳动模范"珍惜荣誉、努力学习""用你们的干劲、闯劲、钻劲鼓舞更多的人，激励广大劳动群众争做新时代的奋斗者"，强调"社会主义是干出来的，新时代也是干出来的"，重申"劳动最光荣、劳动最崇高、劳动最伟大、劳动最美丽"，号召"全社会都应该尊敬劳动模范、弘扬劳模精神，让诚实劳动、勤勉工作蔚然成风"。这些重要思想开辟了马克思主义劳动思想的新境界。

2. 加强自我劳动教育，锻造劳动精神

学生要学会提升自己的个人修养，时刻保持主动学习的精神。学生只有坚持主动学习，才能尽可能地获得知识，培养自我，提升自我，要有意识地进行自我反省、自我判断、自我学习和自我教育。在接受劳动教育时，学生要充分认识劳动素养对自身的作用，从而在劳动实践中强化自己对劳动素养的认识，增强培养劳动素养的意识，除从学校教育、家庭教育等途径获得对劳动素养的了解外，还可以通过自我服务和自我充实的方式来认识劳动素养，加强自我劳动教育。具体包括以下四个方面：第一，学生要自觉主动地学习，把在学校获得的劳动知识进行自我消化和自我认知；第二，在学校要主动认真地学习

劳动教育课，遇到不懂的问题积极思考和提问，尽自己最大的努力做到自主学习、自我管理、自主思考和自主行动，培养正确的劳动观念；第三，可以利用同伴关系，一起学习、讨论劳动知识和参与劳动，可以在集体学习的过程中表现自己，充分认识到集体荣誉感所带来的那一份责任，感悟体验劳动带给自身的力量和磨炼；第四，要不断了解国家荣誉称号获得者、劳动模范、改革先锋等人物的故事和精神，不断弘扬和践行劳动精神、劳模精神、工匠精神，不断积累和运用，这是提高劳动素养水平的基础。

3. 加强劳动实践锻炼，提升劳动能力

劳动是一个实践的过程，因此提升劳动素养需要课堂学习与课外实践的有机统一，如果不能将课堂学习与课外实践有机结合起来，学生对劳动的认同感和敬畏心就不可能真正形成。因此，学生要加强实践体验，通过开展多种形式的劳动实践，切实感悟劳动的获得感和成就感。学生要通过劳动实践，充分感受劳动的乐趣，享受劳动成果的喜悦，养成吃苦耐劳的品质及独立担当的品格，进而形成尊重劳动、热爱劳动的真挚情感。学生要在自己的生活实践中体会劳动素养提升与自身健康成长和全面发展的内在联系，积极参加校内外组织的劳动教育和劳动锻炼平台，并积极寻找劳动机会，在劳动的过程中训练劳动技能，形成热爱劳动的良好品德，锻炼吃苦耐劳的意志品质，全面提高劳动素养。

知识拓展

精益求精的劳动品质

弘扬工匠精神，崇尚精益求精的品质，成为新时代社会前进的"风向标"。精益求精的工匠精神核心要义在于无论何种从业者都要干一行精一行，注重细节，精心打磨，不断改进工艺技能，追求产品和服务的品质精细化、多样化。尽管自古以来我国也涌现出如鲁班、李春、詹天佑等追求精益求精的工匠大师，但长期以来重视人伦道德、轻视科技发明和创造的社会风气使得精益求精的工匠精神难以在社会上得到广泛传颂，再加上市场经济负面影响带来的浮躁、急功近利的气息，加剧了精益求精的工匠精神社会地位的削弱。新时代工匠精神注重技术应用和技术创新，紧跟现代技术的发展态势，引导青年学生在学习工作中养成精益求精、严谨认真的劳动品质。作为科技创新的生力军，大学生要勇于站在科技创新的时代前沿，努力攀登科学技术高峰，踏踏实实、勤勉学习，以利天下的情怀担负起民族复兴大业之责任。这种责任担当不是坐而论道的清谈，而是起而行之的躬行，是扎根实践淬炼出的精益求精的劳动品质。

课堂案例

李淑团：精益求精，把工作做到极致

"我的梦想就是把每一项技能学好，把每一个产品做好，看着一个个最原始的铁块在我们手中变成一个个精致零件，有的还被载上航天飞船飞入太空，心里会有一些成就感。"全国三八红旗手，河南三门峡中原量仪公司的首席员工、高级磨工李淑团感慨地对记者说。

三门峡中原量仪股份有限公司创立于 1965 年，作为中国首家精密量仪生产企业，开辟了中国精密量仪新领域，填补了国内多项空白。

李淑团所在的磨工岗，一天要在操作台站立8小时以上，精度比"在大米上刻画"还要高，这既费体力又耗精力的工作，李淑团一干就是30多年。李淑团还创造了零件加工的超精奇迹。她所操作的机床设备可以达到千分之一毫米的精度，而李淑团使用它所能达到的精度在万分之三毫米至万分之五毫米之间。许多微米级精度的部件，都是手工做出来的，产品远销30多个国家和地区。她的岗位成了大家心中的放心岗位，她的班组也成了放心班组。

李淑团喜爱读书，喜欢思索。2012年，她在公司拳头产品的拼合式气动量仪零件加工中，一举攻克了关键零件"锥度玻璃管"的加工技术难关。她经过不断摸索，反复试验，最终大胆创新出了以磨代研的技术，填补了国内"锥度玻璃管"的加工技术空白。

30多年来，李淑团兢兢业业，每年都超额完成任务量，获得全国三八红旗手等荣誉称号。她的梦想就是把每一项岗位技能练好，把每一个产品做精。她先后带出了30多个好徒弟，使他们成为"中国智造"的中坚力量。逢年过节或星期天，她常把徒弟们请到家里来，聊聊家常，给他们做顿好吃的饭菜，让身在异乡的他们感受到家的温暖。"作为一名老党员、老职工，我深知每一名员工的每一步成长都离不开企业，而企业的每一步发展也离不开全体员工的齐心努力。"李淑团说。

李淑团用自己获得的奖金成立了一个劳模基金，用来奖励公司的创新技术人才，让劳模精神、工匠精神发扬光大，传承下去，激励青年员工不断提高专业技能知识，为中国制造奋斗。

精于工、匠于心、品于行，李淑团在工作中不断演绎着"能人所不能"的精湛技艺，小到一枚螺丝钉、一根电缆的打磨，大到飞机、高铁等大国重器的锻造，都展现出笃实专注、严谨执着的匠心匠魂。

课堂活动

劳模人物知多少

一、活动目标

通过收集劳模事迹，学习劳模精神，帮助自己提升劳动素养。

二、活动时间

建议45分钟。

三、活动准备

知识准备：借助网络的力量收集不同职业的（国家级、省级、市级）劳模，就他们的劳动事迹、工作岗位和工作感悟来谈自己的想法。

教具准备：白纸、笔。

四、活动流程

(1)教师将学生按8～10人划分小组，并进行小组分工。

(2)自由确定不同行业的对象，小组成员分工合作，对劳模事迹进行收集、整理。

(3)组内运用头脑风暴法进行感悟并总结该如何进一步提升个人劳动素养。

(4)每个小组选派一名代表进行分享以便其他组同学能了解更多的劳模事迹，感悟劳模精神。

（5）教师进行分析、归纳、总结，根据每组代表在分享过程中的表现然后点评并赋分。

第二节　劳动习惯

一、劳动习惯的认知

劳动习惯是通过经常性劳动而得以巩固的自动劳动需要的行为方式。当个人积极主动地要求为自己劳动，更为他人和社会劳动时，劳动习惯就形成了。新时代的大学生成长在自动化的社会环境中，多为独生子女，被父母溺爱。劳动意识和劳动习惯的缺乏导致大学生形成了懒散、浪费、拜金等不良的作风。新时代大学生劳动情怀的培育应重视劳动习惯的养成教育，让劳动成为自觉的行为。

大学阶段本是青年学生坚定理想信念、锤炼高尚品格、实现青春梦想的黄金期。然而，有些大学生精神状态慵懒懈怠、无所事事；或像被打了鸡血一般沉溺于虚拟世界寻求片刻满足而不可自拔；或"四体不勤，五谷不分"，不愿整理寝室卫生，不会清洗衣被，不想参加体力劳动，只想宅在寝室叫外卖、玩游戏、睡大觉。这些不正常的行为和现象对大学生劳动习惯的养成产生负面影响。

二、劳动习惯的养成

养成良好劳动习惯是开创良好生活方式的有效途径，勤奋劳动将创造美好生活的基本道理，引导大学生自觉养成劳动习惯，培养良好的以劳动为基础的生活方式，树立用劳动创造美好生活的人生观和劳动观，促进全面发展。

劳动习惯的养成非常重要，有了爱劳动的好习惯，劳动就是一个快乐的过程，在劳动中可以享受到欢乐和幸福，有了事就会主动地、高兴地去做；没有好的劳动习惯，劳动就变成了痛苦和负担，有了活儿能躲避就躲避，能不干就不干，能少干就少干，在工作中就缺乏主动性，缺少热情。

劳动能力的培养也很重要，很多能力和观念都是在劳动中养成的，如动手能力、独立生活能力、自理能力、劳动观念、细致耐心等。劳动能力强的人干什么都得心应手，遇到困难和问题都能从容应对、从容处理。劳动能力不强的人，干什么都缩手缩脚、无处下手、不敢下手。

课堂案例

两条鱼的故事

鲮鱼喜欢吃鲦鱼，鲦鱼总是躲避鲮鱼。有位生物学家曾经用这两种鱼做了一个试验：用玻璃板把一个水池隔成两半，把一条鲮鱼和一条鲦鱼分别放在玻璃板的两侧。开始时，鲮鱼渴望吃到鲦鱼，飞快地向鲦鱼发起进攻，可一次次都撞在玻璃板上，被撞得晕头转向。撞了十几次之后，沮丧的鲮鱼失去了信心，不再向鲦鱼那边游去。更有趣的是，当实验者将玻璃板抽出来之后，鲮鱼也不再尝试去吃鲦鱼了，放弃了本来可以达到目的的努力。

几天后,鲦鱼因为得到生物学家供给的鱼料依然自由自在地在水中畅游,而鲮鱼却翻起雪白的肚皮漂浮在水面上死去了。

在自然界中,每个物种都存在着属于自己的天敌,在这一次试验中,原本属于食物链上层的生物放弃了对下一层生物的捕食,而其中的原因竟是因一块玻璃板。可想而知,在现实生活中,人们也许会遇见一块又一块"玻璃板",是选择"接受现实"还是选择"改变命运"呢?相信大部分的人都是后者,因为当一个人完全的接受现实后,带来的是无尽的黑暗,对于当今这个高速发展的社会,唯有不断地学习才是应对未来变化最好的方法。

三、自我管理的劳动习惯

(一)自我管理概述

1. 自我管理的含义及特征

自我管理是自我意识的一部分,是指个体为了达到预定的目标,将自身正在进行的实践活动过程作为对象,不断地对其进行积极、自觉的计划、监察、评价、反馈、控制和调节的过程。自我管理具有以下几个特征:

(1)能动性。能动性即个体自主地、独立地、自觉地从事和管理自己的实践活动,其最终目的就是保证个体主观意志的实现。

(2)反馈性。自我管理是建立在信息反馈基础上的控制,而自我管理中反馈的水平更高。因为自我管理要求个体不断去获取关于自身实践活动系统各要素变化情况的有关信息,监察整个活动的过程与效果。而且,由于反馈的主体与客体为同一个体,因此,自我管理中的反馈表现出很强的连续性和循环性。

(3)调节性。根据反馈回来的信息和预期的目的,修正、调整自身下一步的实践活动。

(4)迁移性。迁移性即从某一个领域获得的知识和技能可适用于另一领域的知识与技能的特征。由于个体对不同类型的实践活动进行管理、调节的实质是相同的,因此,在任何一种活动中,自我管理都具有广泛迁移的潜在可能性。

(5)有效性。从某种意义上说,自我管理就是采取各种调控措施,使自己的实践过程达到最优化,因此,它具备有效性特征。自我管理的有效性除表现出对当时实践活动的即时效应外,还表现出一种长时效应。

2. 自我管理的内容

自我管理的内容包括社会公德、职业道德和家庭美德等做人的基本准则。同样,做事要有一定的行为规范,要知道哪些行为是对的,哪些行为是不对的,这都是自我管理的重要内容。概括地讲,自我管理的内容有以下四个方面:

(1)行为品德和行为素养管理。做个有责任心、有爱心的人,做到在家孝敬父母,在外尊老爱幼,在工作中爱岗敬业。

(2)行为规范管理。养成自觉遵守行为准则的习惯,包括遵纪守法、遵守社会公共秩序等。

(3)日常生活、工作习惯管理。职业院校学生在日常生活中应注重细节管理,如什么时间休息,什么时间学习,什么时间工作等。在管理过程中要牢记几个关键词,即时间、质量、效率和规律。

(4)自我能力管理。个人能力是人生存和发展的基石与支柱,自我能力管理的内容主要包括自己的长处和不足,要做到扬长避短,知道自己应该学习些什么才能更有利于个人能力的提升和职业生涯的发展。

3. 进行自我管理所需的素质和能力

人们要管理好自己,需要具备一定的素质和能力。不仅要知道管什么,怎么管,还要知道具备什么素质和能力才能够管好。具体来讲,自我管理所需的素质和能力主要包括以下三个方面:

(1)学习意识与学习能力。学习是永恒的话题,学会自我管理,首先要学会向书本学习、向实践学习、向典范学习。学习不能只停留在表面上,要变成自己的行动。另外,还要不断发现自己的优势,提升自己的正能量和内在动力,提升自我管理的自信心。

(2)敢于客观评价自己。自我管理是扬长避短的过程,只有克服自己的不足,才能管理好自己。首先要有敢于面对自己不足的勇气,能够接受批评和自我批评,常常反省,知错就改。其次还要善待自己,正确面对并解决生活中的不如意,摆脱浮躁,消除郁闷,保持一颗清净的心。客观评价自己的目的是完善自己、提升自己,切忌出现由于错误的自我评价而意志消沉的现象。

(3)将行动落到实处。落实行动可以从三个方面努力:一是培养执行意识,将立即行动转化为日常行为习惯;二是做事要有目标、有计划,注重工作细节,事后要反思总结,将计划变成自我管理的有效工具;三是学会自我激励,如总结优点,分析原因,不断发扬优点,从而增强自己的自信心。

知识拓展

提升自我管理能力的原则

(1)目标原则。生涯规划的实现,需要强有力的自我管理能力。有目标的人和没有目标的人是不同的,两者在精神面貌、拼搏精神、承受能力、个人心态、人际关系、生活态度上均有明显的差别。职业院校学生应及早确定生涯目标并坚定不移地为之奋斗,多年后才不会后悔。

(2)效率原则。浪费时间就等于浪费生命,这个道理谁都懂。但是,我们每天至少有1/3的时间做着无效的工作,在慢慢地浪费自己的时间和生命。所以,要分析、记录自己的时间,并本着提高效率的原则,合理安排自己的时间,在实践中尽可能地按计划贯彻执行。

(3)成果原则。自我管理也要坚持成果优先的原则。做任何工作,都要先考虑这项工作会产生什么样的效果,对目标的实现有什么样的效用。这是职业院校学生安排自我管理工作顺序的一个重要原则。

(4)优势原则。人无完人,每个人都不可能消灭自己全部的缺点而只剩下优点。充分利用优势积极开展工作,从而达到事半功倍的效果,这是自我管理的一个非常重要的原则。

(5)要事原则。做工作要分清轻重缓急，重要的事情先做。重要的工作放在首先要完成的位置。在自我管理中，重要的工作就是与实现生涯规划密切相关的工作，要优先安排，下大力气努力做好。

(二)身体管理

结合现在社会人们的生活习惯来看，许多大学生未能养成正确的锻炼习惯，在生活中长期浸淫于各种危害身体健康的行为与事物。身体是革命的本钱。大学生加强自我管理，过好生活，学好知识，都要建立在拥有一个健康身体的基础上。因此，要做好自我管理，首先要做好身体的管理。身体锻炼可以采取有氧运动(如跑步，2千米/绕操场5圈)和静力抗阻力(如俯卧撑、平板撑)等形式。

(三)时间管理

1. 时间管理的概念

时间管理就是对时间的控制，是为了提高时间的利用率而对时间进行合理的规划和运筹的管理过程。时间管理同其他资源管理不同，时间资源的特殊性决定了既不能对它开源，也不能对电节流。事实上，时间管理的对象并不是时间本身，而是管理时间的人。时间管理的本质是通过管理时间的人树立正确的时间价值观，增强时间意识，提高规划、分配时间和监控时间利用的能力，达到在有限的时间内完成更多工作的目的。

2. 时间管理的内容

时间管理就是克服时间浪费，为时间的消耗而设计一种系统程序，并选择一切可以利用的科学方法和手段，以使结果向预期目标尽量靠拢。它包括以下几项内容：

(1)做某事之前，确定使用多少时间。
(2)利用分割与集中的方法增加自由时间，进行合理利用。
(3)总结时间的利用情况，找出浪费时间的缘由并予以克服。
(4)用定时定量的方法控制时间。

(四)目标管理

随着大学生步入大学校园，减少了高考的紧迫感，他们开始出现各种拖延症、痴迷手机游戏、追剧等行为。大学生应该合理制定目标，规划时间，帮助自己找回自信和责任感。制定的目标应有明确性、可实现性、针对性和时限性。目标可分为长期目标和短期目标。以长远目标指明方向，短期目标指导实施。

(五)人际关系管理

人际关系就是人们在生产或生活活动过程中所建立的一种社会关系，属于社会学的范畴，中文常指人与人交往关系的总称，也被称为人际交往，包括亲属关系、朋友关系、学友(同学)关系、师生关系、雇佣关系、战友关系、同事关系及领导与被领导关系等。人是社会动物，每个个体均有其独特的思想、背景、态度、个性、行为模式及价值观，然而人际关系对每个人的情绪、生活、工作有很大的影响，甚至对组织气氛、组织沟通、组织运作、组织效率及个人与组织的关系均有极大的影响。

人际交往是一门艺术，拥有成熟的人际交往技巧，将让我们的大学生活更加多姿多彩，而且会让我们的未来之路更加畅通。一般来说，人际交往包括建立人际关系的能力、说服影响他人的能力、团队合作与协调的能力、倾听与沟通的能力、冲突处理的能力等。在大学里，父母、同学、朋友、老师、恋人等构成了大学人际关系的主体，用心经营大学的人际关系，将收获温暖的亲情、纯美的友情，以及深厚的师生情等。

（六）情绪管理

情绪是个体对外界刺激主观的、有意识的体验和感受，具有心理和生理反应的特征。我们无法直接观测内在的感受，但是我们能够通过其外显的行为或生理变化来进行推断。意识状态是情绪体验的必要条件。

情绪管理是指用心理科学的方法有意识地调适、缓解、激发情绪，以保持适当的情绪体验与行为反应，避免或缓解不当情绪与行为反应的实践活动。其包括认知调适、合理宣泄、积极防御、理智控制、及时求助等方式。

课堂案例

不让一日闲过

怎样才算是在一天中没有闲过呢？齐白石对自己提出了一个标准，就是每天要挥笔作画，一天至少要画五幅。虽然他已经90多岁了，但他还一直坚持这么做。有一次，齐白石的家人、朋友和学生来给他过90岁生日，在喜庆的气氛中，他一直忙到很晚才把最后一批客人送走。这时他想，今天五幅画还没有完成呢，应该作完画再睡觉，于是他拿起笔作画，由于过度疲劳，难以集中精力，在家人的一再劝阻下，他才去休息。

第二天，齐白石早早地起床了，他顾不上吃饭，先到画室去作画，家里人都劝他先吃饭，他却不肯歇一歇。总算五张画都画完了，家人都长长地松了一口气，等着他吃饭。谁知他摊纸挥毫又继续作起画来。家里人怕他累坏了，都说："您不是已画够五张了吗？怎么还画呀？"

老人轻轻抬起头说道："昨天生日，客人多，没作画，今天追画几张，以补昨天的'闲过'。"说完，他低下头继续作起画来。

齐白石正是凭着这种勤奋精神，每天坚持作画至少五幅，生命不息笔不辍，勤劳是齐白石一辈子艺术生活的特点，在长期的艺术实践中，他不断刻苦努力，终身学习，至老不衰。在70余年的画画生涯中，他差不多天天都要作画。对艺术孜孜不倦的追求使得齐白石的画越作越精，受到了世界人民的喜爱。作为生活在人工智能时代的大学生更应该养成终身学习的习惯，做一名合格的社会主义现代化的建设者和接班人。

课堂活动

讨论：如何进行合理的大学时间管理

一、活动目标
引导学生扎实掌握时间管理的相关知识。

二、活动时间
建议20分钟。

三、活动流程

（1）教师出示以下阅读材料，并提问：通过这个案例说明如何进行合理的大学时间管理？

小王同学来自农村，自小勤奋耐劳，帮助父母干各种各样的农活，是父母的好帮手；在高中的时候，刻苦努力，勤奋好学，是老师眼中的好学生。但是上了大学后，没了高考的压力，也算是完成父母了的殷殷期盼，小王同学便逐渐开始了颓靡的生活。大一上学期，她成天在宿舍里打游戏、网聊、谈恋爱、逃课，疲于去做一切事情，曾经是如此乐观向上、刻苦好学的一个人，如今却让人有了生活不能自理的错觉，就这样，她混过了一个学期，考试科目几乎全部挂科。最终小王同学被学校劝退，结束了自己的学习生涯，提前走进了社会。

（2）教师将学生按照4～6人划分小组，通过小组内部讨论形成小组观点。

第三节 劳动品质

一、劳动诚信

1. 劳动诚信的含义

劳动诚信是劳动者的内在道德要求。在中国传统文化中，"君子爱财，取之有道"，强调以"道"获"利"。步入新时代，在经济全球化、信息化、网络化的市场经济环境中，在物质主义与利己主义涌现的社会背景下，以"道"获"利"的伦理规范正接受挑战。在这个背景下，劳动诚信的理念和规范是新时代所必须倡导和落实的。何谓新时代的劳动诚信？在本质上，劳动诚信强调的是劳动者积极实干，而不是投机取巧。表现在社会关系上，即要求坚守公平正义，反对损公肥私、损人利己。在经济形态上，劳动诚信反对资本欺诈，反对违法乱纪，特别是在虚拟经济时代，反对网络诈骗。在人与自然的关系上，劳动诚信要求绿色发展，不以牺牲生态为代价换取经济发展。在社会文化培育上，劳动诚信意在实现"人人为我，我为人人"的文化形态，使每个劳动者都具备劳动自觉和劳动获得感。

2. 诚实诚信的要求

诚实诚信不仅是职业道德的要求，更是做人的一种基本道德品质。在工作中要做到实事求是，真实表达自己的思想和感情，要信守诺言并努力实现自己的诺言。

诚实诚信要求我们做到诚信无欺、讲究质量、信守合同。诚信无欺，即待人接物诚恳可信，不采用欺骗手段。讲究质量，即要树立质量第一的观念，严把质量关。信守合同，即要说到做到，言而有信，认真履行承诺或合同。

课堂案例

用诚信和专业赢得口碑

全国劳动模范拜丽是中国邮政储蓄银行乌鲁木齐市分行沙依巴克区支行理财经理。工作11年，拜丽依然记得收到的第一面锦旗。

那是2009年的一个下午，刚入职不久的拜丽像往常一样，耐心地教会了一位客户使用自助设备。没想到几天后，这位客户竟专程送来一面锦旗。这时拜丽才得知，原来客户当日急需用钱，不会使用自助设备的她走了很多地方都未能取到现金，最后走进沙依巴克区支行得到了拜丽的热情接待和帮助。

举手之劳的一件小事，却得到了客户的褒奖，这是拜丽没有想到的。

2010年，拜丽从银行柜员调整到理财经理岗位，帮助客户实现资产合理配置。拜丽说，一名优秀的理财经理不仅需要全面、专业的知识，更需要善良与真诚相待的服务热忱。

拜丽主动跟每一位客户联系，跑市场、见客户，一边不断学习专业知识，一边不断深入了解客户，掌握客户的风险偏好，为客户推荐更适合的理财产品。

市民王平是沙依巴克区支行的老客户。他说，拜丽热情善良，专业细心，把客户的事当成自己的事去操心、去办理。

"拜丽不会为了业绩向我们介绍产品，她会根据我的资金情况、我的想法做出更适合我的理财建议。"王平说，这一点让他心里特别舒坦。

新冠肺炎疫情发生后，拜丽两次参加志愿者服务活动，主动协助邮政快递负责所居住小区内的投递工作，并在送快递的同时向居民宣传疫情防控知识。

做人的信条千万条，拜丽做人就一条：做一个诚信专业的金融人！做事就是先做人，做人成功了，做事不成功是暂时的；做人不成功，做事成功也是暂时的。

3. 劳动诚信的意义

我们应该崇尚劳动诚信、敬畏劳模，以劳动诚信积极投身社会主义建设。在追求人生价值的过程中，应该要勤恳踏实、甘于奉献，遇到难事、累活实事求是、言行一致；在生产生活中，遵守劳动纪律，干活知错必改；实践中，践行劳模精神，争做新时代的奋进者。实践证明，唯有劳动诚信，才能赢得他人与社会的尊重，唯有劳动诚信，才能干出无愧于时代的业绩，唯有劳动诚信，才能真正挑起时代重任，在各自岗位发挥作用、贡献正能量。劳动诚信创造了国家富强、民族振兴、人民幸福的坚实物质基础，诚信劳动者身上体现的可贵品质，感染并激励着广大劳动者书写更有意义的人生，共创民族更美好的未来。

4. 劳动诚信的实现途径

通过构建规范有序、公正合理、互利共赢、和谐稳定的劳动关系实现全社会的劳动诚信。具体做法如下：

（1）坚持以人为本，有效解决劳动者最关切、最需要的利益问题和最困难、最紧迫的现实问题。

（2）坚持共建共享，推动用工者和劳动者之间协商共事、互利共赢，使劳动成果公平地惠及所有劳动者，实现按劳分配、多劳多得、少劳少得。

（3）坚持改革创新，推动中国特色新型劳动关系的方法论创新，不断完善劳动政策，改善劳动环境。

（4）坚持依法构建，持续健全劳动保障的法律法规，履行法律义务，保障自身合法权益，加快落实信用体系联网，建立健全社会失信惩戒机制，最终实现全社会的劳动诚信。

通过培育劳动者"爱岗敬业、诚实守信、办事公道、服务群众、奉献社会"的职业道德，实现个体的劳动诚信。忠于职守、爱岗敬业就是要干一行、爱一行、精一行。在工厂车间，就要弘扬工匠精神精心打磨每个零部件。在田间地头，就要辛勤耕耘、施肥除草。

5. 树立诚实守信的良好品质

大学生在校学习期间，就应树立诚实守信的良好品质。一方面，大学生应对所从事劳动必备的知识、技能、技巧有正确认识，对自我劳动素质理性判断并作出合理的自我定位；另一方面，立足岗位踏实劳动，求真学问，练真本领。对于大学生而言，劳动诚信首先是合法劳动，大学生要遵纪守法，不投机取巧，不弄虚作假，不以权谋私，做到诚信立身，合法经营，勤劳致富。劳动诚信其次是合乎道德的劳动，大学生要崇尚劳动诚信意识，旗帜鲜明地反对一切不劳而获、贪图享乐、崇尚暴富的错误观念；要崇尚科学精神，实事求是，积极肯干，向劳动模范、道德模范、大国工匠学习；要崇尚互利互惠，主动与他人交流学习，合作共赢，着力营造和谐的新型劳动关系。积极弘扬劳动精神、劳模精神和诚信文化，依靠劳动诚信实现人生梦想。

课堂案例

成功的应聘

一家软件公司招聘程序员，待遇非常优厚，所以很多求职者都来应聘。陈虞力原来是一家网络公司的程序员，因公司多年效益不好导致其失业了。陈虞力对自己的技术能力非常有信心，因此，应聘的笔试轻松通关。在面试环节时，主管技术的面试官突然发问："听说你原来就职的公司开发出了一项信息完全维护的软件模块，你是否参与过研发？"陈虞力愣了一下，但是依然诚实地回答说："是的。"面试官继续问："你能把这项技术的核心内容说一下吗？"他立刻站起来，告诉面试官："对不起，我不能回答这个问题，如果贵公司为此而让我获得这个工作机会，我宁愿放弃。"说完向面试官鞠了一躬，便离开了面试考场。随后他继续投简历，找工作。历经了近半个月的时间，他突然接到公司人事部门的电话，说他被录用了，他被告知："那只是一道面试题，你的行为已经交了一份很满意的答卷。"

分析：作为一家企业的员工，要遵循起码的职业道德。不能为了自己的前途，毫无顾忌地出卖原公司的利益，这家公司对陈虞力的问题实际上是在考验他，因为作为程序员如果把原公司的核心技术透露给第三方，那谁又能保证他们会不会把现有公司的技术机密透漏给别人呢？诚实守信是一名员工必备的基本素质，对工作忠诚是一种高贵的道德品质。坚持原则，不改初心，不管世事沧海桑田，本色从不动摇，是一种职业道德。

二、劳动责任

（一）劳动责任的定义及特点

劳动责任也称职业责任，主要是指从事某种职业的个人，对他人、集体（班组、部门、单位、行业）和社会所承担的责任。行业不同，责任不同，但忠于职守、尽心尽力、保质保量完成工作，是共同的职业责任要求。

劳动责任的特点主要有：一是差异性；二是独立性；三是强制性。不同职业的岗位的性质、功能、业务规范及技术要求均不同，因此，职业责任也互不相同，体现其差异性。

不同岗位的职业权利有时相互独立,这种独立性决定了各自的职业责任具有排他性,不能受他人干预,体现其独立性。职业责任一般通过制定具体的规章制度、岗位职责、条例等来表现,体现其强制性。作为当代未来走入职场的大学毕业生而言,就业后一是要认真履行职业职责,做好本职工作;二是要尽快熟悉业务,与同事协同配合;三是处理好关系,将国家和集体利益放在第一位,个人利益放在第二位,个人利益要服从国家、集体利益。

课堂案例

公交司机突发脑出血,昏迷前1秒他的动作让人泪奔

2020年6月22日中午12点左右,河南周口26路公交车司机宋安平驾车行驶在七一路五一广场站附近,这里人流量密集,正值中午通勤高峰期,来往车辆非常多。从当日的公交车公共视频显示驾车行驶过程中,51岁的宋安平感到身体不适,将车停稳打开车门后,他先是摘下眼镜往下拉了拉口罩,紧接着用右手拉起手刹,之后便倒在了自己的驾驶座上。在逐渐失去意识的过程中,他的右手始终没有离开手刹……随后,下车的乘客和路过的公交车司机赶忙拨打120急救电话,宋安平被送往医院急救。

经过CT扫描,诊断为脑干出血,经过几天的治疗他依旧深度昏迷,虽有了微弱的自主呼吸,但还需要依靠呼吸机辅助呼吸。

宋安平是一名优秀的公交车司机。虽然突发疾病,失去意识,但他不忘拉住手刹,保护乘客的安全。这体现了宋安平司机崇高的职业道德。无论什么职业,都有相应的职业操守和职业道德,拥有良好的职业道德是作为成功职场人的重要体现。

(二)劳动责任的内容

1. 肩负的职责和应尽的义务

(1)对个人的责任。从本质上说,责任是一种与生俱来的使命,它伴随着每个生命的始终,是生命价值的体现。人可以不伟大,也可以清贫,但不可以没有责任。扛起了责任,就是扛起了信念,扛起了生命的机制。个人的责任就是自我产生的责任,是自己对自己负责,自己就是自己的主管,能够对自己进行评判,是自己对自己、对自己行为的责任。

(2)对集体的责任。对集体的责任是从业人员对自己供职单位所承担的职责和义务。不同职业或不同岗位的责任是不同的,其责任大小也是有差别的。一般来说,管理者的责任都大于普通员工的责任,职业责任与职业行为相伴随行。无论是管理者还是普通员工,在职业行为之前必须明确责任意识,对工作尽心尽力,是对集体的负责,也是勇于担当对集体的责任。在实际工作中,那些有职业责任感的人不仅在工作中严谨认真、一丝不苟,而且总是主动承担工作中的过失。

(3)对社会的责任和义务。社会学家戴维斯说:"放弃了自己对社会的责任,就意味着放弃了自己在这个社会中更好的生存机会。"每个人都是社会的一分子,每个人都应该承担一定的社会责任。正是因为社会分工赋予了各种职业的各种责任。每个职业人都应该明确自己的职业和社会之间的联系,明确其中的社会责任和义务。

2. 承担的后果和责任

责任是人天赋的职责和使命,它是永恒的职业精神。我们时刻都要对自己的行为负责，对家庭负责，对工作负责，对社会负责。一个缺乏责任感的人，或者一个不负责任的人，会失去自己的信誉和尊严，会失去别人对自己的信任和尊重，也得不到别人对自己的认可。每一种职业都有相关的法律法规和职业道德规范来规定从业者的职业行为及其因此而承担的责任。职业责任的承担形式不同，主要有道德责任、纪律责任、行政责任、民事责任和刑事责任五种。

(1)道德责任。道德责任是指从业人员在履行职业职责的过程中，由于违反职业道德而受到同行的批评、社会舆论的谴责或自我良心的谴责。这是从业人员最基本的一种承担职业责任形式。

(2)纪律责任。纪律责任是指从业人员在履行职业职责的过程中，因违反职业规范、职业纪律而应当受到的纪律处分，纪律处分一般有警告、记过、记大过、降级、降职、撤职、开除等。

(3)行政责任。行政责任是指从业人员在履行职业职责的过程中，因违反行政法规而依法应当承担的责任。如对律师的行政处罚就有警告、没收违法所得、停止营业、吊销执业证书等方式。

(4)民事责任。民事责任是指从业人员在履行职业职责的过程中，因故意或过失而违反了有关法律、法规或职业纪律，构成民事侵权、形成债权债务关系等依法应当承担的责任。

(5)刑事责任。刑事责任是指从业人员在履行职业职责过程中，因个人行为给国家、集体或个人造成损失、伤害，并触犯了刑法的有关规定依法应当承担的责任。

课堂案例

一定要做到最好

美国一家公司在中国上海某企业订了一批价格昂贵的玻璃杯，为此公司专门派了一位经理来中国工厂监督生产。在上海这家企业的工厂里，他发现，这家玻璃厂的技术水平和生产质量都是世界一流的，生产的产品几乎完美无缺，而且中方的要求比美方还要严格。他很满意，也就没有刻意去检查和监督什么。

他随意来到生产车间，发现一名工人正从生产线上挑出一部分杯子放在旁边。他上去仔细看了一下，并没有发现挑出的杯子有什么问题，就好奇地问："挑出来的杯子是干什么用的？"

"那是不合格的次品。"工人一边工作一边回答。

"可是我并没有发现它们和其他的杯子有什么不同啊？"美方经理不解地问。

"如果你仔细看看，就能发现这里多了一个小的气泡，这说明杯子在制造的过程中漏进了空气。"工人回答说。

"可是那并不影响使用呀！"美方经理说。

工人很干脆地回答："我们既然工作，就一定要做到最好，绝不能出现任何问题。任何的缺点，哪怕是客户看不出来，对于我们来说，也是不允许的。只要有问题，就要挑出来。"

当天晚上，这位美国经理给总部写邮件报告说："一个完全合乎我们检验和使用标准的杯子，在这里却被在无人监督的情况下用几乎苛刻的标准挑选出来。这样的员工堪称典范，这样的企业绝对可以信任。我建议公司可以马上与该企业签订长期的供销合同，而我也没有必要再待在这里了。"

分析：在一个优秀而有竞争力的公司里，需要每个员工树立很强的职业意识，每个人都必须设法将自己的工作做到最好，让问题在自己这里消失。只有这样才能生产出高质量的产品，为顾客提供优质服务。而作为一名员工，也只有以这样的高标准严格要求自己，认真负责地对待工作，才能赢得领导的信任和器重，获得相应的回报和提升。

（三）强化劳动责任意识

所谓劳动责任就是清楚明了地知道什么是责任，并自觉、认真地履行职业职责和参加职业活动，将责任转化到行动中的心理特征。有责任意识，再危险的工作也能减少风险；没有责任意识，再安全的岗位也会出现险情。职业责任意识强，再大的困难也可以克服；职业责任意识差，很小的问题也可能酿成大祸。有职业责任意识的人，受人尊敬，招人喜爱，让人放心。

强化劳动责任意识要从以下三个方面来践行。

1. 责任教育

主要从大、小两个方面来讲：大的方面是引导人们树立正确的世界观、人生观和价值观，将个人的前途命运融入中国特色社会主义的伟大事业中；着眼于服务和奉献，引导人们服务他人、奉献社会，在这一过程中实现个人的正当利益；着眼于爱国主义和集体主义，引导人们把国家、集体、个人的利益有机结合起来，坚持国家利益、集体利益高于个人利益；着眼于职业道德和职业精神，引导人们把职业目标同远大理想结合起来，在自己的岗位上忠实地履行对社会、对国家、对人民的责任，自觉地把责任意识转化到"全心全意为人民服务"的行动中去。小的方面是做好自己的本职工作，每个人的尽责是对集体的尽责，每个集体的尽责是对社会的尽责。应在全社会共同营造这样一种风气和氛围——负责任光荣，不负责任可耻。

2. 培养勇于负责、敢于负责的精神

勇于承担责任是中华民族的优良传统。大禹治水"三过家门而不入"，诸葛亮任事"鞠躬尽瘁，死而后已"；范仲淹挥写"先天下之忧而忧，后天下之乐而乐"，文天祥高歌"人生自古谁无死，留取丹心照汗青"。不怕牺牲、尽忠职守、责在人先，是志士仁人相传的思想标杆，是后世子孙生生不息的精神动力。

3. 责任建设，以制为本

讲责任，也要讲责任制；有履责要求，也要有责任追究。落实责任制，一在履责；二在问责。没有问责，责任制形同虚设。问责，要贯穿到履责的全过程。事前问责是提醒，事中问责是督促，事后问责是诫勉。对认真负责的，要给予奖励和表彰；失职渎职的，要予以追究和惩罚。只有将责任和责任制统一起来，把履责和问责结合起来，才能确立一种良性的责任导向，增强责任心、培育责任感、提高责任意识。

📝 课堂案例

抗疫一线——职业精神驱使着向前

高志荣，濮阳市第五人民医院一名普通的护士，也是一名巾帼礼仪志愿者服务队队

员,她利用自己的业余时间到特殊学校献爱心,帮助特殊学校的孩子讲文明学礼仪,弘扬正能量。面对新型冠状病毒肺炎疫情,她没有退缩,毅然请战,责任在肩,她不能做家人的暖心人,却成为大家的守护者。她说:"我必将打赢这场防疫阻击战。"她每次上班都要穿上一层一层的防护衣,戴上一层一层的口罩,工作10分钟,就觉得胸口闷,像有块石头压着。进入隔离区,这里有许多需要救治的病人,她总是竭尽所能地帮助他们。记得有位病人,血压高,胸闷,气促,需要持续低流量吸氧、心电监护,精神状态很差,不愿进食。她一直陪在他的身边,轻言细语地安慰他,鼓励他,耐心地解释病情,树立他战胜疾病的信心。几天后患者症状减轻了,复查胸部CT病灶吸收了很多。她激动地流泪了,因为自己的付出终于有了回报。当别人问她:"这么近距离接触患者,你不害怕吗?"她说:"不害怕是假的,但是作为一名护理人员,有一种职业精神驱使着我们。"

高志荣护士对自己的职业定位非常明确。她对自己的职业兴趣、适合做什么工作有准确的定位。高志荣护士彰显了敬业、奉献等良好的职业意识,强烈的职业责任感,全身心投入到工作中。她是一名"90后"护士,用最简短、最朴实的语言诠释了救死扶伤、无私奉献的职业精神。

课堂活动

讨论:需要撑握怎样的劳动品质

一、活动目标

引导学生扎实掌握劳动品质的相关知识。

二、活动时间

建议20分钟。

三、活动流程

(1)教师出示以下阅读材料,并提问:通过这个故事能够发现诸葛亮身上哪些优秀品质,这些品质对自己今后的职业生活有何帮助?

诸葛亮的战役故事

三国时期,连年战争。蜀、魏两军对峙,诸葛亮的蜀军只有十几万,魏国的精兵近三十万。蜀军明显不是魏军的对手,而在这紧急关头,蜀军又有近一万人兵期将到,需退役返乡。期满的老兵归心似箭,很多人建议诸葛亮,让老兵们打完这一仗再退役,但诸葛亮断然否决:"治国治军须以信为本,他们为国鞠躬尽瘁,父母妻儿在期盼,不能为了需要,失信于军、失信于民。"于是责令老兵退役返乡。老兵们听到消息感动不已,纷纷表示要为国家再次征战,为国效力。老兵们的拔刀相助大大振奋了在役的其他士兵,大家奋勇杀敌,士气高涨,在诸葛亮的指挥下势如破竹,最终赢得了这场战役。

(2)教师将学生按照4~6人划分小组,通过小组内部讨论形成小组观点。

下篇　劳动实践与鉴定

第五章 劳动与日常生活相结合

> **学习目标**

  1. 了解如何做好校园劳动，能够按规定的要求和操作流程进行校园清洁，熟悉校园绿化美化的内容，可独立完成校园垃圾分类，养成环保意识。
  2. 了解个人卫生和宿舍内务卫生规范，理解学生宿舍文化，熟悉特色寝室建设标准。
  3. 了解生活自理劳动的含义及意识建立的意义，熟悉生活自理劳动能力提升的途径，掌握生活自理劳动能力提升方法。
  4. 了解家庭日常劳动内容，掌握一些家庭日常生活的劳动技能。

> **案例导读**

谁夺走了大学生的生活自理能力？

  大家都知道，大学生是现代社会未来的中流砥柱，他们充满朝气和活力，有着非常高的教育水平，他们如果能够继续在大学这样的环境里得到提高和锻炼，那么他们将会为未来中国社会的发展提供不可估量的强大动力，并且创造非常庞大和可观的精神财富。在所有人眼中，大学生的形象应该是独立且有主见的，他们有能力照顾和管理好自己的生活，并且能够清晰地规划自己的生活甚至是未来，他们脱离了小学、初中和高中的稚嫩与懵懂，开始与这个社会进行深入的交流和接触，不仅是对待自己的生活还是自己的未来，他们都能规划得井井有条。但是不得不说，虽然大部分的大学生都是十分独立的，但是也总有一小部分的大学生无法很好地处理好自己的生活，他们即使是已经快要步入社会的人，但还是十分的幼稚，不仅思想不成熟，并且在处理自己生活事务上也做得十分糟糕。
  试想：哪些因素导致大学生自理能力差？你认为大学生应该经常参加哪些日常生活劳动实践？

第一节　校园劳动周

一、校园劳动周的含义

劳动周（月），是指职业院校将劳动教育纳入教学大纲，每周（月）统筹安排班级学生进行劳动实践的教学活动，纳入正常的教育教学环节，给予成绩和学分。

劳动周（月）期间理论教学和实践教学停课，学生根据劳动岗位设置和岗位职责每天在规定的区域完成劳动任务，劳动周（月）期间劳动教育指导教师可以开展劳动教育的理论教学、素质拓展等活动，配合劳动实践活动分享劳动成果带来的快乐和劳动的价值意义。结束时开展劳动周（月）自我鉴定、岗位考核、指导教师考评等进行成绩评定。劳动鉴定情况装入学生本人档案，切实提升劳动周（月）教育的效果和价值。

二、校园劳动周开展的意义

陶行知先生曾说："人之成德乃在于力行"。劳动与素质教育互相渗透，具有知行合一的良好效果。针对当前职业院校素质教育培养重理论轻实践的现实情况，劳动周可以有效发挥实践育人的作用。

1. 开展劳动周可以有效培养学生劳动纪律

一个大学生的勤劳、艰苦奋斗的品质的养成，不是凭借一朝一夕的说教、灌输就能解决的，进行定期一周的劳动教育优于其他一些诸如志愿者活动、社会公益劳动等类的劳动教育形式。职业院校组织的志愿者行动是青年学生志愿参加的一种群众性实践活动。青年志愿者活动、社会公益劳动主要体现的是一种奉献精神，其主要特点在于通过学生社团、服务小分队组织的集体活动来进行服务社会、服务他人的一种道德教育活动。而劳动教育周（月）是一种正规化的劳动教育，它有一定的课时规定，劳动期间有固定的带队教师指导，对学生的劳动态度、责任心、劳动效率要进行考核评定。为期一周（月）的劳动教育周对培养学生劳动纪律十分有效。

开展劳动教育工作时，劳动岗位负责的带队教师应认真负责，管好、用好、教育好所带学生，首先布置好适合学生工作的劳作任务，学生上岗后，可能会出现这样或那样的问题，也会有个别人有不同的想法，甚至会出现学生开头几天认真，后来几天松散的现象，带队教师不能放任自流，要做到认真指导、严格管理、管理育人，利用班干部、团干部等学生干部深入了解班级学生想法，按劳分配，强调纪律，明确奖惩，以学生自我监督自己的方式，互相评比，互相监督，互相评价，提高班级和学生的基本纪律性，逐步养成学生对劳作教育课程的敬畏，懂得课程开展过程中应该像对待正常课程一样，保持班级的纪律性和学习的积极性。

2. 开展劳动周可以树立学生正确的劳动观念

通过固定的劳动教育，树立学生正确的劳动观念，促使其走出寝室，参与公益锻炼，加强学生自我管理、自我服务、自我监督、自我教育等能力的培养，劳动教育实施过程中，不仅能达到树立当代大学生正确的劳动观念，培养其勤劳勇敢、艰苦奋斗的优秀品质的目标，勤劳动为一种中华民族传统的优秀道德品质，主要还是体现在珍惜他人和自己的劳动成果上。学生在监督卫生过程中，看到自己的辛勤劳动得不到尊重时，自我内心感同身受，自然就会引起认真的思考。在劳动教育结束后写的劳动总结中，学生自我都会认为在劳动教育中有了教育收获，自然而然会对这一素质教育实践形式作出充分肯定和支持，所谓"实践出真知！"也能对全校师生产生积极的影响，让学生懂得劳动最美丽，劳动最伟大的道理，树立正确的劳动观。

　　在学生整个劳动教育过程中，应始终坚持"言传身教"的原则。一方面抓学生劳动观念的形成；另一方面注意调动培养学生的劳动积极性，使学生在实际劳作教育中得到充实和提高，不断完善自己。同时，可以将思想教育和正确的劳动观念渗透到劳作教育之中，周恩来同志说："加强学生的思想政治教育，培养他们成为忠实于社会主义事业的、勤劳朴素的体力劳动和脑力劳动相结合的国家建设人才"。所以，我们的劳作教育是有计划、有目的、有内容的，不流于形式，使学生在愉快中劳动，劳有所得、劳有所获，此过程中学生自然而然树立了正确的劳动观念，热爱劳动。

3. 开展劳动周可以培养学生乐观的劳动精神

　　勤劳是中华民族的传统美德，培养人的劳动能力是各级各类教育的职责所在。近年来，劳动教育被淡化、虚化和边缘化。在学校德、智、体、美、劳全面发展中，"劳"已成为素质教育的短板。教育部 2016 年 9 月发布的《中国学生发展核心素养》将劳动意识置于实践创新素养的首要方面，重点要求：尊重劳动，具有积极的劳动态度和良好的劳动习惯；具有动手操作能力，掌握一定的劳动技能；在主动参加的家务劳动、生产劳动、公益活动和社会实践中，具有改进和创新劳动方式、提高劳动效率的意识。劳动是人类生存之本，劳动周（月）的开展可以培养人吃苦耐劳的精神、独立意识和自主能力，还可以增加幸福感，培养乐观、积极、健康的心态。哈佛大学一项调查显示：爱做家务的孩子和不爱做家务的孩子，成年之后的就业率为 15∶1，犯罪率为 1∶10。同时，爱做家务的孩子心理疾病患病率也较低。

　　毛泽东说："社会主义制度的建立给我们开辟了一条达到理想境界的道路，而理想境界的实现还要靠我们的辛勤劳动"，笔者也认为：劳作教育管理是培养学生乐观的劳动精神的一个重要渠道。如今快节奏的社会风气，使得多数学生劳动观念淡薄、卫生习惯差，有的学生提要求讲价钱，不愿奉献，只讲索取，自己多干一点不行，总希望别人、其他班级干得多。面对存在的问题，我们言传身教，化解矛盾，理顺关系，用自己的行为去感化教育学生，让学生懂得人生的价值在于奉献而不是索取。人是要有一点精神的，钱固然很重要但生活中不能只有钱，还应该有比金钱更重要的是情、德、才，是事业心和责任感、使命感，是奉献精神和爱国主义精神。在劳作教育管理中我们知道"喊破嗓子不如做出样子；嘴说千千万不如干出一两样"的道理。教师的行为更是无声的语言，为此在劳作教育与管理之中，我们既要全面指挥，精心组织，认真落实，又要亲手示范，还要抽时间和学生一起参加劳动。本着干工作就要"捧着一颗心来，不带半根草去"的情怀。理解"千教万教教人学真，千学万学学做真人"的道理。踏实工作，老实为人，进一步培养学生参与劳动的积极向上精神。

三、校园劳动周岗位设置

　　劳动周的岗位设置，学校可以根据校园卫生需求和各部门的岗位需求进行设置。一是将整个校园划分责任区域，根据区域大小安排固定的人数完成清除杂草、卫生清洁、洗拖地板、垃圾清理等工作，让学生亲身参加校内等工作，感受个人在日常生活学习中不经意造成的环境破坏行动时，给校园劳动者们带来的负担，让学生亲身感受劳动的辛苦；二是将各职能部门岗位进行顶岗劳动，将每位参加劳动周（月）的学生分散安排到学校各个部门的岗位上，进行卫生、接待、会务、后勤服务、岗位监督等工作，让他们提前感受工作环境及工作职责、要求，充分发挥学校职能部门对自己所属范围内的劳动的学生的指导、管理、监督和评价，发挥"管理育人"职能，提升全员育人效果。

大学生采取积极行动，用双手改变环境，这是因为学校是全体师生的家园，保持校园清洁卫生，是校园中永恒的主题。因为一个干净的校园，会给求知的学生们营造出舒心惬意的学习氛围，也能起到净化心灵的作用。掌握必要的保洁技能，开展爱校卫生行动，在平时可以维护环境，在特殊时期则可以创造一片净土。

知识拓展

世界环境日

1972年6月，联合国在瑞典首都斯德哥尔摩召开《联合国人类环境会议》，会议通过了《联合国人类环境会议宣言》，并提出将每年的6月5日定为"世界环境日"。同年10月，第27届联合国大会通过决议接受了该建议。世界环境日的确立，反映了世界各国人民对环境问题的认识和态度，表达了人类对美好环境的向往和追求。世界环境日，是联合国增强全球环境意识、促使政府注意环境问题并采取行动的主要媒介之一。《中华人民共和国环境保护法》第12条规定每年6月5日为环境日，通过立法的形式确定法定环境日，提高全社会的环境保护意识，增强每一个单位、公民对环境保护的社会责任感，激发大家积极参与环境保护志愿活动的热情，从而促进我国环境保护事业的发展。

课堂案例

贵州电子信息职业技术学院专周劳动教育实施办法

为弘扬劳动精神，教育引导学生崇尚劳动、尊重劳动，懂得劳动最光荣、劳动最崇高、劳动最伟大、劳动最美丽的道理，长大后能够辛勤劳动、诚实劳动、创造性劳动。根据学院劳动教育实施方案，特制定学院专周劳动教育实施办法。

一、指导思想

以习近平新时代中国特色社会主义思想为指导，为全面贯彻落实党的教育方针，促进学生德、智、体、美、劳全面发展，结合学院学生成长体系建设要求，培养学生的劳动观念，教育学生崇尚劳动、尊重劳动、热爱劳动，懂得劳动最光荣、劳动最崇高、劳动最伟大、劳动最美丽的道理。

二、组织实施

学生工作处：专周劳动教育由学生工作处牵头组织实施，按照年度教学计划对每周参与劳动教育的班级进行统一管理，按照人数安排劳动教育区域和任务，学生工作处安排专人对各班同学劳动教育周的劳动情况进行监督检查考核，周末对学生参加专周劳动教育进行成绩评定，填写"劳动教育周鉴定表"（表5-1）存入学生档案。

二级学院：负责专周劳动教育理论教学(2学时)，辅导员通过主题班会或其他多种形式开展劳动教育理论教学，引导学生崇尚劳动光荣精神，培养学生劳动教育意识，进一步强化劳动教育的效果。专周劳动教育是每个学生必修课，承担专周劳动教育的班级按完成质量等级分别给每位同学打分，此成绩录入 AIC 系统作为必修成绩，未合格的学生必须进行重修。有承担专周劳动教育的班级，如果不接受劳动教育则该班均无劳动教育成绩，不予以毕业。

三、主要工作

以校园公共区域为平台，通过校园公共区域卫生清扫，划定卫生责任区域，制订校园环境卫生清扫标准，以班级为单位开展清扫、保洁、维护工作，给全校师生提供良好的学习和生活环境，见表5-2。

具体内容：专周劳动教育依照教学计划，在校全日制学生在两年半的学习课程中，进行为期一周的专周劳动教育。主要内容包括清扫校园公共环境卫生；清扫一、二、三、四教学楼及图书馆走廊卫生；清扫运动场、篮球场、排球场卫生；义务除草、清理绿化带垃圾；义务帮厨、维护食堂就餐秩序；校园卫生文明行为督察；校园卫生巡逻值班维护等工作。

工作时间及责任分工：

全员：根据责任区域开展为期一周（星期一至星期六）清洁清扫，工作时间早上：7：00—8：30，下午2：30—4：00。

检查组：监督检查各责任区域完成情况，对清扫不彻底不达标的区域进行整改提升并打分。工作时间：早上7：00—12：00，下午2：30—5：30。

文明岗：第一、二、三、四教学楼设置文明监督岗，对进出教学楼的学生行为进行督查规范，严禁带早餐等进入教学区域。工作时间：7：30—11：30；14：00—16：30。

巡查组：工作内容为校园文明巡查和保洁，对校园不文明行为进行监督，对校园环境卫生保洁。工作时间：早上8：30—11：30，下午2：30—5：30。

督察组：督察校园重点场所秩序，义务帮厨、维护食堂就餐秩序，开展珍惜劳动成果宣传教育，协助学院开展食堂餐饮浪费督察等工作。工作时间：根据需要在就餐时间或其他工作时间进行。

四、区域卫生标准

室外：地面无积水、无食品袋、无任何白色垃圾、无建筑垃圾、无碎屑物、无烟头、无树叶、无明显的沙泥、无杂草、不存在卫生死角。

室内：地面无灰尘无积水、无任何白色垃圾、无沙泥、垃圾桶内垃圾不超过1/3，定期清理。墙面无灰尘，挂画表面无灰尘，装饰品表面无灰尘，踢脚线无灰尘。

卫生间：卫生间内无杂物，便池（便坑）无尿渍，垃圾桶保持清洁，洗手台无水渍，镜面无污渍、无水渍，水龙头无污渍，卫生间无异味。

文明岗：第一～四教学楼设置文明监督岗，对进出教学楼的学生行为进行督查规范，严禁带早餐等进入教学区域。工作时间：7：30—11：30，2：00—4：30。

巡查组：工作内容为校园文明巡查和保洁，对校园不文明行为进行监督，对校园环境卫生保洁。工作时间：早上8：30—11：30，下午2：30—5：30。

督察组：督察校园重点场所秩序，义务帮厨、维护食堂就餐秩序，开展珍惜劳动成果宣传教育，协助学院开展食堂餐饮浪费督察等工作。工作时间：根据需要在就餐时间或其他工作时间进行。

表 5-1　贵州电子信息职业技术学院校园劳动周鉴定表

班级		姓名		学号	
职务		区域			
个人总结					
班委意见	签名：				年　月　日
指导老师意见	评定成绩：		签名：		年　月　日
学院意见					（盖章） 年　月　日

注：①本表表内各栏须用黑色钢笔填写；
　　②成绩评定分为优秀、良好、及格和不及格四等。本表一式一份，存入学生本人档案。

第五章 劳动与日常生活相结合

表 5-2 专周劳动教育区域划分

序号	区域	人数安排
1	实验楼左侧及前区（小桥流水）	12～15
2	实验楼各楼层、后面及右侧（停车场）	12～15
3	第一教学楼区（荷花池小路）	12～15
4	第一教学楼后区（小操场）	5
5	足球场	20
6	第三教学楼	20
7	篮球场区	12
8	文化广场区	12
9	第四教学楼区	12
10	图书馆区	12～15
11	乒乓球场	5～8
12	八号宿舍后停车场	5～8
13	物联网实训中心周围	5～8
14	共需人数	144～165

第二节 校园日常劳动

校园日常劳动是将劳动教育贯穿于课堂、教室、宿舍、公共区域，不断美化校园环境，发挥环境育人的作用，提升广大同学劳动素养，提高学生综合素质，是学生在校日常的学习、生活中所要完成的内容。其工作内容包括清扫教室、实验室、宿舍楼走廊、楼梯及周边环境卫生和维护。根据学院责任区域安排轮流值日，确保按要求和标准按时完成劳动任务。根据学院工作要求，二级学院制订以系总支书记为组长的系部劳动教育领导小组，根据责任区域，制订实施计划，分配工作任务至全体同学，做好劳动教育的监督检查考核及成绩的评定，组织学生本人填写"校园日常劳动教育鉴定表"存入学生档案。学院牵头部门制订劳动教育的标准和要求，监督检查系部劳动教育的方案、计划、制度建设等情况，检查劳动教育的效果，通报每周劳动教育情况，对系部劳动教育开展情况进行指导、服务。

一、校园日常劳动之教室劳动教育

课堂案例

贵州电子信息职业技术学院文明教室创建实施方案

一、文明教室创建管理规定

为了给学生创造一个干净、整洁、舒适、有序、安全、稳定的学习环境和生活环境，使学院学生管理工作制度化、规范化，更适应高等职业院校学生的特点和用人企业的实际要求，提升校园文化建设层次,创出我院学生管理的特色,特制定了7S文明教室创建管理制度。

7S管理就是整理(Seiri)、整顿(Seiton)、清扫(Seiso)、清洁(Setketsu)、素养(Shitsuke)、安全(Safety)、节约(Save)七个项目。因日语的罗马拼音均以"S"开头而简称7S管理。7S管理起源于日本工厂,通过规范现场、现物,营造一目了然的工作环境,培养员工良好的工作习惯,其最终目的是提升人的品质,养成良好的工作习惯,把它引入学校可以使学生达到:

1. 革除马虎之心,凡事认真(认认真真地对待工作中的每一件小事)。
2. 遵守规章制度、养成良好的学习生活习惯。
3. 自觉维护学习环境整洁明了。
4. 文明礼貌,增强集体意识、团队意识。
5. 提前了解企业文化,增强就业竞争力。

二、教室建设7S管理要求

1. 1S——整理(Seiri)

整理的目的是腾出空间,塑造清爽的学习环境。把教室中所有的物品分"要"与"不要",区分什么是教室需要的,什么是教室不需要的。把不要的物品坚决清理出教室,包括课桌椅子、废旧的黑板擦、旧书报、各种垃圾等。这是开始改善教室环境的第一步。其实施要领如下:

(1)对教室全面检查,包括看得到和看不到的。
(2)制定"要"和"不要"的判别基准。
(3)将不要物品清除出教室。
(4)对需要的物品调查使用频度,决定日常用量及放置位置。
(5)制订废弃物处理方法。

2. 2S——整顿(Seiton)

整顿是对整理之后留在教室的必要的物品分门别类放置,排列整齐。明确数量,有效标识。通过前一步整理后,对教室需要留下的物品进行科学合理的布置和摆放。具体实施如下:

(1)桌椅应放在指定的位置摆放整齐(桌子必须摆放在教室规定的油漆点中心、椅子需全部归回到桌子下方)。
(2)电视机摆放在电机机架上。
(3)班级个性化园地包括四以下栏:
①公布栏(学院的通知、班级事务、团课内容、旷课处分)。
②评比栏(班上同学之间的学习、操行评比)。
③荣誉栏(班级所获荣誉及个人在学院各项活动中所获荣誉)。
④学习栏(技能考证、学习竞赛、班级学习小组、班级本学期学习计划等)。

四栏布置在教室前后两板黑板的左右两侧(可根据教室内部结构自行调整),要设计新颖、有创意,布置美观、精致,内容具有时效性。作品展示应面向全体学生,使人人都有展示的机会。各班还可自主设置具有班级特色的专栏。

(4)教室中讲桌、课桌、椅子摆放整齐有序;讲桌上无粉末、课桌上无灰尘、抽屉里无杂物。
(5)教室中可有必要的励志名言,张贴整齐、美观。
(6)教室各个位置必要时设定具体内容,且有提示标语(如手机充电处等)。
(7)黑板报主题鲜明,内容丰富,版面清晰,图案精美(注:严禁将彩带或其他异物捆绑在电扇和灯管上)。

3. 3S——清扫(Seiso)

清扫是指把教室清扫干净。保持学习环境的干净、亮丽。实施要领如下:

(1)建立清扫责任区(室内、外),值日表。

(2)调查污染源,予以杜绝或隔离(严禁班上同学带各种零食、早中晚餐、除矿泉水以外的其他饮品进入教室)。

(3)组织一次全班的大清扫,每个地方要清洗干净。

清扫的重点在于责任化、制度化。班级必须制定严格的卫生清扫制度,对于无故不参加劳动的不道德行为必须严肃处理。

4. 4S——清洁(Setketsu)

清洁的主要内容是将上面的3S实施的做法制度化、规范化,使教室保持完美的状态。清洁是对前面3S:整理、整顿、清扫的坚持和深入,必须使整理、整顿、清扫成为一种惯例和制度,是7S标准化的基础。实施要领如下:

(1)落实前3S工作。

(2)辅导员和科任老师应加强对班级7S管理监督。

(3)对于班级7S建设中表现突出个人的进行表彰。

(4)严厉批评7S建设中的后进生。

5. 5S——素养(Shitsuke)

教室7S管理的最终目的是提高学生文明礼貌水准,增强团队意识和集体荣誉感,养成良好的习惯,归根结底是提升学生的品质和素质。因此,素养主要是针对班上同学们的一些不良习惯进行整改和提高的。实施要领(全班同学的要求)如下:

(1)严格遵守班级7S管理的规定,遵守班规和校规。

(2)个人仪容仪表必须规范(严禁穿拖鞋、背心进入教室)。

(3)上课前学生应对科任老师进行礼貌问候。

(4)严禁带与课堂无关的东西进入教室(零食、饮料、早中晚餐、水果等)。

(5)严禁在教室说脏话、抽烟、打扑克、赌博等不文明行为。

(6)严禁迟到、早退、中途借故离开教室影响课堂教学。

(7)积极参与班级7S建设,为建设7S先进文明教室做出贡献。

6. 6S——安全(Safety)

重视全体学生安全教育,每时每刻树立安全第一意识,防患于未然。关注、预防、杜绝、消除一切不安全因素和现象。保证学生学习过程中的健康与安全,是打造平安班级的唯一标准。实习内容(安全重于泰山)如下:

(1)辅导员重视学生的安全教育。

(2)班级设立安全责任人,安全工作有记录。

(3)辅导员能在大型活动前、节假日学生离校前对学生进行安全教育。

(4)辅导员督促学生定期检查班级公共设施、电器设备等完好情况,发现问题,及时上报学生工作处。

(5)清除教室内不安全物品;学生不得在教室私接电线、插座、使用大电率的电器等,以免留下安全隐患。

(6)学生不在教室里打闹，不得翻越门窗，不得坐在二楼以上的窗口或栏杆上，不得向窗外抛丢任何物件，不得沿楼梯扶手下滑。

(7)养成随手关门、锁门的习惯，集体离开教室时，要关好门窗、锁好门。

(8)学生之间团结友爱，不打架，不恶作剧。

(9)学生在校期间必须认真遵守《军事化管理细则》，凡违反规范而造成不良后果的，责任自负，并追究肇事者的责任。

7. 7S——节约（Save）

节约资源是我国的基本国策，每个公民都有义务参与。节约就是对时间、空间、能源等方面合理利用，以发挥它们的最大效能，从而创造一个高效率的、物尽其用的教室。提高工作效能，节省各种成本。实施内容如下：

(1)实施时应秉持三个观念：能用的东西尽可能利用；以自己就是主人的心态对待教室内的设备设施；切勿随意丢弃甚至恶意损坏公共设施，要思考其使用价值。

(2)节约是对整理工作的补充和指导，学生要遵守勤俭节约的原则。

(3)保持窗帘的清洁，教学有需要时才使用窗帘。

(4)照明开关、电视、卫生工具、讲台及窗户要有指定的负责人管理。

(5)电器用后要及时关掉。离校前必须切断电源。

三、7S文明教室评分标准（评分标准见表5-3）

(1)整理（20分）：指教室没有多余的物品，教室中都是必需品。

(2)整顿（20分）：指教室中的所有物品和工具摆放规范整齐。教室文化气息浓厚；各种字画、标语美观、积极、向上。

(3)清扫（20分）：指教室干净卫生、清爽明亮。

(4)清洁（10分）：指对教室的管理长期化、制度化的落实情况。

(5)素养（10分）：指教室中每位同学的言行举止及不文明现象留下的痕迹。

(6)安全（10分）：排查教室所有的安全隐患，杜绝一切安全事故的发生。

(7)节约（10分）：节约资源是我国的基本国策，是我们每个公民应尽的义务和责任。

四、奖惩制度

7S文明教室管理是一个长期的教室管理制度，它关系到校风学风的好坏，对创建和谐校园具有很好的促进作用。所以，学院根据实际情况也制定了相应的奖惩制度。

1. 奖励制度

7S文明教室管理由学生工作处负责监督检查，各系负责创建实施并做好日常维护；每周对教室进行两次常规检查和汇总。每次检查都认真填好"7S教室创建检查评分表"（表5-3），一周一汇总且上报学院学生会卫生监察部，学生工作处带领学生会卫生监察部不定期的抽查，且做好一月一总评。每月对表现突出的前八名予以表扬并加相应的班级操行分2～8分，每学期结束时对在教室建设7S管理活动中涌现的先进个人（班长和劳动委员）进行表彰。对表现突出的班级和辅导员进行表彰并发放奖金，并在学年总评中增加班级先进个人的评选名额。

2. 惩罚制度

在7S文明教室创建管理评比中，每月对表现较差的班级（最后三名）进行通报批评。并扣班级操行分4分，并扣相应的辅导员月考核分4分。对连续三个月排在倒数后三名的班级，取消辅导员和班级的评优资格，减少班级先进个人评选的名额，扣发辅导员津贴一个月。

表 5-3　教室 7S 管理检查细则

7S 实施要领	检查范围	要求	分值	得分
一、整理(20 分) 1. 对教室全面检查，包括看得到和看不到的。 2. 制定"要"和"不要"的判别基准。 3. 将不要的物品清除出教室。 4. 对需要的物品调查使用频度，决定日常用量及放置位置。 5. 制定废弃物处理方法	教室四个角落	无多余的课桌椅	4	
	讲桌上下	无废弃不用的书或黑板擦等	4	
	电视架上下	无废弃不用的书报或纸或其他杂物	4	
	宣传栏	无废弃不用的书报或纸或其他杂物	4	
	卫生工具	无多余的扫把、垃圾筒、拖把等工具	4	
二、整顿(20 分) 1. 桌椅应放在指定的位置并摆放整齐(桌子必须摆放在教室规定的油漆点中心、椅子需全部归回到桌子下方)。 2. 电视机摆放在电机机架上。 3. 班级个性化园地(宣传栏)规范、整齐、美观。 4. 教室中的讲桌、课桌、椅子摆放整齐有序；讲桌上无粉末、课桌上无杂物。 5. 教室中可有必要的励志名言，张贴整齐、美观。 6. 教室各个位置必要时设定具体内容，且有提示标语(如手机充电处等)。 7. 黑板报主题鲜明、内容丰富、版面清晰、图案精美。 注：严禁将彩带或其他异物捆绑在电扇和灯管上	教室课桌椅	课桌椅摆放整齐有序	4	
	讲桌及讲桌周围	讲桌位置、黑板擦、粉笔摆放整齐	4	
	电视架上下	电视机在电视架中，电源插座位置、其他充电设备规范	4	
	宣传栏	宣传栏设计合理、美观、划分规范	2	
	卫生工具	励志名言、名人字画、墙纸张贴整齐美观	2	
	前后黑板	卫生工具位置固定、摆放整齐有序合理	2	
	灯具及风扇	无彩带或其他异物捆绑在电扇和灯管上	2	
三、清扫(20 分) 1. 建立清扫责任区(室内、外)和值日表。 2. 调查污染源并予以杜绝或隔离(严禁班上同学带各种零食、早中晚餐、除矿泉水外的其他饮品进入教室)。 3. 组织一次全班大清扫，每个地方都要清洗干净	制度建设	建立清扫责任区	5	
		有值日表、卫生清扫分工	5	
		有卫生清扫奖罚制度	5	
		建立约束污染源的制度	5	

续表

7S 实施要领	检查范围	要求	分值	得分
四、清洁(10 分) 清洁的主要内容是将上面的 3S 实施的做法制度化、规范化，使教室保持完美的状态。清洁是对整理、整顿、清扫的坚持和深入，必须使整理、整顿、清扫成为一种惯例和制度，是 7S 标准化的基础	整理、整顿、清扫的落实情况	教室干净、明亮、整洁、书香气息浓厚	10	
五、素养(10 分) 教室 7S 管理的最终目的是提高学生文明礼貌水准，增强团队意识和集体荣誉感，养成良好的习惯，归根结底是提升人的品质和素质。因此，素养主要是针对班上同学们的一些不良习惯进行整改和提高的	班上同学的一言一行	无人带早、中、晚餐到教室	2	
		无人带零食到教室	2	
		无人穿拖鞋、背心、吊带裙、睡衣等进入教室	2	
		无人在教室有抽烟、赌博等不良行为	2	
		教室应人走灯灭，无人时风扇、窗户应关闭	2	
六、安全(10 分) 重视全体学生安全教育，每时每刻树立安全第一意识，防患于未然。关注、预防、杜绝、消除一切不安全因素和现象。保证学生学习过程中的健康与安全，是打造平安班级的唯一标准	安全重于泰山	学生不在教室嬉戏	2	
		不向窗外丢弃杂物	2	
		不携带任何管制刀具	2	
		不在教室乱拉电线	2	
		严禁在电扇和灯管上捆绑杂物	2	
七、节约(10 分) 节约资源是我国的基本国策，每一个公民都有义务参与。节约就是对时间、空间、能源等方面合理利用，以发挥它们的最大效能，从而创造一个高效率的、物尽其用的教室。提高工作效能，节省各种成本	节约光荣、浪费可耻	离开宿舍要关灯、关水，禁止灯长亮、水长流等现象	5	
		禁止打"水仗"、泼水嬉戏	5	

二、校园日常劳动之宿舍劳动教育

📝 课堂案例

贵州电子信息职业技术学院文明宿舍创建实施方案

一、文明宿舍创建管理规定

1. 目标任务

7S管理旨在为学生创造一个干净、整洁、舒适、有序、安全、稳定、规范的学习场所和生活空间，使学校宿舍的管理及文化建设提升到一个新层次，使学校培养出的学生能够更加适应工作的需要，其最终目的是提升学生的品质，凝聚团队精神，养成良好的工作学习习惯。

2. 内容

7S管理就是整理（Seiri）、整顿（Seiton）、清扫（Seiso）、清洁（Setketsu）、素养（Shitsuke）、安全（Safety）、节约（Save）七个项目。因日语的罗马拼音均以"S"开头而简称7S管理。7S管理起源于日本工厂，通过规范现场、现物，营造一目了然的工作环境，培养员工良好的工作习惯，其最终目的是提升人的品质，养成良好的工作习惯，把它引入学校可以使学生达到：革除马虎之心，凡事认真（认认真真地对待工作中的每一件小事）；遵守规章制度、养成良好学习生活习惯；自觉维护学习环境整洁明了；文明礼貌，增强集体意识、团队意识；提前了解企业文化，增强就业竞争力。

（1）整理（Seiri）。

①宿舍内没有杂物，没有卫生死角，没有堆放杂物的角落。
②窗台上没有堆放塑料瓶和其他废弃物。
③宿舍内要根据季节、温度变化及时清理。
④生活桌干净清爽，个人物件使用完成后及时归还原位。
⑤床上除被褥、床单、枕头外不能放置其他物品，床下用来放置鞋子。
⑥洗漱用品要统一放置。衣物和其他小物件放在衣柜内，行李箱统一摆放整齐。

（2）整顿（Seiton）。

①被子要求折叠摆放好，枕头朝门、被子朝窗，床单平整。
②床下鞋子按统一方向（鞋跟朝外），成一线排开。
③毛巾挂在毛巾架上。
④衣物放入柜子内，不随意乱挂。
⑤漱口杯、牙膏、牙刷、饭盒等生活用品整齐摆放在盥洗池旁边物品放置台上。
⑥宿舍内卫生工具要统一挂放在卫生间里。
⑦学生宿舍生活桌上不可乱放杂物、干净整洁。
⑧门窗玻璃洁净、无灰尘、不乱贴乱挂。

（3）清扫（Seiso）。

①每天至少打扫宿舍卫生两次，垃圾及时清理，并做好宿舍卫生的保洁。
②生活用品、床铺要每天进行整理，鞋子要每天进行整理，宿舍桌子上物品要随时整理。
③天花板、墙角无蜘蛛网。

④门窗、玻璃、风扇洁净。
⑤床底下要定时清扫，不准有浮尘垃圾。
⑥厕所、洗漱间地面要洁净，盥洗池、便池没有污垢。

(4) 清洁（Setketsu）。
①认真执行宿舍物品摆放的标准和检查、监督制度，并落实到位。
②要有卫生打扫、检查、保洁制度。
③宿舍卫生管理责任明确，值日落实到人。
④宿舍空气良好。
⑤宿舍各种物品布置良好，美观大方，格调高雅。
⑥认真做好公区清洁。

(5) 素养（Shitsuke）。
①未经宿管部或宿管阿姨同意，任何外来人员不得私自入住学生宿舍楼。
②住宿生不得擅自调换宿舍和床位，禁止合铺就寝，宿舍管理人员根据实际情况，对床位进行调整时，住宿生应积极配合，不得以各种借口阻挠和推辞。
③学生应严格遵守学校规定的作息时间。每天按时起床，不得无故滞留、晚出或赖床不起。晚自习后，尽快回寝做好就寝的准备工作，宿舍大门关闭时间是22：00，熄灯后(22：40)应立即保持安静，不做其他任何无关的事情。
④不在走廊上走动吵闹，不乱敲门、乱敲墙壁，夜间上厕所关门要轻缓，以确保充足的睡眠时间。
⑤宿舍楼关闭期间不得进入宿舍，特殊情况须持有学生科及相关部门证明才准进入。
⑥学生周五可离校回家，星期天晚自习前返校。要服从有关老师的管理，遵守宿舍纪律。
⑦除工作人员因工作经批准外，男女不许互串宿舍楼及宿舍。
⑧住宿生不得将宿舍钥匙借给他人，严禁私自调换门锁和另加门锁，更换门锁要及时报告宿管老师，并将备用钥匙交宿管老师。如违反本规定引起的一切后果由责任人负责，并作相应处罚。
⑨不准向窗外、门外倒水、抛弃废物，不准向下水道或厕所扔易造成堵塞的任何物品。
⑩讲究文明礼貌，不骂人、不说脏话、不侮辱他人，不打架斗殴，宿舍成员间要互相团结，和睦相处。
⑪宿舍区内严禁打球、踢球、打闹嬉戏等；不准吸烟、喝酒，杜绝敲诈或变相敲诈，禁止赌博或变相赌博，严禁浏览不文明或反动网站，观看及传播淫秽报刊及音像制品，创造文明、健康的宿舍文化。自觉服从并配合安全卫生和纪律检查。
⑫所有住宿生应爱护公物，宿舍内水电设施、门窗、玻璃、家具及其他设施、设备均为学校财产，要妥善使用和保管，不得私自拆装、调换、故意破坏。

(6) 安全（Safety）。
①人人应加强人身安全、财产保管意识，个人贵重物品妥善保管，一旦发生重大或突发事件，请按照紧急疏散线路，有序安全撤离。
②不准夜不归寝，不准翻窗、爬电缆线、爬护栏等进入宿舍行为。
③严禁、抽烟、喝酒、赌博、打麻将、经销食品和推介服务。

④不准坐在寝室窗台或栏杆上。
⑤不向窗外抛丢任何物件。
⑥窗台上不准放置任何物品，避免高空坠物伤人。
⑦寝室内不允许存放贵重物品、现金。
⑧严禁收藏或携带管制刀具或任何危险物品、棍棒等。
⑨增加防火安全意识。严禁将易燃、易爆、易腐蚀或其他危险物品带入寝室内，不得有下列将给自身和同学们安全带来危害的行为：

a. 禁止在寝室内使用明火（如焚烧纸张和杂物、明火蚊香、蜡烛等）。

b. 禁止使用电炉、电热杯、热得快、电热毯、取暖器、电水壶、电饭锅、电夹板等电热器具。

c. 禁止在寝室私拉乱接电源。

d. 不得擅自挪用、损坏寝室消防器材和设施。

⑩休息时一定要关好门，外出时一定要锁好门。
⑪严禁在宿舍内喂养宠物。
⑫爱护宿舍环境卫生，不乱扔垃圾，不乱泼污水，不乱涂乱画。

（7）节约（Save）。

①以主人翁的心态对待寝室的资源，爱护公物。
②洗漱完毕及时关闭水龙头。
③离开寝室前必须关闭电风扇和日光灯、水龙头。
④洗澡要节约用水。
⑤不相互之间"打水仗"，用完水后随手关紧水龙头。
⑥卫生间冲水阀门要及时关闭。
⑦上课期间水电要全部关闭。

二、文明宿舍创建管理评分标准

文明宿舍创建管理评分标准见表5-4。校园日常劳动鉴定表见表5-5。

表 5-4　文明宿舍创建管理评分标准

宿舍 7S 管理评分标准（满分 100 分）	
1S——整理（10 分）	不符合标准每项扣分
整理内务、做好室内清洁，床上用品、洗漱用品、衣物、行李箱、生活桌等摆放必须整洁、规范	10 分
2S——整顿（10 分）	
被子叠好且统一放在朝门的一侧，枕头放在朝窗一面。床单平铺整齐无折痕	3 分
墙壁、生活柜内外、门及窗户不能乱涂、乱贴	2 分
日常洗漱用品如牙刷、牙膏、洗面奶、香皂、饭盒、饭盅等，标准寝室统一放在盥洗池旁边放置台上，普通楼寝室整齐放在生活桌上	3 分
将脸盆、水桶放在盥洗台下；洗脸毛巾挂在毛巾架上	2 分
2S——整顿（8 分）	
干净且经常穿的衣服叠好放在柜子里；干净且暂时不穿的衣服叠好收放在个人行李箱内，脏衣服随时洗涤。鞋子有序地放在床下，鞋尖朝外	2 分
行李箱统一整齐摆放在床下靠墙处	2 分
生活桌干净整齐，门窗玻璃干净，风扇无尘	2 分
将日常要用到的公共卫生工具，如扫把拖把挂在卫生间里，垃圾桶、簸箕等放在阳台靠窗处	2 分
3S——清扫（12 分）	
室内卫生每天清扫两次，拖地一次	2 分
天花板、墙角无蜘蛛网	1 分
门和窗户、风扇洁净	1 分
对床铺上多余的物品进行清除、整理	2 分
床底要及时清扫，不准有垃圾	2 分
卫生间、盥洗间地面不能有积水，盥洗池、便池没有污垢	2 分
每周组织一次大扫除	2 分
4S——清洁（10 分）	
寝室布置美观大方、格调高雅	2 分
认真执行卫生打扫、检查、保洁制度	3 分
寝室卫生管理责任明确，值日落实到位并上墙公示	3 分
认真做好公共区清洁	2 分

续表

宿舍 7S 管理评分标准（满分 100 分）	
5S——素养（20 分）	
未经学生科同意，任何外来人员不得私自入住学生寝室，住宿生不得擅自调换寝室和床位，禁止合铺就寝。除工作人员因工作经批准外，男女不许互串宿舍楼及寝室，服从学校的寝室调整	4 分
学生应严格遵守学校规定的作息时间，按时出寝，不无故滞留寝室和赖床不起。熄灯后，不在走廊上吵闹，不乱敲门、乱敲墙壁	3 分
住宿生不得将寝室钥匙借给他人，严禁私自调换门锁和另加门锁	2 分
不准向窗外、门外倒水、抛弃废物，不向下水道或厕所扔易造成堵塞的物品	3 分
讲究文明礼貌，不侮辱他人，不打架斗殴	2 分
寝室内严禁打球、踢球、打闹嬉戏；不准吸烟、喝酒，禁止赌博等学校明令禁止的违纪违规现象	3 分
所有住宿生应爱护公物，不得损坏宿舍门窗、玻璃、家具、水电设施等其他学校财产	3 分
6S——安全（15 分）	
加强人身安全、财产保管意识	10 分
严禁将易燃、易爆、易腐蚀或其他危险物品带入寝室内。禁止在寝室内饲养宠物	3 分
不准夜不归寝、不准翻窗、爬墙、爬护栏	2 分
禁止携带收藏管制刀具、禁止高空抛物	2 分
不准在寝室内使用明火，如焚烧纸张和杂物、明火蚊香、蜡烛等，禁止损坏、擅自挪动消防器材、设施	3 分
不准在寝室内使用电炉、电热杯、热得快、电热毯、取暖器、电水壶、电饭锅、电吹风等电器。不准私自拉接电线	3 分
离开寝室后应锁门关窗	2 分
7S——节约（5 分）	
离开寝室要关灯、关水，禁止灯长亮、水长流等现象	3 分
禁止打"水仗"、泼水嬉戏	2 分

表 5-5　贵州电子信息职业技术学院校园日常劳动鉴定表

院系：　　　　　　　　　　　专业：

姓名		班级		学号		
劳动地点及内容	第一学年					
	第二学年					
个人小结	签字：　　　　　　　　　　　　　　　　　　年　月　日					
辅导员鉴定意见	评定成绩：　　　　　签字：　　　　　　　　　年　月　日					
二级学院意见	公章：　　　　　　　　　　　　　　　　　　年　月　日					
学院意见	公章：　　　　　　　　　　　　　　　　　　年　月　日					

注：①本表表内各栏须用黑色钢笔填写；
　　②成绩评定分为优秀、良好、及格和不及格四等。本表一式两份，一份存二级学院，一份存入学生本人档案。

课堂活动

校园垃圾分类我先行

一、活动目标

践行垃圾分类新风尚,为校园垃圾箱制作醒目垃圾分类小标识,主动将校园垃圾分类投放;引导校园内师生投放垃圾时主动将垃圾进行分类;培养垃圾分类好习惯,提高团队合作意识。

二、活动时间

建议4～6个小时。

三、活动流程

(1)教师先给学生集中展示垃圾分类方法,让学生熟悉日常生活垃圾的分类方法,动员学生参与校园垃圾分类实践行动。

(2)教师将学生按照6～8人进行分组,每组选出1名组长,教师引导学生制定垃圾分类的达到目标及确定垃圾分类行动的区域。

(3)以组为单位制订校园垃圾分类行动计划,制作垃圾分类小标识。

(4)学生分组行动,分配到校园内各个垃圾投放点,组长带领组员将制作的垃圾分类标识张贴到各垃圾投放点的垃圾桶,主动将校园内垃圾进行分类投放,并引导校园内的师生在投放垃圾分类时主动进行分类。

(5)各组汇报展示活动成果,总结分享劳动收获。

(6)每组选派一名代表与教师一起对劳动成果进行评比,教师根据评审结果进行点评。

第三节 生活自理劳动

生活自理劳动是学生料理自己生活的各种劳动,主要有清洁自身、整理床铺、打扫房间、洗涤缝补衣服、收拾桌椅、洗碗筷、整理橱柜、打扫宿舍等。它是最简单的一种日常劳动,无论学生在校学习或参加工作,自理劳动是大学生基本义务和习惯。

现代教育则普遍重视培养个人生活自理能力。热爱劳动首先要从自理劳动开始,要从小做起,从自身做起,从小事做起,自己的事情自己做,同时能为他人、为集体服务,逐渐培养自己的责任感和社会适应能力。

大学生劳动意识的培养是当代中国学生发展核心素养中不可或缺的,也是一个学生全面发展、全面成长的必要条件和必然要求。"一屋不扫,何以扫天下",作为大学生先要从料理自己的生活开始,培养劳动意识和技能,为成长为合格公民而诚实合法劳动、创造成功生活奠定基础。

提升生活处理劳动能力是提高我们自身生存能力、竞争能力和自我发展能力的基础。很难设想,一味地依赖别人,把自己的命运寄托在他人身上,时时事事靠别人指点才能过日子的人,会有什么大的作为。而且生活不能自理,样样由别人操心代劳,也是懒惰与无能的表现。虽然随着年龄的增长,我们的生活自理能力会有所提高,但自理能力不是自发产生的，它需要我们有意识地加以培养。

生活处理劳动能力需要循序渐进的形成，而不是一蹴而就，所以，需要我们从一件件小事上来要求自己去完成，去做到，去实现，应注意做到以下几点。

一、衣物收纳及清洗

1. 衣物收纳

大学生每到换季势必会需要重新整理一批衣服，在整理之前，对于一些不再使用的衣物要做到断舍离，果断减轻衣柜负担。对于一部分八成新甚至全新的衣服，可以通过二手闲置网站进行交易，也可以选择交给旧物回收站或选择寄给贫困山区的人们。

大多数学生喜欢将衣服悬挂起来，因为这样找起来方便，而且不容易皱。悬挂衣物需放在单独衣柜隔间，将春秋季、夏季、冬季的衣服分开，这样以后也不至于拿取不便。在选择衣架时，夏季偏薄的衣服一定要选择细衣架，可以充分利用空间。

收纳衣物还可以借助收纳盒，如袜子、内衣裤、贴身小衣物、吊带打底、腰带之类的，都可以放在收纳盒中。同时，要做到尽量把东西放在属于它应该放的位置，如衣服应放在衣柜或衣架，而不是随手扔在凳子、床上。一个干净的宿舍，会给大家带来愉悦的心情。

知识链接

不同季节的衣物储存

衣物不是洗干净放起来就可以的，每个季节的衣物都有其独特的储存方式（表 5-6）。

表 5-6　不同季节的衣物储存方式

季节	操作方法
春季	西服：西服上衣用专用挂衣架挂好，西裤沿裤线对齐倒挂起来放入柜子中用防尘罩遮好就可以了。春季常穿的一些外套不需要特别的储存方式，可先将衣物洗净充分晾干，然后再松散地分类收入透气的储物箱（建议使用布料材质的）中，再在箱子中放入除潮包或樟脑球
夏季	不同材质的衣物存放方式也不同。夏季衣服单薄，材质更是多种多样： 真丝：洗净晒干后用防尘罩套上，悬挂存放； 棉质：棉质衣物很容易产生皱褶，应该直接将其卷起来，存放在储物箱中； 合成纤维：可以说是所有材质中最好储存的，直接洗好晾干好放在衣柜中即可
秋季	牛仔服：储存比较特殊，就是一定要叠起来，不要悬挂储存； 皮衣：在储存之前一定要清洗干净，在表面涂抹一层牛奶晾晒，尽量放在不透气的袋中悬挂存放
冬季	毛衣：在储存的时候一定不要放在衣套里面挂起来，那样毛衣只会越坠越长。应叠放整齐放在衣物储存袋中，可以和 T 恤放在一起，这样产生静电的概率也比较小。 羽绒服、大衣：先清洗干净，晾干之后悬挂在柜子中，用防尘罩遮好，在柜子中放入樟脑球，防虫防潮。这里要注意羽绒服如果长时间被重压，其弹性、保暖性都会降低

2. 衣物清洗

清洗衣物时应注意以下事项：

（1）清洗应分类。清洗衣物时，不仅要按颜色分类，还要按材质、种类分类。衣物按颜色可分为纯白色、浅色（包括带白色条纹的衣物）、深色（黑色、蓝色、褐色等）、艳色（红色、黄色、橙色等）四类进行清洗；材质方面，一定要将毛绒多的衣物（毛巾、毛衣、灯芯绒衣物等）和容易起球的衣物分开洗，避免把衣物洗坏；贴身衣物，如内裤、秋衣裤等要单独洗涤。

（2）水温应适宜。通常，水的温度越高，去油渍效果越好。但要注意，并不是所有材质的服装都适合用热水洗，洗东西的时候要先看洗涤说明再清洗。一般情况下，贴身衣物、床单等要用60 ℃以上的热水洗；丝质、羊毛织物等物品应用冷水洗。

（3）衣物应后放。洗衣服时，应先放水和洗衣液，并进行搅动，待洗衣液充分溶解后再放入衣物。这样洗衣服，不仅能让洗衣液更好地发挥作用，还能避免衣物上留下洗衣液的印记。

（4）洗衣液用量应适度。在使用洗衣液前，应先阅读洗衣液的使用说明，明确洗衣液与水的比例。洗衣液的用量过少，将无法达到去污效果；洗衣液的用量过多，不但会浪费资源，还会产生残留。

（5）洗衣机切忌塞满。有的人喜欢积攒脏衣服，洗衣服时把洗衣机填得满满的，以为这样既省事又省水、省电。殊不知，这样不但容易洗不干净，还会缩短洗衣机的使用寿命。衣物体积最多不能超过洗衣机内筒体积的2/3。

二、饭菜的制作

1. 鱼类原料的初步加工

水产类原料品种繁多，主要有淡水产品和海水产品两类。其营养丰富，含有大量的优质蛋白质、不饱和脂肪酸和无机盐，是重要的烹调原料。

鱼类的初步加工方法如下：

第一步：刮鳞去鳃。用硬物从鱼尾到头逆向将鳞刮净。有的鱼的鳞片中含有较多的脂肪，加工时不宜去鳞片。鱼鳃可用刀尖或剪刀去除，也可用筷子绞去。

第二步：剥皮。用于鱼皮粗糙，颜色不美观的鱼类（如扒皮鱼等）。加工时，在背部靠鱼头处割一刀口，捏紧鱼皮用力撕下，再去鳃和内脏，洗净即可。

第三步：泡烫。主要用于加工鱼体表面带有黏液且腥味较重的鱼类，如海鳗、黄鳝等。将鱼放入沸水锅中蘸一下，迅速刮去黏液，再去鳃和内脏，洗净即可。

第四步：宰杀。先剖腹，再取出内脏。有的鱼腹内有一层黑膜，一定要清洗干净。

第五步：择洗。软体水产品需采用择洗的方法，如墨鱼、八爪鱼等，都需要除去黑液、嘴、眼等。

2. 和面和发面加工

家庭常用简单自发粉和酵母和面。

第一种：自发粉和面。用自发粉加牛奶和面酸碱中和，面不发黄，做出的成品既白又嫩。自发粉内加入牛奶，使劲揉，揉到面团不粘手、不粘盆，而且面团表面光滑就好了。

和面后，面盆盖上保鲜膜放在温暖的地方发酵50分钟，面团大约"长"出一倍。如果冬天气温低，可以在微波炉里放一杯热水，然后把面盆放入即可。

第二种：酵母和面。大约40 ℃的水里加一小勺糖，酵母粉倒入水中，1千克面倒一普通饭碗的温糖水，酵母粉则要薄薄地几乎撒满水面，静置几分钟让其充分溶解，然后再一点点地倒入面粉。边倒边和，再使劲揉，揉到面团不粘手，不粘盆，而且面团表面光滑就好。揉好的面团盖上保鲜膜发酵，面团大约"长"出一倍即可。

3. 蒸米饭的方法

第一步：洗米。洗米不要超过3次，如果超过3次，米里的营养就会大量流失，这样蒸出来的米饭香味也会减少。

第二步：泡米。先把米在冷水里浸泡半个小时，可以让米粒充分地吸收水分。这样蒸出来的米饭会粒粒饱满。

第三步：加入清水。米和水的比例应该是1∶1.2。有一个特别简单的方法来测量水的量，把食指放入米水里，水不超过食指的第一个关节。

第四步：增香。在锅里加入少量的精盐或花生油。注意：花生油必须是烧熟的，而且是晾凉的。

第五步：放入用来蒸米饭的容器，盖上盖子后，接通电源，按下蒸饭键即可。

三、烹饪安全

1. 用火安全

在利用燃气灶等明火烹饪食物时，应注意以下四点：

(1)烹饪过程中不要远离厨房，以防汤水溢出浇灭燃气灶火苗造成燃气泄漏事故。

(2)厨房内禁止存放乙醇、汽油等易燃危险物品，以免引起意外失火。

(3)保持燃气灶周围空气流通。

(4)若闻到燃气味，怀疑燃气泄漏，应立即关闭燃气阀门和附近的火源，同时打开门窗进行通风，注意不要开关任何电器，包括手机。若燃气味强烈，则应立即外出打电话报警，并通知邻居疏散。

2. 用电安全

在用电饭煲、电磁炉等电器烹饪食物时，应注意以下两点：

(1)不得用湿手接触电器及电器装置，以防触电。

(2)电器用完毕后，应立即关掉开关并拔下插头，防止电器因长时间通电而损坏。

3. 烹饪工具的使用安全

在使用烹饪工具的过程中，应注意以下三点：

(1)玻璃器皿、瓷器不能摆放在台面边缘，以免摔破伤人。

(2)在使用刀具前，应检查其是否存在裂纹、松柄、锈蚀等现象，避免在使用过程中发生意外。

(3)刀具在使用完后，应插入刀套或刀架内，不得放在操作台边缘及过高处，以免坠落伤人。

4. 其他注意事项

除上述注意事项外，在烹饪时，还应注意以下三点：

(1)烧制饭菜时，锅内的液体不宜过多，以免溢出引发意外。

(2)在拿刚蒸好或烤好的食物时，应戴隔热手套。没有隔热手套的，可用干毛巾代替。

(3)为减少烹饪过程中高温油飞溅，应提前滤干食材的水分。

知识拓展

正确的洗菜方法

1. 淘米水清洗

淘米水家家户户都有，弱碱性的淘米水是有机磷农药的克星，将蔬菜在淘米水中浸泡10分钟左右，再用清水洗净，可有效降低蔬菜中有机磷的含量。

2. 开水烫菜

在烹饪青椒、菜花、豆角、芹菜等时，下锅前最好先用开水将这些菜烫一下，这样可清除90%的残留农药。

3. 阳光照射

阳光照射可使蔬菜中部分残留农药被分解、破坏。据测定，蔬菜、水果在阳光下照射5分钟，有机氯、有机汞农药的残留量会减少60%。方便储存的蔬菜，应先在室温下放置一段时间，可有效减少残留的化学农药，保障我们的食用安全。

课堂案例

家常菜肴制作示例

1. 酸辣土豆丝

材料：土豆。

调料：小辣椒、花椒、蒜、食用油、白醋、盐。

做法：

(1)把土豆去皮切丝，越细越好，再把青红椒切丝，蒜瓣切粒。

(2)土豆丝切好，过冷水去淀粉，这样炒出的菜口感脆。

(3)准备好盐和白醋，用白醋会使菜品看着色彩干净。

(4)开火，放炒锅，添油。

(5)油温热时，把花椒粒放进去，炸出香味，捞出花椒。

(6)油热时，把辣椒丝和蒜粒放入爆出香味，倒入准备好的土豆丝，颠锅翻炒几下。

(7)放白醋，放盐，动作要快，再翻炒几下，使盐味更匀。

(8)菜熟装盘、整形。

2. 炒青菜

材料：青菜、大蒜。

调料：鸡精、盐。

做法：
(1) 将大蒜、青菜分别洗净，切好备用。
(2) 热锅中倒一点油，把切好的大蒜倒入油中。闻到蒜香后，将切好的青菜倒入。
(3) 加一点水，盖上锅盖焖一会儿，大火持续3分钟后，放盐、鸡精，翻炒均匀。
(4) 大火收汁后，立即出锅。

3. 麻婆豆腐

材料：豆腐（切丁）、牛肉（切末）、豆瓣酱。
调料：盐、酒、干红辣椒碎、青蒜、姜末、花椒粉、水淀粉、酱油、少许糖。
做法：
(1) 锅内加少许菜油，大火加热，油热后依次加入豆瓣酱、盐、干红辣椒碎、姜末、花椒粉、牛肉末，也可将牛肉末用上述调料腌好后一并加入，炒香。
(2) 加入切成小块的豆腐，改小火，煮沸。
(3) 待豆腐熟后，改大火，加入由水淀粉、糖、酒、味精、酱油调好的芡汁。待芡汁均匀附着后，关火，起锅。
(4) 起锅，撒上花椒面。

4. 韭菜炒鸡蛋

材料：韭菜、鸡蛋。
调料：盐、植物油。
做法：
(1) 将韭菜择洗干净，控干水分后切成3厘米长的段。
(2) 将鸡蛋打入碗内搅拌均匀待用。
(3) 将炒锅烧热，加油烧至五六成热，倒入蛋液，炒至小团块时倒出。
(4) 炒勺里植物油烧热后，加入韭菜，用旺火速炒，放盐，快熟时倒入鸡蛋，颠翻两下，即可出锅装盘。

5. 红烧肉

材料：五花肉。
调料：食用油、酱油、料酒、生姜、冰糖、盐、白糖。
做法：
(1) 五花肉一块，切成1厘米见方的条状。
(2) 炒锅洗净，烧热，下2汤匙油，放3~4汤匙白糖，转小火。
(3) 不停地用炒勺搅动，使白糖溶化，变成红棕色的糖液，即炒糖色。
(4) 把切好的五花肉倒入，翻炒均匀，使每块肉都沾上糖色。
(5) 加酱油、料酒、生姜、冰糖、盐少许，烧开，再转小火烧二十至三十分钟。等汁挥发得差不多，加大火收汁。等收汁完成后就可以装盘。

📝 **课堂案例**

缺乏独立自主生活能力的小曹

吃饭、打水、洗澡……一切都得自己搞定的高职生活，让第一次远离父母，开始住宿生活的合肥女孩小曹非常不适应。

第五章　劳动与日常生活相结合

　　从幼儿园到高中毕业，小曹都是在"无菌室"里长大的，因家庭条件优越，父母只给小曹定下一个目标——学习，对孩子一直"惯着"，很少批评孩子，所有的衣服从袜子到外套从不用孩子洗，整理、扫地也从没让小曹动过手。

　　2019年新学期开始，小曹的父母把她送到学校报到后却接连几天频繁接到小曹电话，洗衣服、打饭、打水这些都不会，还说"想家""想爸爸妈妈""想回家"。因为担心女儿，夫妻俩只得驱车两个小时来学校看她，每次都带去换洗的衣物，还有小曹喜欢吃的饭菜，临走再把脏衣服带走。

　　这样持续了一个多月后，小曹的不适应渐渐变成了恐惧，她一回到寝室就激动，有时候大哭，甚至不敢睡觉。同宿舍的室友一开始还能关心小曹，后来都被她的举动吓住了，也不敢接近。小曹因没法在寝室住下去，只能住到离学校最近的宾馆。她的父母以为国庆假期过后小曹会有所缓解，但假期里，不管谁来劝，小曹都一直拒绝回到学校，全家人商量，小曹如果这种状况持续到这个学期结束，恐怕就只能退学了。

　　人生活在社会中需要一定的生活自理能力，这些能力的缺失会对个人未来的发展极为不利。因为父母的过度溺爱导致小曹在成长过程中缺乏基础的自我服务劳动能力，对父母依赖性大，无法独立料理自己的生活，所以，无法适应学校的学习和生活，面临退学的尴尬局面。

课堂活动

自我服务劳动成果展示

一、活动目标
用短视频的方式展示自我劳动成果，养成爱劳动的好习惯。

二、活动时间
建议20分钟。

三、活动流程
(1)每名学生把自己认为做得最好的自我服务劳动的过程录制2分钟以内的视频。
(2)教师将学生按照4~6人划分小组，小组成员观看组内成员的视频并选出最成功的劳动成果。
(3)每个小组选出的最成功的劳动成果对全班学生进行播放，并邀请这几名学生分享个人劳动的经验和体会。
(4)教师对分享者的经验和体会进行归纳、分析和总结。
(5)教师对展示的这几项自我服务劳动成果点评并赋分。
生活自理劳动鉴定表见表5-7。

表 5-7 贵州电子信息职业技术学院生活自理劳动鉴定表

姓名		学号		院系		班别	
劳动项目			统一填写"生活自理劳动"				
活动时间				地点			
衣物收纳与清洗	学习劳动内容和收获：						
饭菜制作	学习劳动内容和收获：						
烹饪安全	学习劳动内容和收获：						

第五章 　劳动与日常生活相结合

续表

自我鉴定（收获、感触、成绩与不足等）：		
家长意见	评语： 成绩：　　　　　签章：	年　月　日
辅导员 意见	 签章：	年　月　日
二级学院 意见	 负责人签章：	年　月　日

注：①本表表内各栏须用黑色钢笔填写；
　　②成绩评定分为优秀、良好、及格和不及格四等。本表一式两份，一份存二级学院，一份存入学生本人档案。

第四节　家庭日常劳动

关于家庭日常劳动，其实并无确切的定义。一般来说，家庭日常劳动是指人们在家庭生活中经常会接触到的劳作活动，以自助性劳动为主，如与衣、食、住、行相关的家务劳动，个人卫生及对日常生活、学习、工作场所的清洁、维护、整理活动等日常生活劳动。

在我国，家庭日常劳动因民族、地区、家庭情况不同而有所差异，共同包含的有家庭清洁、家庭护理、照料饮食起居、家庭维修等内容，学生应主动承担家庭中力所能及的事情，明确自己作为家庭一分子，劳动是责任，也是义务。劳动不只是洗衣、做饭、打扫卫生，更是务实、做事、操作、实践，劳动教育的意义贵在让人用身体丈量物理和心灵的世界。

通过调查，在家务劳动问题中，有43%的大学生经常做家务，49%的人偶尔做家务，其余8%的同学极少或从不做家务，反映了大学生参与家庭劳动的现实水平较低，也反映了劳动态度和劳动实践的差异。而在主动进行家务劳动中，仅有35%的同学经常主动做家务，其余大部分同学表示是在被家长命令和督促下做家务的。而在具体的劳动内容上，大部分是打扫卫生和洗衣服，不到一半的大学生是做饭。

专家指出，在未来的社会中，身体素质的好坏和劳动意识的强弱，将是一个人能否取得成功的关键所在。大学生应主动参加家务劳动，杜绝养成过分依赖父母的习惯，培养独立性，提高生活自理能力，养成热爱劳动的良好习惯。

知识拓展

家庭生活劳动的社会现状

现在的学生大多是独生子女，优越的生活条件使其一出生就成为家庭中的"掌上明珠"，受到两代甚至三代长辈的共同关注。家长把家庭的未来寄托在孩子身上，希望孩子考一个好的大学，将来有一份好的工作。为了不让孩子输在起跑线上，从幼儿园开始就要孩子参加各类培训班，却忽视对孩子自理能力的培养。到了小学、中学特别是高中，重应试教育、轻个性发展的现象越演越烈，"两耳不闻窗外事，一心只读圣贤书"，家长承担了孩子成长过程中本该由孩子自己承担的很多生活劳动。乃至大学，孩子更被视为"天之骄子"。新生开学时，家长开车送其上大学，代其购买日常生活用品、安排日常生活，有的甚至替学生报道、缴费等，尽量包办学生的一切，假期回家后也不让孩子参加家庭劳动。家庭的过分溺爱和包办导致孩子不爱劳动、不会劳动，不愿劳动。

其实，让大学生经常参加一些力所能及的家务劳动，不仅不会影响学生的学习，反会促进学生的健康发展。学生结束在学校的紧张学习，回到家后，帮助父母拖地、洗碗、洗衣服，可以通过这些劳动来消除学习中的紧张感，减轻疲劳度，从而使学生精力更充沛。父母同孩子一起进行劳动，这是一个同孩子沟通的好机会。通过劳动、谈心、聊天，父母可以拉近和孩子之间的距离，亲情的交融会给孩子在学习、生活、精神上新的力量。

> 学校不妨把家务劳动列为学生的必修课程之一，对学生必做的家务劳动做出规定，努力做学生家长的说服教育工作，把开展家务劳动开发成为一个培养学生良好劳动习惯的教育渠道，让学生养成热爱劳动的良好习惯。以家庭为主体，劳动教育生活化。著名教育家陶行知说："好的生活就是好的教育，坏的生活就是坏的教育"。家庭是孩子接受教育的第一所学校，是孩子成长的起航地，因此，家庭在劳动教育中发挥着基础性的作用。家长不仅是孩子的第一任老师，也是孩子劳动启蒙的主导者，加强劳动教育需要家庭的全面参与和家长的全力支持。家长要充分认识到劳动所具有的教育价值，把劳动教育生活化，树立崇尚劳动的良好家风。家长通过日常生活的言传身教，潜移默化地引导孩子从小养成爱劳动的好习惯。注重日常养成，抓住衣、食、住、行等日常生活中的劳动实践机会，小到整理书桌、房间，大到洗衣、做饭，鼓励孩子自觉参与、自己动手，从点滴处培养孩子劳动意识。同时，强化家庭教育与学校教育的协同，注重家校互动，让家长与学校在家庭劳动、勤工助学等方面达成共识。

案例导读

传递家人之爱

2020年年初，新型冠状病毒疫情暴发，很多人主动在家隔离，成就了不少会做菜的大学生美食家和中国"西点师"。当你按照网上的视频学会了做蛋糕、面包、饼干，对着菜谱炒上几个色香味俱全、"五星级酒店"水平的菜。这时候，父母眼中的欣慰是不可忽视的，他们品尝着你做的糕点和饭菜，感受到的是"家有儿女已长成"的幸福，这就是实实在在的天伦之乐。家务劳动在一粥一饭、一饮一食中传递着对家人的爱。

从事家务劳动，有利于培养大学生独立生活的能力。掌握生存的技能越多，大学生的独立能力也就越强，从而增强大学生的自信心和适应能力，使大学生能够更好地解决生活中所遇到的问题。家务劳动可以锻炼大学生的身体协调能力、动手能力，而且有助于学生逻辑思维能力和对事情分析、判断、安排的统筹能力的提高，使大学生能够更快地接受新鲜事物。家务劳动还可以锻炼大学生与人交流、合作的能力，并且培养其团队协作意识。在家务劳动中，大学生与父母面对共同的劳动任务和目标，经过沟通、分工、合作，最后在各自的努力中实现共同目标。在这个过程中，大学生锻炼了分析能力和沟通技巧，培养了合作意识和团结精神。家务劳动还有助于调节家庭气氛，构建和谐氛围。大学生分担家务劳动后，亲身体验到家务的繁重与琐碎，切身体会到父母的不易，从而会更加珍惜现在所拥有的一切，会懂得关心父母、体贴父母、孝敬父母，这样，大学生对父母的抱怨、抵触就会减少。

日常的共同劳动还会增加大学生对父母的信赖和感情，进而给家庭带来一种融洽、和谐、欢乐的气氛。"兴趣是孩子最好的老师"，要想使大学生在做家务的过程中养成良好的劳动品质，首先要让大学生感受到做家务的乐趣，使其养成愿意做家务的良好习惯。

一、家庭清洁

家庭清洁包括家具清洁、电器清洁、厨具清洁、门墙清洁等内容。

(一)家具清洁

1. 木质家具的清洁方法

木制家具因其天然美观和环保性强的特点,被各家各户广泛使用,但木质家具并不易于保养,所以,我们在日常生活中对木制家具还是要多加保养清洁。

日常清洁时,用柔软的抹布或海绵蘸温热的肥皂水擦洗,等到自然风干时,再用家具油蜡抛光。残茶是极好的除木制家具上的油污清洁剂,可使用残茶水涂抹擦拭,再喷洒少量的玉米粉进行抹拭,最后将玉米粉抹净即可。可以清洁所有吸附在家具表面上的脏物,使漆面光滑明亮。如果家具漆膜被烟头、烟灰或未熄灭的火柴等物灼伤,留下焦痕,而未烧焦到漆膜以下的木质,可以用小块细纹硬布包一根筷子头,轻轻抹烧灼痕迹,然后涂上一层薄蜡液,焦痕即可除去。木质家具不耐热,受热容易形成伤痕,可以用半个柠檬擦洗伤痕,再用浸在热水中的软布擦拭,即可修复伤痕。家具因沾水没有及时抹净,水渗入漆膜空隙并积存,使漆膜泛起水印,在这种情况下,只要将水迹印痕上盖上一块干净湿布,然后用熨斗压熨湿布,聚集在水印中的水会被蒸发出来,水印也就消失了。

> **课堂小提示**
>
> 木质家具要避免阳光直射。尽管秋日的阳光没有夏季猛烈,但长时间的日晒加上干燥的气候,木质过于干燥,容易出现裂缝和局部褪色。

2. 皮质家具的清洁方法

与其他材质的家具比较,皮质家具最为突出的优点即表面美观,手感好,而且耐磨性、耐揉性、耐水性很好,抗裂强度、抗脱落强度也很高,现在家庭皮质家具的使用较广泛。

皮质家具适合使用专用清洁皮质家具的清洁剂,切记不要用一些烈性较强的化学剂清洗,以免化学剂残留在皮表面,造成皮质家具的腐蚀。在使用完清洁剂后需用清水擦洗一遍,再用干的抹布擦一遍。

(二)电器清洁

1. 电视

液晶屏是液晶电视的核心部分,自然也是我们清洁的重点。使用柔软的布沾少许玻璃清洁剂轻轻地擦拭(擦拭时力度要轻,否则屏幕会因此而短路损坏),不要使用酒精一类的化学溶液,不要用硬质毛巾擦洗屏幕表面,以免将屏幕表面擦起毛而影响显示效果,也不能用粗糙的布或纸类物品,因为这类物质易产生刮痕。当不开电视时,请关闭显示屏(不要仅限于遥控器的关闭状态),以防止灰尘堆积。不要用指尖(经常对屏幕指指点点)或尖物在屏幕上滑动,以免划伤表面。另外,保持使用环境的干燥,远离一些化学药品。

2. 电冰箱

电冰箱需安排单独电源线路和使用专用插座,不能与多个其他电器合用同一插座,否则容易造成不良事故。正确安放电冰箱，不能距离火炉、暖气片等热源的地方过近，同时应避免阳光的直接照射，这样有利于散热；应摆放在不潮湿并通风良好的地方。冰箱背部应离墙 10 厘米以上，顶部应有 30 厘米以上的高度空间，四周不应该放置过多的杂物；应摆放在地面平稳的地方，否则当压缩机启动时会产生震动并发出很大的噪声，长期如此会缩短电冰箱的使用寿命；上面不应该摆放重物或过多杂物，特别是不能摆放其他电器。

知识拓展

4 个小妙招教你轻松去除冰箱异味

（1）放柠檬。这个方法非常简单，将一个柠檬切成片，放在冰箱的每个隔层里，静置一个晚上，第二天冰箱里会闻到淡淡的柠檬香味，非常舒适。

（2）放白醋。在冰箱冷藏柜放一个小碗，里面加上半碗白醋，用保鲜膜将整个碗口包起来，然后用牙签将碗上面的保鲜膜扎上几个小洞。

（3）放茶叶。将茶叶包在纸包里，放入冰箱中，无论是冷冻，还是冷藏都是可以用的，放两天能消除冰箱异味，只留下淡淡的茶叶香味。

（4）放硬币。将五角钱的硬币放在冰箱里，可以去除难闻的烂菜的味道。

3. 洗衣机

一般新买的洗衣机在使用半年后，每隔 3 个月都应用洗衣机专用洗洁剂清洗一次。清洁洗衣机时，可先往一条干毛巾上倒上 200 毫升的米醋；然后把沾满米醋的毛巾放到洗衣机里；盖上洗衣机的盖子，按下电源键，调成甩干，再按下启动键。一会儿桶的内部会均匀的沾上米醋，保留 1 个小时，这样可以软化污垢；倒半袋小苏打，往小苏打里倒入适量的清水，把小苏打溶解；洗衣机里加满水，把小苏打液倒进洗衣机里，泡 2 个小时；2 个小时以后，盖上洗衣机盖子漂洗两次。另外要注意：平时不用洗衣机的时候，最好经常打开洗衣机的盖子，让洗衣机内部保持干燥状态。洗完的衣服应立刻拿出来晾晒，千万不要闷在里面。

4. 空调

空调使用有两忌：一是忌与其他电器共用插座；二是忌在运行中改变热泵型空调的运行状态。空调清洗时可用柔软的布礁少量的中性洗涤剂擦拭空调器，而且清洗时水温应低于 40 ℃，以免引起外壳、面板收缩或变形；室内进风过滤网应每隔 20 天清洗一次，室外机组也应定期除尘。

5. 饮水机

饮水机机身里的水垢，可以先排尽余水，然后再打开冷热水开关放水，取下饮水机内接触矿泉水桶的部分，用酒精棉仔细擦洗饮水机内胆和盖子的内外侧，为下一步消毒做准备。按照去污泡腾片或消毒剂的说明书，兑好消毒水倒入饮水机，使消毒水充盈整个腔体流至 10～15 分钟，但更建议从进水口倒入少许白醋或鲜榨柠檬汁，再将里面加满水流至 2 小时，这样不用担心清洁剂残留对人体造成危害。

（三）厨具清洁

抽油烟机内的叶轮一般在运行 6 个月后，应请专业人士进行彻底清洗，若是长时间带着超负荷的油污旋转，极易出现变形、噪声增大，甚至影响抽油烟效果，缩短设备寿命。

通常，专业人员会用高温高压清洗机，配合高效环保清洗剂，对油烟机的风轮、网罩、外壳等进行全方位清洗，彻底去除内外油污。然后，拆下涡轮，放在专业清洗剂中浸泡，再用高温高压喷雾机往油箱内喷洒高温蒸汽3分钟，用专用铁铲铲出较厚的油垢。

日常简单清洁可以使用吹风机和洗洁精。其步骤如下：

第一步：用吹风机的热风对着油污吹，直到发现油污呈溶解状态后停下。

第二步：准备一张旧报纸，用洗洁精水将其打湿，趁报纸打湿的状态下贴在油烟机上，等半个小时后把报纸撕下来，这时就会发现油污变淡了。

第三步：用洗洁精和抹布擦洗。

(四)门墙清洁

1. 玻璃门窗清洁

第一步：自制擦玻璃清洁剂。准备一个水流较细的小喷壶，倒入一半的水，四分之一的洗洁精，四分之一的白醋，摇晃均匀即可。

第二步：准备纸和两块不掉毛的布，纸可以是报纸，也可以是买鞋子时塞在鞋子中的纸，布的要求是不掉色、不掉毛、吸水，另一块布保持干燥。

第三步：将调制好的清洁剂摇晃均匀后喷在玻璃上，用纸揉开，自上往下擦拭，使清洁剂均匀的覆盖住玻璃，一般一次并不能清洁干净，往往还需要喷涂一遍清洁剂后再用报纸擦一遍。

第四步：选用一块布料湿水之后擦拭玻璃，将玻璃上的泡沫擦干净，等泡沫彻底擦干净之后，用另一块干的布料再擦掉所有的水迹，窗户就擦好了。

> **课堂小提示**
>
> 对于高层楼房来说，这个方法是用于擦室内的窗户，室外的窗户尽量找专业的人来清洁，不建议大家自己探出身子或用其他方法去擦室外的窗户，这样很不安全。

2. 墙面污垢清洁

日常对墙面进行吸尘清洁时，注意要将吸尘器换吸头，以免吸尘器吸头对墙面造成污染。若发现墙面有脏迹时要及时擦除，否则容易在墙面上留下永久斑痕。对于耐水墙面可以使用布蘸水擦洗，擦完后使用干毛巾吸干即可。对于不耐水的墙面，不能用水擦，可选择用橡皮擦或毛巾蘸些清洁液拧干后轻轻擦除。

多雨的天气室内潮湿，靠近卫生间、厨房等地的墙面极容易出现霉斑，影响墙壁美观。因此，墙体发霉要防患于未然。在墙角摆放茶叶或活性炭等可以吸湿，还可以使用专业除湿器或使用空调除湿。

课堂案例

让孩子做家务，就像小鸟要学习展翅一样

2020年1月，湖北襄阳一位刘女士在朋友圈招聘保姆照顾自己上大学一年级的女儿，引发网友的热议。刘女士称自己平时很忙，没有时间照顾女儿，女儿虽然上大学了，但是从小没有做过家务，所以想找一个保姆照顾她。

其实，一般钟点工的小时工资为20～50元，假设刘女士是给自己家里请保姆，绝不会有人说三道四。那么，刘女士的做法到底是哪里不对，才会惹来争议？其实，比较容易引发反感的关键词是"大学生"和"从小没做过家务"。大学生过的是集体生活，属于自己的"一亩三分地"也就是宿舍里的书桌和床，所谓家务活无非就是生活自理罢了。如果这些事都不会做、不愿做，称为"低能"也不为过，而"从小没做过家务"的说法，更说明这个家庭对何为教育完全不懂。

家务劳动和各种学校课程一样，都应当属于从小就得学习的必修课。哈佛大学曾进行过一项历时70多年的"格兰特研究"，探讨一个人的成功因素究竟是什么。结论是，如果我们关心孩子们的职业成功，那么就要为孩子们提供两个基础——爱和家务活。

如果你不想成为自理能力差的人，就应该学做家务，就像小鸟学习飞翔一样自然。

二、家庭护理

家庭护理是指对患有严重疾病综合征、身体功能失调、慢性精神功能障碍等患者提供的照护。家庭护理是老年人照护的首要形式，它的服务内容包括基本的医疗护理服务、个人照料、情感和社会支持等。

（一）老年照料

孝与感恩是中华民族传统美德的基本元素，是中国人传统美德形成的基础，也是政治道德、社会公德、职业道德、家庭美德、个人品德建设的基本元素。

一般来说，老年人生活照料的服务内容有个人清洁卫生服务、衣着服务、修饰服务、饮食服务、如厕服务、口腔清洁服务、皮肤清洁服务、压疮预防、便溺护理等。

（1）个人清洁卫生服务。个人清洁卫生服务包括洗脸、洗手、洗头（包括床上洗头）、洗脚，协助整理个人物品，清洁平整床铺，更换床单等。

（2）衣着服务。衣着服务包括协助穿脱衣裤、帮助扣扣子、更换衣裤、整理衣物等。

（3）修饰服务。修饰服务包括梳头、化妆、剪指甲和协助理发、修面等。

（4）饮食服务。饮食服务包括协助用膳、饮水、喂饭、喂水、管饲等。

（5）如厕服务。如厕服务包括定时提醒老人上厕、协助如厕，使用便盆、尿壶等。

（6）口腔清洁护理服务。口腔清洁护理服务包括刷牙、漱口、协助清洁口腔、假牙的清洁保养等。

（7）皮肤清洁护理服务。皮肤清洁护理服务包括擦浴、沐浴等。

（8）压疮预防服务。压疮预防服务包括保持床单干燥、清洁、平整；定时翻身更换卧位，防局部受压过久；受压部位按摩增进血液循环；保持皮肤干燥、清洁，预防皮肤受伤等。

（9）便溺护理服务。便溺护理服务包括清洗、更换尿布等。

知识拓展

学生陪护老人的技巧

（1）全面了解老人需求。研究表明，孤独感会增加早逝的风险。因为晚辈们要上班上学，无法长时间陪护，老人便会产生孤独的感觉。我们要多和老人交流，了解老人到底需要什么，给予老人更多的关怀。

(2) 制订合理陪护计划。如果老人喜欢玩游戏，则可在电视、电脑上安装一些操作简便的游戏；如果老人喜欢宠物，则可喂养一只老人喜欢的、温顺易养的宠物。

(3) 合理安排作息时间。要做到上学、陪护两不误，就需要合理安排时间，包括自己的作息时间和老人的作息时间，最好制定一个时间表。

(4) 独处期间有事可做。在上学前，可以给老人安排一些他乐于完成的任务，让老人为完成任务而忘记孤独或病痛的折磨。例如，喜欢游戏的要老人把积分打到多少分，喜欢宠物的让老人教会宠物什么动作，喜欢看电视的让老人把某电视剧看到多少集等。通过让老人做一些事情，排解老人的孤独。

(5) 让老人有朋友交流。放学后，在保证安全的情况下，引导老人参与一些公共活动，与其他朋友一起交流。如可用轮椅将老人推到小区活动空间，与其他人交流聊天。

(6) 关注细节及时提醒。老人记忆力不大好，在服药、就餐等问题上，要注意提醒。在提醒时不要采用命令式语言，而要采用关怀式语言，让老人体会到你对他的关心。

(7) 情绪乐观温馨相待。不要让老人看到你疲惫焦虑的样子，虽然学生课业负担较重，但我们还是应该用快乐的情绪感染老人。回家后除做作业或家务外，还要与老人讲讲一天的趣事，让老人感觉到你在学习中的快乐，以免老人产生愧疚心理。

(8) 外出陪同确保安全。就医时，我们应该尽量陪同，这样父母和医生交流时，我们可以陪护老人，避免意外事件发生。

（二）家人住院陪护

家人生病需要住院，作为学生的我们可以提供一些力所能及的服务为家人分忧解难，如承担部分陪护工作。若想成为一名合格的陪护者，需要了解一些陪护常识和日常起居照料内容。

住院陪护工作内容主要有协助起床、洗脸、洗手、刷牙、漱口、梳头等；协助进餐、饮水、加餐等；清洗使用过的餐具；协助排泄大小便；晚上睡觉前为其洗脚或泡脚，并协助其入睡；协助医护人员观察病情；协助按时、按量服药；协助下床活动或散步；注意衣物的清洁消毒方法；对衣物和便器等用品进行清洁、消毒，并妥善保管等。

（三）家庭护理常识

1. 生命体征测量

生命体征包括体温、脉搏、呼吸、血压，它是标志生命活动存在与质量的重要征象，是评估身体的重要项目之一。我们可以掌握基础的生命体征测量方法。

(1) 测量体温。协助被测家人解开衣物，有汗应擦干腋下，将体温计水银端放置于其腋窝深处贴紧皮肤、屈臂过胸夹紧，过10分钟以后取出体温计。

(2) 测量脉搏。协助被测家人手臂放松，要求其手臂向上，然后我们将自己的食指、中指、无名指的指端放在其桡动脉表面，计数30秒。正常成人60~100次/分，老年人可慢至55~75次/分。

(3) 测量呼吸。可测量脉搏后仍然把手按在被测家人的手腕上，观察其腹部或胸部的起伏，一呼一吸为1次，计数为30秒。

2. 换药

换药是指对创伤手术以后的伤口及其他伤口进行敷料更换，促使伤口愈合和防止并发症的方法。其主要目的是清除或引流伤口分泌物，除去坏死组织，促进伤口愈合。换药步骤如下：

(1)要进行无菌操作，原则上要戴口罩、帽子，用肥皂及流水洗净双手。
(2)区分所需换药伤口的种类，准备所用物品。
(3)采取合适的体位，铺治疗巾。
(4)去除伤口原有的敷料。撕胶布时要由外向内，顺着毛发生长方向；外层敷料用手揭去后，内层用无菌镊除去，顺着伤口的长轴方向。
(5)伤口清洁、消毒、处理后，根据伤口的种类使用不同的换药方法。
(6)敷料覆盖伤口后再视情况进行包扎。

(四)家庭常备药品

根据家庭成员的构成，家庭药箱应主要覆盖内服药、外用药、特殊人群用药和辅助用品四大类别。

1. 内服药

内服药常见的有感冒药、解热镇痛药、止咳化痰药、止泻药、通便药、抗过敏药、助消化药七大类。一般不推荐储备抗菌类药物。

2. 外用药

外用药主要有外用消毒药，如75%乙醇(酒精)、碘伏等；其他外用药如云南白药、风油精等。另外，创可贴、灭菌医用棉签、纱布、绷带等卫生材料也要备齐。

3. 特殊人群用药

特殊人群用药是根据家庭成员实际需求准备的药。

4. 辅助用品

辅助用品主要包括小药箱、方便小药盒、定时药盒、切药器、研磨器等。

知识拓展

家庭常备药物管理

家庭中储存一些常用药物对家庭保健有很多益处。但如不注意合理保管，容易造成药物变质失效。家庭常备药物的管理应注意以下几点：

(1)防止日照。有些药品一经日光照射就会发黄，这类药物应放在有色玻璃瓶中防止变质。应避光储存的药品有氢化可的松、去甲肾上腺素、维生素C、肾上腺素等。

(2)防止氧化。有些药品在空气中遇氧容易发生氧化变质，故应密封保存。这类药品有鱼肝油、氨茶碱、维生素C、碘化物类等。

(3)防止遇热。很多药品在高温下容易引起细菌、霉菌大量繁殖，致使药品发霉变质，这类药品应放在阴凉处保存。这类药品有维生素D针剂、促皮质激素、辅酶A、催产素及各种生物制品等。

(4) 防止挥发。有的药品在常温下暴露于空气中容易挥发，这类药品除密闭外还应放在低温下保存。这类药物有樟脑、薄荷脑、各种香精、丁香油、乙醇、乙醚、各种酒精制剂等。

(5) 防止失效。部分药品规定了有效期或失效期，过期则不宜再使用。

(6) 防止误服。储备药品过多或时间长了容易记不清是什么药或药品失效而误服，引起不良后果。所以，一定要注意勤检查药品是否过期、变质；还需要分类存放，并标明药名、剂量、有效期，以免药物过期失效或误服。

课堂案例

带着父母上大学，边读书边照顾母亲

家境贫寒、身体瘦弱的小潘被徐州工程学院机械设计专业录取后，他带着不会说话、不能行走，更加没办法自理，全天24小时需要靠人照顾，连吃饭都要插胃管进食的母亲和体弱的父亲来到了徐州这座城市，一边上学一边照顾母亲。

小潘每天需要喂母亲5顿饭，每隔两小时就要帮她翻身、按摩，因此他每天的时间就要切割成一个个"两小时"。每天的早中晚，他要分3次给母亲买菜做饭，而到了夜里，他要陪母亲到凌晨2点才能睡觉。为避免时间太久把人累垮，父子俩就制定好了时间，轮流照顾他的母亲。在他的悉心照料下，虽然小潘的母亲长期卧床，可是她身上却没有褥疮，家里也没有异味。

为了更好地照顾母亲，小潘的大学生活充满了忙碌，甚至还有一些苦涩，但他硬是用一副瘦弱的身板抗下了种种苦难和煎熬，撑起了一个家的同时，也没有荒废过学业。家人生病或年老体弱，我们作为家庭中不可或缺的一分子也应该尽可能抽出时间参与照顾，这就需要掌握一定的知识，懂得如何照顾老人和病人。

三、家庭维修

家庭维修包括家庭空气治理、水暖检修、电路检修、家具维修及保养、地面维修及保养、门窗检修、家用电器检修、房顶检修等内容。以上维修一般需要专业人员的指导或完全由专业人员操作，职业院校学生可以学习一些简单的手工操作，做好维修预防。

（一）家庭空气治理简单方法

近几年，随着国民环保意识的提高，空气变得洁净。家庭常见的空气问题一般是采购新家具或新装修房屋后需要保证家居环境空气的干净，室内污染空气吸入时间长会有呼吸道不舒服、嗓子疼的症状。可以通过一些简单的操作解决家庭空气污染的问题。

甲醛超标是很常见的问题，装修后的房子或新买的家具是主要的甲醛来源。家庭除甲醛的措施有以下几种：

(1) 通风：有时间多通风，把甲醛释放出去。

(2) 使用一些活性炭或叶广泥材料：活性炭和叶广泥材料中有许多微小的孔隙，可以吸收甲醛、甲苯等有害气体。

(3)植物：选择芦荟、吊兰、虎尾兰、一叶兰、龟背竹，这些植物是天然的清道夫，具有很强的吸附能力。

(二)电路维修简单方法

家庭电路常见的几种电路故障如下：灯泡不亮或闪烁；突然停电。遇到这些故障时，可以使用下列方法排除。

1. 灯泡不亮或闪烁

(1)家里所有的灯泡都不亮。对于这种情况首先应看邻居家是否有电，如果邻居家也没电，那么可能是供电单位正在进行故障维修，这种情况就没必要去检查线路；如果邻居家或其他地方有电，那说明家里电路的保险丝或干路出现了故障，而这种电路的维修也较简单。如果是保险丝断了，那么只要换上好的保险丝即可；而干路的断路应用导体将两端连接在一起。

(2)其中一个灯泡不亮。首先要检查灯泡是否烧坏，然后检查开关和灯头，最后检查接到这条支路的线路是否断路。对于第一种情况，只要换一个新灯泡即可。如果是开关和灯头坏了，同样也是直接换上新的。

2. 突然停电

由于各种家用电器在人们的生活中应用越来越广泛，有些家庭的所有家用电器总功率过大，通过干路的电流超过电能表允许通过的最大电流，这时电路会出现"跳闸"现象。出现这种现象无须惊慌，只要尽量避免同时使用多个家用电器即可。但要检查电路中保险丝是否被烧坏，如果烧坏应先换上新的保险丝，再恢复供电。

(三)无痕墙面挂钩安装方法

选购含 4 枚小钢钉的无痕墙面挂钩，将 4 枚小钢钉钉在墙上即可。无痕墙面挂钩用于紧实墙面，最大承重达 6 千克，可挂一般的画框、衣物、袋子等物品。

家庭常用工具

家庭常用工具有铁锤、梅花起子(必备，拧螺钉用)、一字螺钉旋具(拧大螺钉时用)、活动扳手(拧螺母用)、钳子、测电笔、卷尺(量窗户、橱柜和定位衣柜的尺寸用)等，如图5-1所示。

1. 铁锤

最常见的铁锤是木匠使用的羊角拔钉锤。配有铁头，把手为木柄或铁柄，用来击打钉子或其他紧固件。锤头一端的错爪有两个分叉的拱形物，用来从木头中拔出钉子。

2. 螺钉旋具

螺钉旋具用于拧紧或拧松螺钉。螺钉旋具的类型有很多种，不同类型的螺钉旋具使用不同的螺钉旋具头。一字螺钉旋具、十字螺钉旋具、六角形螺钉旋具头能与正方形或六边形的凹洞咬合，它可以产生更大的力矩，以旋紧或松开紧固件。

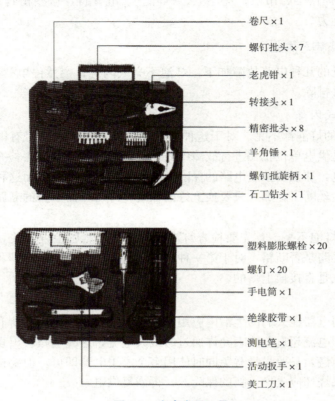

图 5-1　家庭常用工具

3. 活动扳手

活动扳手简称活扳手,其开口宽度可在一定范围内调节,是用来紧固和起松不同规格的螺母和螺栓的一种工具。活动扳手由头部和柄部构成,头部由活动板唇、呆板唇、板口、涡轮和轴销构成。

4. 钳子

钳子是一种用于夹持、固定加工工件或扭转、弯曲、剪断金属丝线的手工工具。钳子的种类很多,它的用途广泛,按形状可分为尖嘴钳、扁嘴钳、圆嘴钳、弯嘴钳、斜嘴钳、针嘴钳、顶切钳、钢丝钳、花鳃钳等。

5. 卷尺

卷尺是日常生活中常用的工量具。常见的是钢卷尺,建筑和装修常用,也是家庭必备工具之一。其可分为纤维卷尺、皮尺、腰围尺等。卷尺能卷起来是因为卷尺里面装有弹簧,在拉出测量长度时,实际是拉长标尺及弹簧的长度,一旦测量完毕,卷尺里面的弹簧会自动收缩,标尺在弹簧力的作用下也跟着收缩,所以卷尺就会卷起来。

 **课堂活动**

争做家庭生活劳动好帮手

一、活动目标

通过争做家庭生活劳动好帮手活动提高个人参与家庭劳动的积极性,培养自己吃苦耐劳的劳动观念,增强热爱劳动的意识和劳动能力。

二、活动时间

建议30分钟。

三、活动准备

(1)教师要求每名学生与家人一起共同做一项劳动复杂或难度较大的日常生活劳动,由学生负责把本次日常生活劳动进行角色分工、制定作业步骤、准备使用的工具和物品等,并做记录。

(2)家人共同劳动,学生负责把整个劳动过程用手机录制下来并剪辑成不超过3分钟的短视频。

四、活动流程

(1)教师将学生按照4~6人进行分组,组内进行视频和记录分享,并对它们进行分析、总结,寻找可能存在的问题。

(2)对于可能存在的问题,每组通过讨论或网上搜索的方式,寻找解决问题的方法并形成小组观点。

(3)每个小组选出一名代表陈述本组组员在本次活动中的亮点和所有可能存在的问题的解决方案,其他小组可以对其进行提问,小组内其他成员也可以回答提出的问题;通过问题交流,将每个需要研讨的问题都弄清楚。

(4)教师进行分析、归纳、总结,引导学生树立承担日常生活劳动意识,积极参与提高劳动技能的行动。

(5)教师根据各组在活动过程中的表现予以赋分。

家庭日常劳动鉴定表见表5-8。

表 5-8　贵州电子信息职业技术学院家庭日常劳动鉴定表

姓名		学号		院系		班别	
劳动项目			统一填写"家庭日常劳动"				
活动时间				地点			
家庭清洁	学习劳动内容和收获：						
家庭护理	学习劳动内容和收获：						
家庭维修	学习劳动内容和收获：						

续表

	自我鉴定（收获、感触、成绩与不足等）：
家长意见	评语： 成绩：　　　　　签章：　　　　　　　　　　　　　　年　月　日
辅导员意见	 签章：　　　　　　　　　　　　　　　　　　　　　　年　月　日
二级学院意见	 负责人签章：　　　　　　　　　　　　　　　　　　　年　月　日

注：①本表表内各栏须用黑色钢笔填写；
　　②成绩评定分为优秀、良好、及格和不及格四等。本表一式两份，一份存二级学院，一份存入学生本人档案。

第六章　劳动与实习实训相结合

学习目标

1. 深入了解专业知识，更熟练地掌握专业技能。
2. 具备技术革新和技能创新的意识，不断提升综合素质和劳动能力，弘扬劳动精神、工匠精神和劳模精神。
3. 体会劳动创造美好生活，认识劳动不分贵贱，热爱劳动，尊重普通劳动者。
4. 强化劳动观念，端正劳动态度，增强法律意识，保护自身劳动合法权益，形成热爱劳动的良好习惯，进而形成正确的劳动价值观。
5. 具备满足生存发展需要的基本劳动能力，形成良好劳动习惯。

案例导读

大学生实习的故事与困惑

故事一：

学生小A是专科生，大一时消沉懒散，老师百般劝诫难以改变，经常缺课睡懒觉，不参与任何比赛活动，成绩也严重下滑，立于挂科边缘。去年暑期因缘际会，去一个企业实训，回来以后和父母说自己要考专升本，要提升学历。开学后再也不睡懒觉了，还时不时找老师求指点，有空也积极帮助集体做些事，晚上自己夹本书去上自习。同学们说他变了，好像换了个人。父母说这是自己以前的孩子吗？真的令人难以置信。

提示：一个人要想改变自己的状态，总需要一次强烈的刺激或特殊的际遇。经历，比道理更会讲道理。

故事二：

一个三本学生小B，在微博分享自己做的PPT长图，并发给图书作者和出版社，得到作者推荐，获得到出版集团实习的机会。要知道，这个实习机会以前只对名校学生开放。有很多学生觉得自己很不错，自我感觉良好，但等到求职受挫时，又很郁闷，为什么那些企业都看不到自己这样的人才？

提示：企业都很忙，没有时间透过你邋遢的外表去发现你有一颗想上进、想努力但还没有任何成果的心，要抓住一切机会展示自己。

故事三：

学生小C：学校安排实习了，本来自己很喜欢的，但是听说和自己处不来的一个室友也要去，瞬间有些不想去了。老师，我这样做对吗？

老师：你是去实习，不是去交朋友。每个人都有自己喜欢的人和不喜欢的人，你也一样，你室友会因为不想和你在一起就放弃理想的实习机会吗？"小孩子才谈喜欢，大人只谈利弊。"虽然这句话有些残酷，但也有它的道理。人生短暂，为什么盯着那些不喜欢的人呢？未来公司里，大多数人都是你喜欢的，或者至少不讨厌的，但也有一部分人是你无法喜欢的。这有什么关系呢？你总不能把不喜欢的人都辞退掉吧？

提示：喜欢就多沟通多来往，不喜欢就保持正常的职业交往。学会搁置自己的情绪看问题。

试想：大学生实习实训阶段存在哪些困惑？该如何解决这些困惑？

落实中共中央、国务院《关于全面加强新时代大中小学劳动教育的意见》精神，培养德、智、体、美、劳全面发展的社会主义建设者和接班人，努力构建德、智、体、美、劳全面培养的教育体系，形成更高水平的技术技能人才培养体系，把劳动教育纳入人才培养全过程，以实习实训课为主要载体开展劳动教育，从"以劳树德""以劳增智""以劳强体""以劳育美"出发，在实习实训教学中不断优化实习实训教学体系、逐步完善实习实训过程管理与考评体系、积极发挥企业协同育人作用，推动劳动教育与实习实训的高度融合，促进职业技能与职业精神高度融合，在学生中弘扬劳动精神、劳模精神和工匠精神，教育引导学生崇尚劳动、尊重劳动，懂得劳动最光荣、劳动最崇高、劳动最伟大、劳动最美丽的道理，努力提升学生的生产劳动技能。

第一节　劳动与实习实训结合路径

一、劳动与专业教育融合

重视和发挥实习实训的劳动教育功能，制订专门的培养方案，明确培养内容、目标，从设计、实施到考评，全程注入劳动教育元素，遵循技术技能型人才培养的规律，按照整体性、应用性和递进性原则，科学设置实习实训类课程，开发新型活页式、工作手册式实习实训教材，并配套开放信息化资源，实践性教学学时原则上占总学时数50%以上，根据教育部颁布的专业教学标准、1+X证书要求、行业企业用人需求和新技术、新工艺、新规范的发展趋势，及时更新实习实训教学内容，加强综合性实践项目的开发和应用，将学科竞赛、创新创业、社会调查与社会实践等纳入实习实训教学体系，形成科学合理、系统优化、便于实施的实习实训教学方案，将劳动教育融入教学规范、质量标准和考核办法，使实习实训教学成为学习劳动知识和技能的主课堂，成为培养劳动价值观的主阵地、成为养成良好劳动品质的练兵场。

二、劳动教育与实习实训过程融合

加强实习实训过程管理，丰富劳动教育的形式切实将实践教学纳入教学质量监控体系，学校充分利用"工学云"顶岗实习管理平台，与实习实训单位共同加强实习实训过程管理，通过在线监控、定期检查、实地观察、资料抽查和学生评教等方式，对实践教学过程与教学成效进行全方位、全流程、实时动态化的过程管理。要在实习实训中强化劳动流程、劳动标准、劳动检查等制度的学习，通过劳动工具的改进、劳动组织方式的优化、新技术在传统劳动中的运用，增强对劳动观念、劳动习惯、劳动制度、劳动过程与成果的思考和劳动精神的培养。学生可以在企业师傅指导下参与企业生产和技术创新，提升劳动素养。

三、劳动教育与实习实训安全教育融合

加强实习实训安全教育，强化劳动教育保护在确定实习单位前，学校须对该单位进行实地考察评估并形成书面报告，内容包括单位资质、诚信状况、管理水平、实习岗位性质和内容、工作时间、工作环境、生活环境及健康保障、安全防护八个方面。实习单位应当会同学校对实习实训的学生进行安全防护知识、岗位操作规程教育和培训并进行考核，教育学生遵守安全操作规程，注意保密工作，严格遵守劳动纪律、工艺纪律、操作纪律、工作纪律，加强生产岗位安全、人身和财产安全、防盗、防抢、防骗、防传销、防网络犯罪的教育，强化实习实训学生劳动教育保护，增强学生安全生产、文明生产的意识，确保职校学生在履行岗位职责的同时，依法维护自己的合法权益。

四、劳动教育与实习实训法律法规教育融合

加强实习实训法律法规教育，防范化解劳动风险学校在实习实训教学中要加强劳动法律法规、就业指导、职业生涯规划等内容的教育，帮助学生了解劳动与经济、与社会、与职业、与健康之间的关系，了解劳动合同订立的基本规定，劳动合同的履行、变更、解除与终止，劳动争议的处理等，有针对性地开展学生实习实训权益保障、学生劳动权益保障、工伤权益保障、劳动报酬权益保障、休息休假权益保障、就业权益保障方面的劳动法律知识指导。通过加强制度建设，制定学生实习工作具体管理办法和安全管理规定、实习学生安全及突发事件应急预案等制度性文件。在制定过程中，须充分征求、吸纳实习单位意见。学生参加跟岗实习、顶岗实习前，学校、实习单位、学生三方应签订实习协议，明确各方的责任、权利和义务，协议约定的内容不得违反相关法律法规，确实保障学生权益，防范和化解劳动风险。

五、劳动教育与实习实训师资建设融合

加强实习实训师资队伍建设，为劳动实践教育赋能学校和实习单位应着力构建专兼职结合的实习实训劳动教育教师队伍。学校应加强对双师型教师有关劳动教育的培训与指导，强化教师的劳动教育意识，引导教师在实习实训教学中，自觉强化对学生劳动实践和劳动责任感、使命感、荣誉感的教育。同时充分利用企业资源，建立企业兼职劳动实践指

导教师队伍，将生产一线获得的经历、经验及案例融入教学中，引导学生在参与企业生产和技术创新的过程中，接受锻炼，磨炼意志，提升就业创业能力，树立正确择业观。聘请劳动模范、大国工匠等优秀社会人士，开展劳模精神、劳动精神、工匠精神专题教育，营造浓厚的劳动教育氛围，让学生具有到艰苦地区和行业工作的奋斗精神，懂得空谈误国、实干兴邦的深刻道理。

六、劳动教育与实习实训基地建设融合

推动实习实训基地建设，拓宽劳动教育育人渠道进一步深化产教融合、校企合作，双主体育人，依托原有基础，内建外联，因地制宜、扎实推进实习实训劳动教育基地建设。推动建立功能完善，设备齐全配套的校内实习实训劳动教育基地，重视新知识、新技术、新工艺、新方法应用，创造性地解决实际问题，丰富基地劳动实践教育内涵，使学生增强诚实劳动意识，积累职业经验。选择合法经营、管理规范、实习设备完备、符合安全生产法律法规要求的实习单位共建企业实习实训劳动教育基地，运用企业的职业文化育人，强化安全生产、劳动流程、劳动规范、劳动保护等的教育，引导学生建立职业精神，形成良好的劳动习惯。

📝 课堂案例

船舶焊接"百晓生"张翼飞

在沪东中华造船（集团）有限公司，有一位焊接"老法师"。他身高近一米九，在人群中一眼就能认出来；他曾在厂内创造过一个至今无人能破的纪录——一口气焊完一条8米长的焊缝，整条焊缝没有任何缺陷和接口；他是船舶焊接的"百晓生"，日常焊接中的任何"疑难杂症"，几乎没有他解决不了的——他就是中国船舶工业集团公司首席技师、沪东中华造船（集团）有限公司首席技师、全国劳模张翼飞。

有着"焊神"美誉的张翼飞出生在上海一个普通的工人家庭。他家旁边曾有个工具加工厂，门口经常有人烧电焊。年少时的张翼飞对能"迸溅出火花"的电焊活很有兴趣，常躲在墙角看得津津有味。小小的电火花，激起了少年张翼飞的好奇心，也在他的心里埋下了一颗种子——有朝一日争取能成为一名"神奇的电焊工"。

家里四兄弟中排行老二的张翼飞从小就很懂事，知道父母要维持家庭开销不容易。"那时候就想早点工作，为家里多分担一点，多赚点钞票回家。"1977年技校毕业后，张翼飞如愿被分配进入上海沪东造船厂船体车间工作。刚开始工作没几天，张翼飞就发现自己"底子太薄"，技术连班上的女同学都比不过。要强的张翼飞下决心，一定要超过他们，成为一名最优秀的"免检焊工"。

当其他的学徒还在烧简单的平焊时，他却把所有的钢板竖起来烧、横过来烧，故意为自己增加难度；在别人休息时，他仍然顶着高温练习烧焊，火星溅到身上也忍住不放手，直到一根焊条烧完；别人不愿意去焊那些特角晃时，张翼飞主动要求干苦差事。逼仄的工作环境对于身高近一米九，还戴着高度近视眼镜的他来说，更是难上加难。"有时候，我脚在一个格子里，身体在一个格子里，头在另一个格子里，整个身体穿过两个工艺孔分在三个格子里，仰面焊烧。"经过了半年的"魔鬼训练"，张翼飞的焊接水平突飞猛进，一跃成

为小组的尖子，让班长刮目相看。1979年，沪东造船厂举办了一次立对接焊接技能比赛，大家原本都认为比赛得奖的一定是那些经验丰富的老师傅，结果没想到，才入厂两年的学徒张翼飞一举夺魁，从直线度、偏差值及拍片成绩多方面考核获总分第一，技惊四座。台上一分钟，台下十年功。"要达到极致，成为行家里手，就必须吃得起苦。再说了，年轻时候吃的苦那都不叫苦。"张翼飞感慨道。

那次比赛后，厂里领导都知道了电焊班组里有这么一个技术不错的高个小伙。但张翼飞并没有沾沾自喜，反而对自己更加严格要求。厂里经常会有一些 X 光拍片检验不合格的焊缝需要返工修补，难度较高，一直是由老师傅们来重新打磨修复的。"那时候也是'初生牛犊不怕虎'，我说让我也试试吧！"有的修复了七八次还没完成的焊缝，张翼飞主动承接下来。每一张 X 光片子，他都会认真比对研究，观察焊接鳞片的位置，仔细查找"病灶"，再盯着碳创工或自己亲自上阵，打磨焊缝，进行焊接修复。一条条成功修复的焊缝，得到了前辈们的一致认可。从那之后，只要有修不好的焊缝，大家都会交给张翼飞来处理。经过日复一日、年复一年的钻研与苦练，1989年张翼飞取得了当时全厂第一张 ABS 船级社颁发的管子全位置焊最高级 6GR 级焊工证书；1990年破格晋升为技师，成为当时工厂最年轻的焊接技师。

改革开放初期，沪东造船厂参与到了国际竞争之中。但是，想要瓜分国际市场的"大蛋糕"，就必须有"两把刷子"。当时国内的船舶制造业，还远远落后于同期发达国家的船舶企业，这对在船舶制造中有着举足轻重作用的焊接工人们来说是巨大的挑战。1991年，作为公司的技术骨干，张翼飞和多位优秀焊工一起被派往当时技术领先的日本三井公司学习当时最先进的 CO_2 焊接技术。在日本的一年里，生活是枯燥乏味的。"当时人生地不熟的，唯一的娱乐活动就是看当地的搞笑节目。"张翼飞回忆起那段岁月感慨道："每天只有工作的时候才最开心。"

跟着日本师傅刻苦研修一年后，张翼飞和同事的焊接水平与生产效率突飞猛进，甚至远超了日本同行。"他们干不过我们，我们一天干完的活，他们两天才勉强干完。"这让带张翼飞的日本师傅既开心又惭愧，开心的是，他能培养出张翼飞这么优秀的徒弟，惭愧的是，作为前辈，他们居然输给了刚接触这项工艺没多久的学生。

在日本研修的一年时间里，张翼飞不仅学习到了当时最先进的焊接技术，也学习到了日本企业的严谨认真，也让他知道"按照规矩做事"，才能又快又好又安全。在那只有工作没有娱乐生活的一年里，犹如苦行僧般的修炼环境，也让他磨炼了心境，一心把技术练到极致。

回国后，张翼飞成为厂里最顶尖的焊接高手。在亚洲金融危机期间，船舶制造业受到了巨大的影响，不少欧洲的船东也遭受重创。他们在产品验收时对焊接质量百般挑剔，提出了一些过分要求，故意让验收无法通过，造成已经建造完工的船舶延期交船，甚至提出弃船，严重影响到沪东造船厂当时的资金流转和声誉。张翼飞主动请缨，带领团队承接了四条集装箱船的上层建筑的焊接任务。他们严格按照工艺规范焊接，在规定时间内成功完成了任务。就连欧洲船东一直诟病的驾驶室的焊接点，也焊接得完美无缺，让欧洲船东不得不服，对这位"焊神"竖起了大拇指，最终顺利验收。这项任务完成的同时也创造了轰动整个公司的记录：验收用时最短的一个分段只用了五分钟。"只要我们自己的技术过硬，把自己的焊接任务完成好了，再严苛的客户也没理由拒绝签收。"张翼飞道。

20世纪90年代后期，技术过硬的张翼飞参与了军舰的制造与生产。军舰的合金材料和特殊结构与普通民用船只有很大不同。双层结构加上焊接的狭小空间，都使得焊接操作难度升级，这给张翼飞也提出了挑战。他带领着团队迎难而上，攻坚克难。在焊接军舰时候，会有一种特别的责任感，因为军舰的安全直接关系到子弟兵的安危，关系到国防建设，每一步都不容有失。

张翼飞还将自己的技能毫无保留地传授给其他的同事们，他每年为公司培训参加军舰建造的合格焊工达600人次以上，为公司提高生产效率，缩短军舰建造周期，保证军舰建造质量做出了贡献。

2010年，沪东中华造船（集团）有限公司工会成立了以张翼飞名字命名的劳模创新工作室，张翼飞带领工作室成员一起，研究攻克各种焊接技术难题数十项，其中《一种对焊工进行LNG船非熔化钨极氩弧焊模拟培训的方法》和《一种凸缘螺柱自动焊机增设照明装置》获上海市专利发明；工作室还举办焊工技能培训讲座近十次，编辑出版《船厂焊工操作手册》，通过"劳模论坛"向公司两级领导班子建言献策，得到了公司领导的充分肯定。

工作室2013年5月获得上海市总工会命名，2014年获得上海船舶公司工会劳模创新工作室优胜奖和沪东中华造船（集团）有限公司年度"先进集体"称号，2016年5月获上海船舶公司工会劳模创新工作室突出贡献奖。

这些年来，张翼飞不仅言传身教，将自己的技能倾囊相授给徒弟们，还将自己的人生感悟与徒弟们分享——"其实焊接就是一个控制熔池的过程，一步一个脚印，脚踏实地，如同我们的人生一样。"

他先后带出过7个全国技术能手，6个省部级劳模，18个高级技师。也有人曾经问张翼飞，怕不怕徒弟反超自己。"其实我不担心的，能超过我最好。我也要感谢这群徒弟，正因为有了他们经常提问，我才会比平时考虑得更多一点，研究得更深一点。"张翼飞笑道。

"不安分"的张翼飞又动起了新脑筋——他正率领着团队开发研究小型的自动化机械焊接设备，用埋弧自动焊取代CO_2手工焊，应用于船体的横向对接焊，希望能用机器将工人们解放出来。如果这项成果可以投产，不仅可以减少对人工焊接的依赖，更能提高焊接质量和效率，或将成为船舶建造史上的一项革命性创新。

2008—2010年度上海市"十大工人发明家"、全国技术能手、中华技能大奖、全国劳动模范、国家技能人才培育突出贡献奖……这些年来，张翼飞凭借业内超一流的技术水平斩获了无数荣誉，在业内名声大噪。

"有人叫我'焊神'，其实我神是不神的，我这么多年来只做好了一件事——船舶焊接。"张翼飞谦虚说："每一次焊接，都要认真对待，就像艺术家雕琢艺术品一样，追求细节，追求完美。"

课堂活动

讨论：技能竞赛活动方案

一、活动目标

1. 通过这次技能竞赛的演讲活动，对学生进行一次职业发展的就业教育，引导全体学生尽早规划职业生涯。

2. 提高学生的口语表达能力和表现力。

二、活动时间

建议 20 分钟。

三、活动流程

1. 教师提出问题：

(1) 所学专业若技能竞赛，你认为最可行的技能有哪些？

(2) 我们该如何策划技能竞赛活动？

2. 教师将学生按照 8~10 人划分小组，要求每组通过搜集资料并经小组内部讨论后形成方案。

3. 每个小组选出 2 名代表陈述本组方案，通过大幅白板展示策划书要点，小组内其他成员也可以补充资料。

4. 教师对各组的方案进行分析、归纳、总结。

5. 教师根据各组在活动过程中的表现，给予点评并赋分。

第二节　实习实训中的劳动考核鉴定

知识拓展

劳动教育与实习实训的关系

实习实训是高等职业教育实践教学环节中的重要组成部分，包括专业试验、专业实训、专业实习等内容，是高等职业院校依托不同的教学环境，有计划地、系统地组织学生结合所学专业开展多元化的实操性、实践性活动，通过在做中学、在做中思、在做中行，增进学生对课堂讲授的专业知识的认识，激发学生主动思考，提高其探索创新的意识，锻炼学生运用专业知识和技能解决实际问题的能力，提升学生的综合素质与就业竞争力。实习实训本身是一种劳动活动，是开展新时代高校劳动教育的主阵地，是发挥"以劳树德、以劳益智、以劳健体、以劳育美"协同育人的功能，培养德、智、体、美、劳全面发展的社会主义建设者与接班人的主渠道。随着高等职业教育的发展和就业市场对人才的要求，专业试验、专业实训、专业实习三者相辅相成、层层推进，对大学生劳动能力训练的要求越来越高，越来越接近真实的职场生活。在国家标准中，与实践相结合，更重要的是强调"劳动"的教学方式，即运用所学专业技能，参与到试验、实训、实习中，通过实操和实践劳动完成教学任务，解决实际问题，培养专业能力和综合素质。为此，试验、实训、实习中融入劳动教育，是加强劳动教育，实现劳动教育内化于心、外化于行的必然选择。

一、实习实训中的劳动考核评价

完善实习实训考核评价体系，确保劳动教育实效学校要建立以育人为目标，融入劳动教育的实习考核评价制度，建立顶岗实习劳动过程性评价与终结性评价指标体系，学校要会同实习单位根据学生实习岗位职责要求制订具体考核方式和标准，实施考核工作。将实习实训中学生参与劳动活动及表现、运用专业知识与技能创造性地解决问题，纳入考核评价，激励学生更重视劳动，更积极地参与劳动，更认真地从事劳动，让学生在参与中感悟劳动的快乐与意义，进而形成更加主动参与劳动的意识。通过实习实训，在劳动精神、劳动品质、劳动观念上对学生有效培养，把劳动教育评价结果作为衡量学生全面发展情况的重要内容。

在实训教学中，要加强对学生的全面考核，以此为手段，促进学生练好专业技能，促进实训教学质量的提升。实训教师要从掌握专业操作技能、遵守安全生产规章制度、执行6S管理要求、遵守劳动纪律四个方面对学生进行考核，将考核贯穿于实训教学全过程。在各个考核方面都要制定详细的考核内容和严格的评分标准，把各方面的考核成绩按比例纳入学生实训总成绩中。专业操作技能考核要以实训课题为单位，或把实训课题分成几个模块，以模块为单位，在操作技能训练过程中进行考评。其余三个方面作为日常行为考核，每日都要有考评记录。学生实训总成绩就由这四个方面的平时成绩积累所决定。通过对学生全面严格的考核，能够有效地培养学生的劳动精神、劳动品质和劳动观念。促进学生专业技能和综合素质的发展提高。

二、实习实训中的劳动精神培养

工匠精神是劳动精神的主要内涵之一，是一种爱岗敬业认真负责，严谨细致一丝不苟，精益求精追求完美与极致，耐心专注坚持不懈进步创新的职业态度和精神理念，是从业人员的一种职业价值取向和行为表现。国家生产建设需要大批既有过硬的专业技能本领又能传承和发扬工匠精神的高素质技能人才，技工学校担负着为国家培养高素质技能人才的职责。专业技能训练是实训教学的主要任务，工匠精神是学生专业成长和技能形成中必不可少的精神财富，动手操作实践是培养工匠精神的有效途径。在实训教学中，教师要把培养学生的工匠精神贯穿于整个实操训练过程。

1. 通过实习实训教育培养工匠精神

实习实训开始，首先要进行安全教育和工匠精神教育。先安排学生参观实训车间，让学生对实训场地，设备等有所了解，然后学生学习实训管理制度、车间安全生产管理制度、车间6S管理基本要求、安全操作规程等相关规章制度。同时，还要有针对性地讲解一些事故案例，使学生认识到人的不安全行为和物的不安全状态是造成事故的最直接原因，深刻认识到违规作业的危害性和安全文明生产的重要性。通过安全教育，使学生牢固树立"安全实训人人有责、安全第一预防为主"的思想，在实训中自觉遵守劳动纪律和各项规章制度，认真负责地完成各项操作，保障人身安全和设备安全。

2. 通过技能训练培养工匠精神

技能训练一般经过操作准备教师示范、学生练习教师巡查指导、验收总结几个环节，训练中教师要把培养学生的工匠精神融入各个环节，落在实处和细处。技能操作训练前，要依据实训课题的任务需求，做好相应的准备工作。学生要在教师的引领下，按规格型号准备好工具器材，准备好仪表仪器，并检查其能否正常使用，按6S管理要求准备好工位和场地，检查设备运行是否正常。通过各项准备工作的落实，培养了学生认真负责、从细微处着手踏踏实实做好工作的习惯。操作技能训练开始，教师要针对操作训练内容，将操作步骤及工艺要求，操作要领及注意事项进行分解说明和示范操作，让学生对相关操作和要求建立起正确的认识，熟悉方法和要领，便于模仿示范进行练习。示范操作时教师要做到步骤清晰有条不紊，解说正确简明扼要，重点、难点放慢速度重复演示，操作规范娴熟准确无误。通过示范操作，教师用专业敬业、严谨细致、毫不马虎的实际行动带动学生，对学生产生潜移默化的影响。

三、实习实训中的劳动品质培养

人类从出生那一刻，就在接受品质、性格的培养。在进行教育改革的现在，国家、社会更加注重品德品质教育。在职业院校劳动教育中，自然不可忽视学生劳动品质的培养，其是指一代代劳动者传承下来的优秀品格，包括的范围广泛，囊括脚踏实地、爱岗敬业、勤劳勇敢、诚实守信等优良品质。职业院校在劳动教育方面首要注重学生劳动品质的培养，即要通过优秀劳动品质的熏陶，引导学生建立正确的世界观、人生观、价值观。以实践课程为载体，让学生感知劳动品质的重要性。对理论的深刻理解是建立在具体的形象感知和行为体验基础上的。因此，可充分发挥职业院校的优势，让学生在课堂试验、专业实训、企业见习等学习活动中亲身感受劳动品质的重要性。例如，教师在课堂试验中对精准数据的追求，可以让学生直观感受诚实劳动的重要性；专业实训的分组合作，可以让学生直观感受协作劳动的重要性；在生产型工厂的见习，可以让学生直观感受安全劳动的重要性。

在实习实训过程中，学生经过这样循序渐进的反复训练，不仅掌握了相关的专业操作技能，还在不知不觉中培养了耐心专注、精益求精、坚持不懈追求产品质量和技能提升的优秀品质。

操作技能训练结束前，要进行产品验收和实训总结。产品验收，先由学生按照工艺要求进行自检和互检，发现问题查漏补缺；后由教师按产品验收标准进行严格验收客观评定。实训总结，对做得好的方面和个人给予表扬奖励；针对训练中存在的问题和不足，指出产生问题的原因，提出改进方法和措施。经过验收总结，提高了学生在生产实践中发现问题、分析问题，解决问题的能力，进一步培养了学生一丝不苟严的把控产品质量关的工作作风。

四、实习实训中的劳动习惯培养

作为一名合格的劳动者，在具备与工作相关的理论知识和基本技能时要有积极的态度、严明的劳动纪律和良好的劳动习惯。在实习实训中，不但要教给学生基本的技能，更要培养学生良好的劳动习惯。

1. 制度严明，严格落实——帮助学生树立正确的纪律观念

今天的实习是为明天走上工作岗位做的准备，这样的准备绝不仅是知识上和技能上的准备，更多的是劳动态度、劳动纪律上的一种准备。极少数同学的旷课、迟到现象，在实习实训过程中，明确作息制度和实习成绩的构成，如提前十分钟集中点名，

合理外出时只能在课间请假，工间点名不在且没有请假者按旷课处理，实习成绩中劳动纪律占50%等。目的是通过形成性的考核促进学生遵守实习纪律，培养学生树立正确的劳动纪律观念。

2. 责任到位，摆放整齐——帮助学生养成良好的劳动习惯

实习实训中工量具的损坏比较严重，耗材用量偏大，甚至有些精密量具都不敢给学生使用。分析其原因，主要是责任不明确，互相推诿现象严重。针对这一现象，实习实训中，要明确工量具的使用、保管要求。首先给每一个量具、每一把工具用电火花编号，同时编制了"量具领用表""工具领用表""材料领用及余料上交表"等一系列表格，学生在领取相应用品时必须签名。对每一项目的耗材情况进行预算，给出耗材定额，凡耗材不达定额的，在工件评分时有奖励分；凡耗材超标的，在工件评分时酌情扣分；凡损坏工量具的，按有关规定进行赔偿。这样做的目的是在工量具的使用方面做到责任到人，避免工量具的无谓损坏，同时意在培养学生爱护工量具的习惯。在实习实训过程中要强调安全操作规程和工量具的摆放要求，其主要目的是培养学生良好的劳动习惯，为后续实习乃至工作预先做好安全教育。

课堂案例

孟庆站：一颗匠心求创新　三尺讲台重传承

从普通实习指导教师到高技能人才，24年来，他孜孜以求，在教学和创新研发的道路上做出了不凡的业绩，参与研发设计的产品远销海内外，成为全国技术能手、泰山产业领军人才。今天的劳模风采专栏，让我们一起走近山东省劳模、济宁市技师学院机电工程系教师孟庆站。

在市技师学院实训基地，孟庆站正在和同事一起对新研发出的第二代高分子医用绷带制作设备的性能进行探讨。这台机器是孟庆站技能大师工作室最新研发的产品，与一代产品相比，它的自动化程度和传动准确度更高，生产效率也大幅提高，孟庆站带领研发团队经过上百次实验才研发成功。

济宁市技师学院高级实习指导教师孟庆站说："我们要把这200多个零件组装在一起，孟庆站在课堂教学中组装之后还要达到比较高的精度，并且能使绷带机在运转过程中前面卷带部分和后面输出部分要达到同步的功能，是一个技术难点。"

2009年，孟庆站从湖北省一所技工学校调入济宁市技师学院，在实训中心负责一体化教学和生产研发工作。十几年来，凭借不懈努力和精益求精的态度，孟庆站从一名普通实习指导教师成长为一名技术过硬的高技能人才。2015年，市技师学院建立了"孟庆站技能大师工作室"。

多年来，孟庆站带领工作室的同事帮助企业完成生产设备改造与技术革新项目15项，指导企业员工获得省级以上技能大赛26项，研发新产品5个，为企业创造产值500多万元。2017年年底，孟庆站入选山东省泰山产业领军人才，并建立了山东省技师工作站，成为全省职业技工院校中唯一获此殊荣的教师。孟庆站技能大师工作室成员孔令波说："我觉得孟老师在工作中勤勤恳恳，无论是大事小事，他都亲力亲为。在教学工作中，他对学生认真负责，在搞项目中，孟老师也非常厉害。我们去年和青岛的一个医疗公司合作了两台医疗设备，现在已经远销巴基斯坦。"在教学工作中，孟庆站深入研究一体化教学方法和授课技巧，改变以往传统的教学模式，带领学生自主设计教学课题，利用课余时间制作各种模型，大大提高了学生的学习兴趣。他培养的学生在国家、省级技能大赛中均取得优异成绩。济宁市技师学院数控维修系学生石浩宇说："我们以前学习都比较枯燥无味，跟孟老师学习之后，我们就制造了这些模型，觉得学习起来更加有趣了，他不放弃每个学生，对每个学生都严格要求。"

孟庆站说："千金在手，不如一技傍身，任何时代和社会都需要有真知识和真技能的人，我希望在今后技能成才这条路上，能够带动更多的学生为社会做出更大的贡献。"

课堂活动

班组现场安全管理该如何做

一、活动目标

根据5S管理，结合专业实习经验，掌握现场安全管理的关键点，为未来进入职场的作业现场安全管理奠定良好基础。

二、活动时间

建议30分钟。

三、活动流程

(1)教师将学生按照6~8人划分为一组，要求每名学生必须提出至少3个有建设性的建议。

(2)所有人带着"班组现场安全管理该如何做"的问题查找相关资料，并把自己的建议逐一记录下来。

(3)小组成员集体头脑风暴，通过小组内部讨论形成小组观点，列出本组认为的关键点及其原因。

(4)每组选出一名代表分享本组观点，其他小组可以对其进行提问，小组内其他成员也可以回答提出的问题；通过问题交流，将每个需要研讨的问题都弄清楚。

(5)教师进行分析、归纳、总结。

(6)教师根据各组在研讨过程中的表现给予点评并赋分。

实习实训劳动鉴定表见表6-1。

表 6-1　贵州电子信息职业技术学院实习实训劳动鉴定表

姓名		学号		院系		班别	
实训项目							
活动时间				地点			
实习实训劳动精神鉴定							
实习实训劳动品质鉴定							
实习实训劳动习惯鉴定							
实习实训指导老师意见	自我鉴定（收获、感触、成绩与不足等）：						
	评语：						
	成绩：	签章：				年　月　日	
辅导员意见							
	签章：					年　月　日	
二级学院意见							
	负责人签章：					年　月　日	

注：①本表表内各栏须用黑色钢笔填写；
　　②成绩评定分为优秀、良好、及格和不及格四等。本表一式两份，一份存二级学院，一份存入学生本人档案。

第七章 劳动与社会服务相结合

学习目标

1. 了解社会实践的内涵、特点、意义及类型，熟悉社会实践的过程。
2. 了解社会调查的概念、程序及意义，熟悉大学生应该掌握的调查方法。
3. 了解社区劳动与志愿服务的概念及特点，熟悉社区劳动与志愿服务的内容，掌握社区劳动与志愿服务的技能要求。
4. 了解勤工助学的概念、意义、相关政策要求及权益保护，熟悉勤工助学的岗位设置原则及要求，掌握勤工助学岗位应聘要求及技巧，能够正确处理勤工助学与学习的关系。

案例导读

南京工程学院：收油菜去，师生共上一堂劳动实践课

炎炎烈日下，在南京工程学院工程实践中心与北区足球场之间的油菜田里，学校机械工程学院的师生们拿起镰刀，干起了"收割油菜"的农活儿。

活动现场，经过后勤保障处环境科工作人员的现场培训指导后，师生们分成6个大组，有序开展油菜收割。师生们分工合作，有的手握镰刀，有的把散落的油菜秆整理打包，摆放在田边空地。

南京工程学院院长史金飞表示，新时代的青年大学生要正确认识劳动及劳动者的光荣和伟大，树立"劳动最美丽"的理念，努力成为德、智、体、美、劳全面发展的社会主义合格建设者和可靠接班人。他希望同学们通过这次收割油菜的劳动，体验劳动的过程和辛劳、珍惜劳动的成果和喜悦、领悟劳动的光荣和真谛，学会尊重劳动和劳动成果，用辛勤的劳动创造更加美丽的未来。

不少同学是第一次参加这样的劳动，他们从一开始的好奇不已、干劲十足到汗流浃背、腰酸背疼，实实在在地体验到了劳动的艰苦不易。机械191班的高平同学说："一次次弯腰、一趟趟搬运，不一会儿就满头大汗了，直到收割结束都感觉肌肉酸酸的。这使我们真正体会到了'粒粒皆辛苦'的含义和'光盘行动'的意义，今后我要更加珍惜每一粒粮食，养成勤俭节约、杜绝浪费的良好习惯。"

据悉，南京工程学院将以此次劳动实践课为基础，开辟劳动教育实践基地，开设相关劳动教育课程，促进学生树立正确的劳动观念、掌握必备的劳动能力、培育积极的劳动精神、养成良好的劳动习惯。

试想：你认为劳动教育社会实践有哪些特点？大学生劳动教育社会实践有哪些方式？

第一节　社会实践

一、社会实践概述

1. 社会实践的内涵

社会实践是培养学生创新精神和实践能力、提升学生综合素质的良好载体，也是实施素质教育的一种良好形式。哲学上的社会实践是讲人类认识世界、改造世界的各种活动的总和。即全人类、大多数人从事的各种活动，包括认识世界、利用世界、享受世界和改造世界等。社会实践是学生走向社会的一个很重要的锻炼环节，也是教育与实践相结合的具体体现。学生参加实践活动，对德智体本身来说是课堂教育的延续。社会实践是教育教学内容的重要组成部分，主要以学生个人主动参与及体验为主，是巩固所学知识、吸收新知识、发展智能的重要途径。它不受教学大纲的限制，学生可以在这个课堂里自由驰骋，发挥自己的才能。

2. 社会实践的特点

社会实践活动具有实践性、开放性、生成性和自主性等特点，对学生综合素质的提升，特别是创新精神和实践能力的培养，提供了广阔的空间。学校学习的最终目的是要学以致用，为以后的社会生活积累必要的知识储备。社会实践活动可以使学生对书本知识在实际生活中的应用有一个练习的机会，同时，也使学生对社会有一个初步的了解，在这种双向了解的过程中，学习社会知识，促进学生社会化，为所有人以后融入社会生活做一个铺垫和准备。

3. 社会实践的原则

大学生社会实践的总体要求是：全面贯彻党的教育方针，遵循大学生成长规律和教育规律，以了解社会、服务社会为主要内容，以形式多样的活动为载体，以稳定的实践基地为依托，以建立长效机制为保障，引导大学生走出校门、深入基层、深入群众、深入实际，开展教学实践、专业实习、军政训练、社会调查、生产劳动、志愿服务、公益活动、科技发明和勤工助学等，在实践中受教育、长才干、做贡献，树立正确的世界观、人生观和价值观，努力成长为中国特色社会主义事业的合格建设者和可靠接班人。其工作原则主要包括以下几点：

(1)坚持育人为本，牢固树立实践育人的思想，把提高大学生思想政治素质作为首要任务。

(2)坚持理论联系实际，提高社会实践的针对性、实效性和吸引力、感染力。

(3)坚持课内与课外相结合,集中与分散相结合,确保每个大学生都能参加社会实践,确保思想政治教育贯穿于社会实践的全过程。

(4)坚持受教育、长才干、做贡献,保证大学生社会实践长期健康发展。

(5)坚持整合资源,调动校内外各方面的积极性,努力形成全社会支持大学生社会实践的良好局面。

二、社会实践的意义

1. 提高个人能力

大学生社会实践是在校大学生利用课余时间,步入社会进行社会接触,提高个人能力,触发创作灵感,完成课题研究,发挥自己的聪明才智以求和社会有更大的接触,对社会做出贡献的活动。他们通过参与、动手、思考、解决问题等过程,将所学的书本知识内化为自己的能力,全面提升自身的思想素质、求真精神和务实的品质;同时,也培养了他们积极向上、珍爱美好生活的优良心理品质。

2. 激发对社会问题的思考

社会实践活动,将有助于大学生接触群众,了解社会;大学生在社会实践过程中,通过融入社会、贴近自然、感触生活,增加对社会的认识与理解、体验与感悟,并能够在此基础上反思社会现象,发展批评思考能力,从而增强自己的社会责任意识,这是一个长期积累的过程。同时,大学生在参与实践活动的过程中,会促使他们对出现的一些问题加以思考,并站在自身的角度上探寻解决的办法,加深对社会的认识。

3. 促进个人成长

社会实践活动能够有效地锻炼大学生的能力,提高大学生的综合素质,增强大学生的社会生活能力。在这一过程中,也会存在一些困难,如社会实践活动的时间安排问题,教师的跟进问题,甚至活动的一些经费问题等。但在活动过程中,只要用心发掘资源,一定能够找到合适的方式与方法,也一定能够对大学生自身的成长起到积极的作用。

> **知识拓展**
>
> **社会实践存在的问题**
>
> (1)社会实践时间较短,内容缺乏创新。有调查显示,超过80%的学生在大学阶段每年都会参加社会实践活动;其中54.2%的团队实践时间不到1周,30%的团队实践会持续2～4周,只有16%的团队实践会持续超过1个月。
>
> (2)学校和社会缺乏对社会实践的指导及保障机制。
>
> (3)大学生对社会实践的认识不准确。很多大学生认为实践活动是旅游,是打暑假工,这些错误的认识使得他们在实践过程中得不到锻炼,达不到实践活动真正的育人效果。
>
> (4)家长及社会支持度不高。

> 课堂案例

不完美的暑假

　　为了提高自己的实践能力、交际能力、思考能力，北京某职业学院的男生小刘进行了暑期社会实践，工作地点是一家综合商业场所。他原本想大干一场，学到西餐制作技能，还能挣些零花钱。起初，他先在二楼的西餐厅当服务员。小刘认为自己是一个假期工，那些长期工会没事找事来欺负他。患得患失的他，小心翼翼，生怕出错，可是由于缺乏必要的劳动技能，第一天就打翻了一个红酒杯，第二天又上错了菜，第三天把手烫伤了。轻伤没有影响工作，小刘继续坚持实践。可是由于在学校坐卧习惯了，他很难适应一个工作日站8个小时的煎熬，而且服务中很少运用微笑服务，由此招致一些客户投诉。他工作很少出彩，在实践之余，还经常品尝店内产品，如比萨、汉堡包和烤肉，还有各种咖啡。时间长了，他发现周边老员工更是经常斜视他，心里怪别扭的。不到3周，小刘就向主管提出回家休息。原本豪情壮志的暑期实践落得个虎头蛇尾的结局。

　　暑假时间最长，是大学生最好的社会实践时间段。目前，无论是家长还是社会，对大学生的社会实践活动缺乏足够的理解。部分家长担心孩子的安全问题，担心孩子吃苦。另外，社会的不重视也是影响实践活动进行的重要因素。因为社会实践时间较短，实践单位对学生的培训耗时耗力，导致一些社会单位不愿意给这些大学生提供实践机会。小刘要是精心准备，完全有可能收获一段完美的实践经历。但是他没有在心理上做好准备，过度猜疑和恐慌，反而加剧了在实践场所的失误。另外，虽然不是正式工作，但是小刘还是应该认真对待，遵守实践场所的各种规则，尽快与资深员工建立合作与信任。前者之鉴教育我们要储备必要的劳动知识，用过硬的本领担当起一份重任，在有限的时间内完成充分的锻炼，以便今后适应职场要求。

三、社会实践的类型

1. 以校内服务为主的岗位实践活动

　　社会实践活动首先应该从与学生学习生活关系密切的校内生活开始。学校在具体的开发过程中，可以充分运用学生的能力，相信学生，放手让学生从事一些校内岗位的锻炼，从而提高学生的能力，如校园迎宾活动、校园卫生值日的检查、纪律的维护、家长会时的一些服务导引工作、大型活动时的秩序维护等；也可帮助教师做一些辅助的工作，如帮助图书馆进行图书的整理、登记工作，帮助试验老师进行试验仪器的整理，帮助计算机老师进行计算机系统维护等；还可以从事一些校园的公益劳动，如进行公益卫生打扫、到食堂帮厨等。

2. 以调查研究为主的社会实践

　　通过这些活动，既锻炼了学生的能力，也使学生对自己生活的校园有所了解，了解部分老师的工作，从而使他们珍惜这些活动的劳动成果，尊重老师的工作。学生在老师的指引下，针对某一社会现象，进行资料查询、专家走访、实地考察，提出这一现象出现的缘由、现状、解决的办法等，进而形成自己的考察报告。在这一过程中，学生的选题、调查的过程到形成报告，都需要认真地思索，不但要开动脑筋充分运用所学的知识，而且能够充分锻炼学生的资料收集能力、分析问题能力、观察能力、与人交往能力、写作能力等。

在这类实践中，需要教师对学生进行认真的指导，切实选择适合他们实际的、经过努力便于解决而又存在一定难度的论题，如调查水污染、学生心理状况、课间教室关灯与资源节约等都是大学生可以参与的社会实践活动。

3. 以社区服务为主的社会实践

大学生在教师指导下，走出教室，进入实际社会情境，直接参与和亲身经历各种社会生活活动，开展各种力所能及的社区服务性、公益性、体验性的学习与实践，以获取直接经验，发展实践能力，增强他们的社会责任感。例如，针对自己生活的社区，通过垃圾分类、清除非法广告、帮助孤残老人和儿童、慰问军属烈属等各种形式的活动，进一步了解社会，增强社会责任感。

4. 以公益宣传为主的社会活动

大学生可利用节假日，走上街头，进行公益宣传，提高公众对某一社会现象的关注，增强公众的科学意识，建设环保节约型社会。如环保宣传、交通安全宣传、节约水资源的宣传、法律知识宣传、禁烟宣传等。这类宣传比较容易进行，只要结合某一节日（如世界水日）进行就行，但在宣传时要注意，大学生不但要面向公众，还要与自己的生活实际相联系，这样，在宣传的过程中也会提高自己的意识与水平。

5. 以参观为主的实践活动

大学生可以在学校的组织下进行一些参观活动，这些参观可分为两类：一类是自己所在地的现代化企业；另一类是本地的一些人文自然景观。通过参观现代企业，使大学生感受现代企业文化和企业管理，体验现代高科技。通过参观本地的人文自然景观，如历史博物馆、科技馆、地质博物馆、一些遗址等，使大家了解本地的自然人文情况，增强他们对区域性文化的了解。

课堂案例

五味杂陈的支教日子

农村教育是我国国民教育中极为重要的环节。小张是教育类专业高职学生，她与几名同学相约开展"义教"活动，意在为农村的孩子们带去新知识，拓展他们的视野，提高他们的学习兴趣。可是上课时却遇到了种种难题，这其中的酸甜苦辣，只有经历过才能真正地体味到。可能是因为参加支教的学生年龄不大，也不严厉，所以刚开始课堂控制比较困难。孩子们会问奇奇怪怪的问题，上课时学生也总想站起来或在教室里走动。十多天的日子不知不觉就过去了，看着那些孩子的进步，小张第一次感到欣慰。这些天的实践体验在她的心里已是沉甸甸的回忆，丰富了大学生活，更是为漫漫人生旅程增添了一抹绚丽的色彩。第一次站上讲台的激动仍记忆犹新，经过这次支教，她深切地体会到当老师的不易，也决心扎实提高教学基本功。

四、社会实践的实践过程

大学生社会实践活动从筹划、实施到完成是一个过程。对于同一活动，由于其方法、时机、对象、目标的不同，其效果是截然不同的。因此，在组织社会实践过程中，要想效果最佳，必须重视过程优化。就某种意义而言，大学生参加社会实践活动的一般过程主要包括调适、抉择、策划、升华 4 个环节。过程优化的重点就是上述 4 个环节的整体优化。

（一）事先调适

大学生应该对社会实践过程中遇到的各种难题，从心理上、思想上、能力上、知识上进行必要的准备。长期生活在"象牙塔"下的大学生，一旦步入社会，展现在面前的将是一幅五彩缤纷的社会画面，令人目不暇接，若缺乏必要的思想准备，必然导致青红不分、皂白不辨。

1. 社会实践前的知识调适

参加社会实践的过程，既是接触工农、了解社会、认识国情、提高觉悟过程，也是运用知识、理论联系实际、服务社会的过程。因此，大学生合理的知识结构，直接影响社会实践活动的效果。所谓知识结构，是指一个人知识体系的构成状况与组合方式。就大学生个体而言，无论在知识容量上，还是在知识构成上都是有限的，因此，要求按照社会实践的需要调节知识结构。从实际出发、从社会需要出发，坚持缺什么补什么的方针。

2. 社会实践前的能力调适

知识不等于能力。歌德曾尖锐地指出："单学知识的人仍然是蠢人。"建立合理的能力结构，是提高实践有效性的关键之一。在社会实践活动中最关键、最能起作用的能力是社会适应能力、实践动手能力、言语表达能力、组织管理能力和分析观察能力等。

3. 社会实践前的心理调适

一旦走向社会，许多难题就会摆在大学生面前：一是生活，衣、食、住、行都要自理，这对自理能力较差的学生而言是一大难关；二是活动，在社会上开展的活动与学校不同，时间有限，加上人生地不熟，对此若没有必要的心理准备，过分地理想化，一旦遇到难题，他们就会无所适从，进退两难。

（二）抉择

抉择即选择，是指从众多方案中挑选最佳方案的过程。在众多方案中如何选出最佳方案，直接影响着社会实践活动的实际效果。在选择活动目标时应注意：目标不宜太低，但也不宜太高。社会实践活动的内容是丰富多彩的。要选好活动的内容，必须选好活动的主题，在鲜明的主题下可以容纳丰富的活动内涵。主题提出后，必须具有可行性，要看得见，摸得着，只有这样才能引起人们的心理共鸣。大学生在校时间是有限的，在参加社会实践活动的时间安排上，应根据学习的松紧程度给予合理安排，大规模的、难度大的、任务重的活动，一般应安排在假期为宜，并要坚持就近、就便的原则。

（三）策划

社会实践策划是社会实践中的一个重要环节，也是对社会实践目标、内容和方法的统一。强化社会实践策划活动，可以将对社会实践活动的指导提前，帮助大学生更好地完成社会实践活动。社会实践活动是大学生培养的重要方式，对大学生成长为合格的社会主义接班人的过程中具有不可替代的作用。策划是理论知识与实践活动的结合点，在整个社会实践中起到承上启下的作用，是大学生形成理论联系实际观念的重要方法。

📝 课堂案例

绿沙行动

广西医科大学绿色沙龙环保协会(以下简称"绿沙")成立于1997年10月17日,是广西首家民间环保组织、首家学生环保社团,是我国西部辽阔土地上最早成立的学生环保社团之一,是一支以医学生为主体的环保队伍,秉承着"保护环境,造福全人类"的理念,开展了以环保宣传、环境教育、自然体验、校园环保为主的各类环保活动。

1998年开始,绿沙连续组织了十七届"广西·大学生绿色营"。每年暑假绿沙召集全国各地环保社团的精英就广西突出环境问题进行实地考察,开展多种形式的宣传教育,积极发动区内各高校、中专、小学成立各自的环保社团,使更多人加入环境保护的队伍中。经过17年的磨砺,绿沙已初具规模,拥有完善的组织机构和成熟的项目,并具备了完成活动的能力,成功开展了各类影响深远的环保活动,普及环保理念,影响力不断扩大,成为广西民间环保的带头人,也是我国西部最具影响力的学生环保社团组织之一。绿沙积极响应国家的环保政策,主动参与建设资源节约型和环境友好型社会实践活动。绿沙注重联合各驻邕高校环保社团,积极在广西各地开展环保活动,并得到了广西各地群众的关注及政府的支持,取得了良好的成绩,是一支具有丰富操作技能及活动经验的团队。

在这17年的长途跋涉中,绿沙一边行走一边反思,坚持在探索中前行发展。绿沙会员从成立之初的几百人扩展至今天的上千人,规模不断扩大,一批又一批绿色种子在绿沙这个绿色大家庭生根、发芽、成长。绿沙成立至今,已回收废旧电池达数十吨,并在校园内外建立几十个废旧电池回收箱。绿沙坚持开展"弃用一次性木筷"的宣传倡议,促进学校食堂放弃向学生提供一次性木筷。绿沙每年度开展的"减卡救树"活动已成为各个学生社团效仿的活动。绿沙成立以来,成功举办了多次大型的暑期环保考察——广西·大学生绿色营、绿色希望暑期营和红树林保育营,本着"关注环保热点,传播环保理念,为家乡环境保护事业献力献策"的宗旨,绿色营的足迹遍布广西境内,对广西基层的环境保护事业起到了一定的推动作用。1999年,绿沙在广西引入趣味环境教育,以新颖的环教游戏方式成为全广西首家开展环境教育的民间环保组织,并于2001年率先在小学成立"红领巾绿色沙龙",将广西的环境教育事业推向一个新的发展阶段,至今绿沙已对上千名不同年龄的青少年开展了环境教育。同时,绿沙本着"走进自然,融入自然,用自然来教导人"的理念,开创"自然体验、野外生存"系列活动,在南宁高校学生中影响广泛。2013年开始,绿沙暑期开展四个营,分别是广西·大学生绿色营、广西绿色希望环教项目营、红树林保育营和自然体验营,这四个营各具特色,相互学习提高。环保路上,他们肩负了对社会的责任,对未来的承担,对创造事业的预备。

📝 课堂案例

贵州电子信息职业技术学院"三下乡"社会实践活动方案

一、活动内容

(一)个人社会实践(全国大学生"返家乡"社会实践活动)

1. 实践内容

围绕庆祝建党百年主题,聚焦乡村振兴主战场,将《习近平与大学生朋友们》一书作为社会实践的行动指南和生动教材,加强党史、新中国史、改革开放史、社会主义发展史学习教育,通过返乡社会实践的形式,结合"我为青年做件事",帮助和引导大学生充分感受家乡变化,铭记党的奋斗历程,增强服务人民、回报家乡的责任感和使命感。

(1)政务实践。组织学生深入地方党政机关、事业单位一线岗位,承担具体工作。尤其在党史学习教育、政策宣传解读、疫情防控等方面积极发挥作用。

(2)企业实践。通过大学生专业方向与企业岗位需求的双向匹配,组织学生参与家乡企业的实际工作。鼓励涉农专业学生到合作社、农村企业等参加实践。

(3)公益服务。组织学生通过志愿服务等方式,在农村、社区及青年之家、四点半课堂等基层一线的公益岗位,开展扶贫济困、扶弱助残、课业辅导、服务群众等工作,弘扬"奉献、友爱、互助、进步"的志愿精神。

(4)社区服务。动员学生主动向村、社区报到,在乡镇团委和村、社区团组织的统一领导和调度下,就近就编入志愿者组织、青年突击队等,通过多渠道力所能及的参与基层治理日常工作。

(5)兼职锻炼。结合当地具体情况,组织安排符合条件的学生担任乡镇团委及村、社区团组织等基层团组织的兼职干部,参与相关工作,发挥积极作用。

(6)文化宣传。组织学生探究家乡特色文化,用好家乡丰富资源,讲好家乡生动故事,开展多种形式特别是生动活泼的理论宣讲、文化宣传和网络直播等活动,高扬主旋律,传播正能量。

(7)网络"云实践"。动员学生充分发挥移动互联网和智能网络平台的作用。从地方经济社会发展特别是乡村振兴等领域入手开展社会调查,常态化开展"云组队""云调研""云实践"等活动,形成乡村调查报告等实践成果。

2. 全国大学生"返家乡"社会实践活动贵州重点县(区)及联络员名单(表7-1)

表7-1 全国大学生"返家乡"社会实践活动贵州重点县(区)及联络员名单

序号	试点区县名称	联系人	单位	职务
1	贵阳市云岩区	余航	云岩区团委	团区委书记
2	贵阳市南明区	黄涛	南明区摊位	团区委书记
3	贵阳市关山湖区	蒋华佼	关山湖区团委	团区委书记
4	遵义市播州区	王露	播州区团委	团区委副书记
5	遵义市湄潭县	张飞	湄潭县团委	团县委书记
6	六盘水市水城区	张鹏飞	水城区团委	团区委副书记
7	六盘水市盘州市	陈雯雯	盘州市团委	团市委书记
8	安顺市西秀区	吴小晶	西秀区团委	团区委副书记
9	安顺市关岭自治县	徐代慧	关岭县团委	团县委副书记
10	毕节市赫章县	詹先彬	赫章县团委	团县委书记
11	毕节市金沙县	蒲俨	金沙县团委	团县委书记
12	铜仁市德江县	敖进锋	德江县团委	团县委副书记
13	铜仁市碧江区	龙治权	碧江区团委	春晖中心负责人
14	黔南州福泉市	何正灏	福泉市团委	团市委书记
15	黔南州贵定县	苏佳佳	贵定县团委	团县委副书记
16	黔东南州凯里市	黄娟	凯里市团委	团市委书记
17	黔东南州黎平县	龙河秀	黎平县团委	团县委书记
18	黔西南州兴仁市	岑红枝	兴仁市团委	团市委书记
19	黔西南州贞丰县	石荣洋	贞丰县团委	团县委书记

(二)校级社会实践

各团总支结合学院实际,充分发动师生,组建形式多样的服务团,深入开展2021年"三下乡"暑期社会实践活动。

1. 实践内容

(1)党史宣讲服务团。就近深入红军长征是途径的乡村、城镇,重点宣讲党史学习教育、全国全省"两会"精神、习近平总书记视察贵州重要讲话精神、习近平新时代中国特色社会主义思想和党的创新理论政策等。

(2)师生基层服务团。以高校师生为主体,为乡村和社区群众开展"暖民心"服务。可以结合当时学习教育和专业特点,开展文艺展演,维修家电、广场电影等活动,丰富基层群众精神生活,解决实际问题。

(3)心理辅导服务团。以心理咨询师为主题,组织师生心理健康咨询团,深入基层开展心理健康咨询。联合当地学校,重点关注留守儿童、单亲家庭儿童、孤寡老人等群体,开展心理辅导,帮助他们建立自信,营造良好的心理健康环境,找寻适合的心理排压方法等,真正为基层办实事、解难题。

(4)乡村支教服务团。结合自身专业特点,组建师生支教团,深入乡镇、农村,组织开展授课和教研,帮助提升基层教育教学质量,条件允许的也可以进行学习辅导、音体美教育、墙面文化建设等,促进学生德、智、体、美、劳全面发展。通过此项实践活动,引导青年大学生积极投身乡村建设,为乡村振兴战略贡献力量。

(5)人文社科研究服务团。发挥高校科研优势,深入基层,将研究做在基层,讲论文写在贵州大地。同时,发挥科研育人功能,发掘贵州红色文化资源和乡村资源,引导广大师生将青村梦融入中国梦,书写乡村振兴战略的教育之笔。

(6)组建推广普通话志愿服务团。遴选普通话较好的师生,组建推广普通话志愿服务团,就近深入基层,宣讲国家通用语言文字政策,教授普通话,向民族地区和农村地区群众发放《普通话百词百句》口袋书等,提升民族地区和农村地区群众普通话水平,助力乡村振兴战略。

2. 校级团队申报,请填写附件9和附件10,并及时交院团委。

(三)省级社会实践专项

1."情暖童心·圆爱工程——关爱留守儿童困境儿童系列行动"专项计划

为深入贯彻习近平总书记关于少年儿童和少先队工作的重要论述,按照中共中央《关于全面加强新时代少先队工作的意见》文件精神和省委关于留守儿童困境儿童关爱救助保护工作的部署,引领广大青年学子融入关爱救助保护工作中,形成全社会共同参与的良好氛围。

(1)实践地点:各地易地扶贫搬迁安置点、青年乡村振兴夜校、各校乡村振兴驻村联系点、新时代文明实践中心建设试点县。

(2)实践内容:面向农村、社区青少年特别是困难家庭儿童,围绕学业辅导、亲情陪伴、自护教育、素质拓展等形式,开展精准关爱帮扶志愿服务。面向基层中小学,围绕思想引领、政治启蒙、仪式教育、社团创建等方面参与校园文化活动建设,探索建立长效结对服务机制。

2."禁毒""防艾"专项计划

为进一步推进全省青少年毒品预防和艾滋病防控宣传教育,有效提高青少年自我保护的意识和预防能力，增强青少年"识毒""防毒""拒毒"的意识和能力，引导全省青少年积极参与抵制毒品、预防艾滋病宣传教育活动，在全社会营造青少年禁毒防艾的良好氛围。

(1)实践地点：毒品问题通报警示地区金沙县，重点关注地区七星关区、威宁县、平塘县、德江县、望谟县、普定县、绥阳县；全省易地扶贫搬迁安置点、校园、社区、村寨、青年乡村振兴夜校等。

(2)实践内容：以"青少年远离毒品行动""青春红丝带"等为活动主题，广泛开展形式多样的禁毒、防艾宣传活动，进村入户开展禁毒、防艾知识宣传和调研活动，提高青少年和全社会禁毒防毒、艾滋病防控的意识和能力。

3."平安贵州 青春普法益起来"法治宣传专项计划

为深入学习宣传贯彻习近平法治思想，更好地发挥共青团在法治建设中的作用，深化青少年法治宣传教育，使青少年明确法律底线和行为边界，推动全省广大青少年遵法学法守法用法。

(1)实践地点：全省易地扶贫搬迁安置点、校园、社区、村寨、青年乡村振兴夜校等。

(2)实践内容：深入宣传贯彻习近平法治思想，以《宪法》《中华人民共和国民法典》《未成年人保护法》《预防未成年人犯罪法》等为重点，以"守护明天·良法护伴"为主题，开展法治宣传讲座、法律咨询、心理辅导、自护教育等活动，引导和帮助基层群众和未成年人增强法律意识和法治观念，推动未成年人正确使用法律武器维护自身权益，预防和减少未成年人违法犯罪和受侵害。

4.民族团结进步成就宣讲队专项计划

以庆祝中国共产党成立100周年为契机，深入推进民族团结进步的宣传教育，让全省少数民族青年学子认识到中国共产党团结带领各族儿女，建党100年以来取得了诸多伟大成就，通过他们将这份荣誉感和自豪感传播给家乡的父老乡亲，让各族群众了解民族地区的优惠政策，努力营造各民族共同团结奋斗、共同繁荣发展的良好法治环境和社会氛围，铸牢中华民族共同体意识，促进各民族交往、交流、交融。引导各族群众知恩知遇，感恩习近平总书记、感恩党中央。

(1)实践地点：民族地区易地扶贫搬迁安置点、少数民族乡镇青年志愿者乡村振兴夜校、少数民族群众聚居地等。

(2)实践内容：用少数民族群众喜闻乐见的方式，重点宣讲习近平总书记关于民族工作的重要论述，聚焦建党100年的重大事件、主要成就、重要地点、重点区域，结合我省经济社会发展成就，大力宣传民族团结进步创建典型事迹，切实增强各族群众"中华民族一家亲、同心共筑中国梦"的思想理念，提高投身中华民族伟大复兴事业的思想自觉和行动自觉。

(四)国家级社会实践

1.国家级重点团队

民族团结实践团。贯彻落实第三次中央新疆工作座谈会和中央第七次西藏工作座谈会精神，组织省内新疆籍、西藏籍大学生开展"民族团结我践行"社会实践活动，组织省内大学生到新疆、西藏等地开展国情考察、地球第三极保护行动等社会实践活动。

2.国家级专项活动

在2021年"三下乡"社会实践活动中，继续联合有关方面组织开展专项活动，活动参与方式以"三下乡"官网后续发布信息为准。主要包括：面向有关新时代文明实践中心建设试点地区，组织青年学生开展学习科学理论、宣讲党的政策、践行主流价值、丰富文化生活、持续移风易俗等实践活动；依托革命传统教育基地等，组织青年学生开展党史教育、红色教育等实践活动；面向有关民族地区、欠发达地区等，结合青年学生专业特长，开展普通话推广、爱心医疗、教育关爱等实践活动；服务地方经济社会发展，组织青年学生开展生态文明建设、特色产业调研、当地资源开发、安全生产教育等实践活动。

(五)"扬帆计划"暑期实践专项活动

1. 参与对象

省内各高校在校大学生、省外黔籍在校大学生。

2. 工作内容

(1)市县两级团委，省直团工委，省国资委团工委收集机关及企事业单位实习见习岗位，面向全省各高校发布实习见习岗位。

(2)参加学生根据提供的岗位信息，拟参加省直及其直属单位、省属国有企业、省青企协实习见习的，请与各单位联系；拟参加其他单位实习的，请与市(县)团委相应工作负责人联系。相关实习见习情况及时向学校团委报告。

(3)学校团委及时掌握学生参加"扬帆计划"情况，做好宣传动员工作。有意向参加"扬帆计划"学生，放假前，各团总支根据各系实际情况，统一组织必要的实习见习培训，并对学生实习见习进行跟踪管理。

(4)拟去省直和省属国有企业实习见习的学生。

(5)拟去市县两级相关单位见习实习的学生，可与市县两级团委相关负责人联系对接，学生也可直接与企业对接。

(6)"扬帆计划"实习结束后，各团总支收集"学生实习鉴定表"(表7-2)。

二、推进步骤

(一)组织动员阶段(7月2日前完成)

(1)各团总支开展"三下乡"社会实践活动宣传动员，制订活动方案、人员招募。

(2)各团总支原则上组织不少于一支"三下乡"队伍，每支队伍可配备1～3名指导老师，学生人数不多于6人。

(3)活动出发前，在"三下乡"官网组队、报备完毕(具体流程见"三下乡"官方网站说明，未报备的团队将无法在中国青年网上发布活动资讯，不能参与各级的奖项评选)。

(4)"三下乡"官方网站：http://sxx.youth.cn

"中青校园"官方网站：https://app.cycnet.com.cn/2018zqkd1688.php

(二)活动培训阶段(6月30日至7月3日)

结合往年"三下乡"活动遇到的问题，开展安全教育、省情教育、脱贫攻坚、乡村振兴等方面的培训。

(三)活动开展阶段(7月至8月)

各实践团队在实践地开展社会实践活动，每个团队均须在"三下乡"官网投稿1篇及1篇以上(稿件类型及标准详见网站说明)。国家级和省级团队均须投文字稿、组图稿、视频稿各1篇及1篇以上。投稿质量和数量将作为国家级及省级表彰的重要参考。

各实践团队指导老师对实践活动进行指导，确保活动围绕主题开展，保证学生人身安全,特别是对活动稿件进行审核,坚决杜绝发生意识形态和负面舆情事件。

(四)梳理总结阶段(9月至10月)

(1)根据实践团队实践的成果,结合"三下乡"官网相关数据进行评审,团省委确定国家级优秀团队报团中央,省级优秀团队给予一定资金奖励,并根据活动组织情况评审部分校级组织优秀奖。

(2)学院根据各实践队伍提交材料,评选优秀组织奖和先进个人。

三、注意事项

各团总支于6月30日前将社会实践方案(包含预算)、申报表和汇总表报团委。

(1)活动期间做好照片的收集、整理工作。

(2)每天活动内容结束后,及时召开活动总结会议和第二天的工作部署会议,并做好会议记录。

(3)活动期间各队伍每天提交1篇当天的活动简讯,修改审核后,发团委老师。通过微信公众号进行宣传。活动简讯由活动队伍同步推送至"三下乡"官网。

(4)活动结束后,实践队员需提交实践总结一份。

(5)所有实践队伍,各形成一份实践活动调研报告或实践活动总结(3 000~5 000字)和一组影音资料(至少10张组图及3~5分钟的视频)。

(6)参加个人社会实践的学生开学后,学生可于9月10日前,出具"暑期社会实践鉴定表"(表7-3)(或实践单位出具的时间证明)和不少于500字的个人实践总结(或实践成果),经各团总支收集整理后,交团委统一进行社会实践学分认定。

四、评优评先

根据各实践队伍数量和提交的实践材料,评选出一定比例的优秀组织奖和社会实践先进个人。

五、有关要求

(1)周密部署,突出育人实效。各团总支要高度重视"三下乡"社会实践活动,作为加强改进大学生思想政治教育、深化爱国主义教育的重要抓手,充分发挥育人功能、体现育人作用。要积极整合资源,多为学生提供实实在在的支持和服务,力争让每名学生在校期间都能参加至少一次社会实践活动。要将社会实践纳入人才培养体系、第二课堂成绩单、评奖评优的依据,给予学分认定。

(2)严格管理,守住风险底线。各团总支要切实担负起主体责任,始终把师生身体健康和生命安全放在第一位,学院将为参加活动师生购买保险,依法依纪依规组织各项实践活动。要加强过程管理,选派优秀教师指导实践,坚守意识形态和安全稳定底线。要密切关注实践地疫情形势、天气变化和自然地质条件,做好突发情况的应对预案与处置。

(3)拓展渠道,扩大影响覆盖。各团总支要积极利用本次社会实践活动,加强有形有效宣传,营造良好社会氛围,强化思想引领效果。要做好典型选树宣传,挖掘活动中的好做法、好人物作为鲜活案例,引导影响更广泛的青年学生。

(4)要把握好疫情防控常态化的要求,可结合实际开展"云调研""云实践""云直播"等活动。

(5)最后评优的时候国家的优秀团队是不区分国家级重点项目、省级项目、校级项目的,都可以参与评选(前提是大家都要去官网组队报备,并积极投稿,否则无法参与评优)。

表 7-2　贵州电子信息职业技术学院"扬帆计划"学生实习鉴定表

姓名		性别		出生年月		政治面貌	
学校及年级				专业		学号	
实习单位			实习岗位			实习时间	
自我小结（从实习中的收获、体会和存在的问题出发作出总结）(不少于800字)							
实习单位鉴定							
评定成绩：（等级：优，良，中，差，合格，不合格）					签名：盖章：　　　　　　年　月　日			

表 7-3　贵州电子信息职业技术学院个人暑期社会实践鉴定表

姓名		班级		性别	
学生联系电话			实践时间		
实践单位					
实践单位联系电话			联系人		
实践内容及总结	（实践内容和实践总结附后） 实践人签字： 　　　　　　　　　　　　　　　　　　　　　　　　　　　　年　月　日				
实践单位鉴定	实践单位签字(公章)： 　　　　　　　　　　　　　　　　　　　　　　　　　　　　年　月　日				
备注	开学后，此表交团总支				

课堂活动

策划暑期社会实践

一、活动目标

引导学生形成社会实践策划书。

二、活动时间

建议 20 分钟。

三、活动流程

(1)教师提出问题:

①所学专业若暑假组织社会实践,你认为最可行的行业岗位有哪些?

②我们该如何策划实施暑假社会实践?

(2)教师将学生按照 8~10 人划分小组,要求每组通过搜集资料并经小组内部讨论后形成策划书。

(3)每个小组选出 2 名代表陈述本组策划书,通过大幅白板展示策划书要点,小组内其他成员也可以补充资料。

(4)教师对各组的策划书进行分析、归纳、总结。

(5)教师根据各组在活动过程中的表现,给予点评并赋分。

第二节　社会调查

一、社会调查的概念和程序

社会调查是社会"调查"和"研究"的简称。社会调查是指人们为达到一定目的,有意识地通过对社会现象的考察、了解和分析、研究,来了解社会真实情况的一种自觉认识活动。其包含以下四层意思:

(1)社会调查是一种自觉认识活动。

(2)社会调查的对象是社会现象。

(3)社会调查要使用一定方法。

(4)社会调查有一定目的。

调查程序包括选题阶段、准备阶段(准备调查内容、准备调查工具、准备调查对象)、调查阶段(收集资料,实施调查)、分析阶段(审核、整理、统计、分析)、总结阶段(调查报告)。

二、社会调查的意义

社会调查有助于大学生认识社会生活的真实情况和因果联系,揭示社会现象的本质及其规律,寻求新方法。研究问题、制定政策、推进工作,不能刻舟求剑、闭门造车,更不能异想天开,必须进行全面深入的调查研究。只有深入调查研究,才能真正做到一切从实际出发、理论联系实际、实事求是,保证我们在工作中尽可能防止和减少失误,即使发生了失误也能迅速得到纠正而继续胜利前进。经常开展调查研究,有益于深刻了解群众的需求、愿望和创造精神、实践经验。

三、大学生应该掌握的调查方法

1. 选题

根据当前国家经济形势和相关的方针政策，以及自己的专业、兴趣和学识，并结合社会调查的要素特征，选定一个值得研究的问题，如小城镇建设、退耕还林等。选题时，应当采用必要的查阅文献资料，咨询相关老师等方法。

2. 计划

大学生要紧扣选定的主题，参照相关资料，提出不同层次的问题，并确定系统的调查项目，如要研究小城镇建设的问题，就要提出其必要性和所需条件等问题，每个问题又包含若干个小问题。

3. 设计指标

指标就是用一定的数量和单位来描述调查对象，如某地区的人口和人均收入等。大学生要用各种数量指标和质量指标从各方面完整地揭示调查对象的本质特征，保证其纵向和横向的可比性。

4. 拟定提纲

大学生要用提纲的形式将以上的准备确定下来，对所有提出的问题和项目加以精选，分轻重缓急，使系统完整。

5. 选择适当的调查方式和方法

常用的调查方式有普遍调查（对调查对象的每个部分毫无遗漏的逐个调查）、典型调查（选择一个或若干个具有代表性的单位做全面、系统、周密的调查）、个案调查（对社会的某个人、某个人群、某个事件、某个单位所做的调查）、常用的调查方法有问卷法（合理设计问卷，采用开放式，封闭式或混合式问卷收集信息）、文献法（通过书面材料，统计数据等文献对研究对象进行间接调查）、访问法（通过交谈获得资料）、观察法（现场观察，凭借感觉的印象搜集数据资料）。

6. 培训与准备

请有关专家对参与调查的人员进行必要的培训，包括调查态度和调查技能的培训。此外，还应该注意筹备必要的资金和物质条件，做好与被调查单位的接洽工作，并争取有关单位的支持，保证调查工作的顺利开展。

课堂案例

大学生社会调研报告（节选）

一、调研时间

2021年12月21—22日。

二、调研地点

南京新街口菜迪商场、中央商场、大洋商场、新百商场、东方商城等。

三、调研目的

通过几天的参观实习和调研，对各种类型的专卖店观察，并对具体的案例进行分析，增加关于商业空间设计的知识，进一步了解并认识到应该注意的问题，为今后的室内设计打下良好的基础。

四、调研内容

考察商场各专卖店（服装店、鞋店、包店、珠宝店等）的空间设计。

五、结论

原先简单的室内设计已经不能满足人们的需求了，现在设计师们要做的不仅要从色彩、材料、总体预算上为人们考虑，而且更要在室内空间使用上下功夫，只有这样才能做出更符合人们要求的设计。店面的布置最好留有依季节变化而进行调整的余地，使顾客不断产生新鲜和新奇的感觉，激发他们不断来消费的愿望。一般来说，专卖店的格局只能延续3个月时间，每月变化已成为专卖店经营者的促销手段之一。

分析：调研不仅是一项劳动技能，而且是社会实践活动的重要参考资料。大学生可以根据专业、兴趣和特长，进行简便易行的调研。这种调研活动，一方面开阔了眼界；另一方面也具备行业参考价值。不仅是学生提升个人价值的重要途径，而且还是以技能回报社会的初创成果。

课堂活动

了解高职院校学生社会实践调查方案

一、活动目标

针对高职院校学生的学习特点和培养社会需要的应用性人才的要求，理论联系实际，将研究性学习与社会实践相结合，要求学生走向社会，把专业知识应用于实践中。使学生在社会调查中看到社会对自身的需求，找出差距，明确今后的学习目标。

二、活动时间

建议4天。

三、活动方式

(1)由各专业组负责本专业学生社会调查的组织工作。

(2)具体工作由辅导员负责布置和展开。

(3)学生通过社会调查、撰写调查报告等形式进行总结。

四、活动注意事项

(1)本次活动是学校组织的一次全校性社会实践课程，将以学分的形式计入学生的学籍档案。

(2)社会调查的过程中要求学生在确保自身安全的前提下深入到企业的第一线进行调

查，确保得到第一手信息。

(3)参与社会实践的班级和个人，必须注意自身形象，认真参加活动，为学校和个人树立良好的社会形象。

(4)在组织活动过程中注意安全，做到安排周密，计划周到。

五、活动总结

(1)每个学生以调查问卷的形式对相关企业的负责人、员工等进行社会调查，在活动结束时要求将调查问卷上交。

(2)根据调查得到的信息，结合学生自身情况撰写一份社会实践调查总结。

(3)学校将根据本次社会调查结果举行一次以"学好专业技能，适应社会发展"为主题的演讲比赛，比赛结果将列入学生个人、班级及辅导员考核。

假期社会调查活动鉴定表见表7-4。

表 7-4　贵州电子信息职业技术学院假期社会调查活动鉴定表

姓名		学号		院系		班别	
实践教学名称		统一填写"社会调查"					
活动时间			活动地点		实际调查地点		
实践教学内容							

自我鉴定（收获、感触、成绩与不足等）：

续表

指导教师意见	评语： 成绩：　　　　签章：　　　　　　　　　　　　　　　　年　月　日
二级学院意见	 负责人签章：　　　　　　　　　　　　　　　　　　　　　年　月　日
学院意见	 负责人签章：　　　　　　　　　　　　　　　　　　　　　年　月　日

注：①本表表内各栏须用黑色钢笔填写；
　　②成绩评定分为优秀、良好、及格和不及格四等。本表一式两份，一份存二级学院，一份存入学生本人档案。

第三节　志愿服务

一、志愿服务的概念

志愿服务是指志愿者组织、志愿者服务社会公众生产生活和促进社会发展进步的行为。也泛指利用自己的时间、技能、资源、善心为他人提供非营利、无偿、非职业化援助的行为。志愿服务的主要特点有志愿贡献个人的时间及精力、不为任何物质报酬、为改善社会、促进社会进步而提供服务。我国志愿服务的范围主要包括扶贫开发、社区建设、环境保护、大型赛会、应急救助、海外服务等。志愿服务的功能有社会动员、社会保障、社会整合、社会教化、促进社会和谐、促进社会进步。

二、志愿服务队伍管理

党的十八大报告就全面提高公民道德素质的举措提出，深化群众性精神文明创建活动，广泛开展志愿服务，要深入开展城乡社会志愿服务活动，大力发展与政府服务、市场服务衔接的社会志愿服务体系。建设一支强有力的志愿服务队伍是构建社会志愿服务体系的重要一环。

由共青团中央印发的《中国注册志愿者管理办法》规定："团组织、志愿者组织根据服务对象的需求，向注册志愿者发布服务信息、提供服务岗位，志愿者按照相关要求开展志愿服务。注册志愿者也可按照相关规定自行开展志愿服务。提倡具有相同服务意向和志趣爱好的注册志愿者在团组织、志愿者组织指导下结成志愿服务团队开展服务。"

2017年6月7日，《志愿服务条例》经国务院第175次常务会议通过，由国务院于2017年8月22日发布，自2017年12月1日起施行。《志愿服务条例》指出，志愿者可以将其身份信息、服务技能、服务时间、联系方式等个人基本信息，通过国务院民政部门指定的志愿服务信息系统自行注册，也可以通过志愿服务组织进行注册。志愿服务组织可以采取社会团体、社会服务机构、基金会等组织形式。志愿服务组织的登记管理按照有关法律、行政法规的规定执行。开展志愿服务，应当遵循自愿、无偿、平等、诚信、合法的原则，不得违背社会公德、损害社会公共利益和他人合法权益，不得危害国家安全。志愿者是指以自己的时间、知识、技能、体力等从事志愿服务的自然人。志愿服务组织是指依法成立，以开展志愿服务为宗旨的非营利性组织。

> **知识拓展**
>
> **中国青年志愿者服务日**
>
> 中国青年志愿者服务日是每年3月5日。
>
> 自1963年3月5日毛泽东等老一辈党和国家领导人号召"向雷锋同志学习"以来，3月5日成为社会各界特别是广大青年传统的学雷锋活动日。

第七章　劳动与社会服务相结合

> 据悉，2000 年"3·5"期间，各地将广泛动员和引导青年围绕西部大开发、社区服务、环境保护等社会关注的重点领域集中开展"心手相连，情系西部""百万志愿者进社区""绿化周围环境，建设美好家园"等主题志愿服务活动。
> 　　就在 2000 年，共青团中央、中国青年志愿者协会共同决定把每年的 3 月 5 日作为"中国青年志愿者服务日"，组织青年集中开展内容丰富、形式多样的志愿服务活动。在 3 月 5 日广泛开展多种形式和内容的志愿服务活动，已成为近年来许多地区通行的做法。志愿者（即"义工"）是指利用业余时间，不为任何报酬参与社会服务的人。

课堂案例

让青春之花在基层林场绽放

无论酷暑还是寒冬，刘天娇每天早上 7 点身着长袖长裤，带着刀、喇叭和工作记录簿检查火灾隐患，宣讲森林防火知识……刘天娇毕业后放弃大城市国企工作的机会，回到家乡的林业站工作，甘做大山深处的森林守护者。带着"扎根基层工作"这个想法，2010 年 7 月，汕尾职业技术学院应用电子技术专业毕业生刘天娇毕业后，通过参加广东省 2011 年高校毕业生"三支一扶"计划到农村基层服务。

在陡峭崎岖、荆棘密布的山路上一年走破五六双鞋，足迹踏遍红星林场下坝工区 2 万亩森林和坪山林场 1.34 万亩林地。2018 年 1 月，刘天娇主动请缨到更为偏僻的河源市国有坪山林场工作，把青春和汗水洒向林场的山山岭岭。他工作始终勤勤恳恳、任劳任怨、尽心尽责，他在平凡的岗位上默默无闻地辛勤耕耘、无私奉献，不畏前路荆棘密布，身体力行地践行社会主义核心价值观，用实际行动让青春之花在基层林场绽放，先后被授予"全国最美生态公益人物提名奖""最美基层高校毕业生""广东志愿服务铜奖""河源敬业奉献好人""河源市最美环保者""河源市优秀愿者"等称号。

三、志愿工作的特征

志愿工作具有志愿性、无偿性、公益性、组织性四大特征。志愿服务的精神是"奉献、友爱、互助、进步"。其中，"进步"精神是志愿服务精神的重要组成部分。志愿者通过参与志愿服务，使自己的能力得到提高，同时促进了社会的进步。在志愿活动中无处不体现着"进步"的精神，正是这一精神使人们甘心付出，追求社会和谐之境的实现。

开展青年志愿者行动，一定要坚持自愿参加、量力而行、讲求实效、持之以恒的原则。

1. 自愿参加

自愿参加主要是强调参加青年志愿服务的自觉性。自愿参加是开展青年志愿服务活动的前提。只有"自愿"才能称其为"志愿者"，只有"自愿"才能持久。对于参加者而言，青年志愿者行动的魅力就在于它变"要我参加"为"我要参加"，充分尊重青年的主体地位，注重调动青年自身的积极性、主动性。

2. 量力而行

量力而行就是要根据自己人力、物力、财力条件允许的程度来开展工作。首先，要研究服务客体，也就是要研究服务对象，搞清楚服务需求。现实生活中服务需求是多方面和多层次的，志愿服务一定要从共青团和青年的实际出发，从各地、各条战线、各个行业的实际出发，从社会需求的实际出发，将主观愿望和客观实际结合起来，把社会需求和服务能力结合起来，实事求是，量力而行，不搞一刀切。要分清楚什么是现在能做到的，什么是下一步才能做到的，什么是将来才能做到的，还有什么是我们做不到的。我们既不能无所作为，也不可包打天下。要循序渐进，逐步发展，切不可操之过急，否则欲速则不达。

3. 讲求实效

讲求实效首先就是要办实事。青年志愿者行动的出发点和立足点，就是要上为政府分忧，下为群众解难，为社会、群众办实事；其次是要抓落实。面上的示范性的活动要搞，但工作重点是狠抓在基层的落实。青年志愿服务只有落实到基层，落实到具体人、具体事，真正成为基层广大青年的经常行为，才有生命力和发展前途；最后是求实效。求实效的集中表现就是在实践中使社会和群众体验或享受到志愿服务的成效；办实事、抓落实、求实效三者缺一不可。

4. 持之以恒

持之以恒就是指青年志愿服务要做到经常化、长期化。青年志愿者行动是一项跨世纪事业，必须以办事业的精神和方法来推进。开展志愿服务活动必须与建立多层次社会保障体系结合起来，必须着眼于建立中国特色的青年志愿服务体系，必须建立必要的机制以保障青年志愿者行动经常化、长期化、规范化、制度化；要健全组织，稳定队伍，建立基金，制定规章，形成机制，坚持长久；要保持工作和人员的相对稳定性和连续性。

课堂案例

"生命摆渡人"：快递小哥汪勇

汪勇，35岁，武汉一家快递公司的快递小哥。2020年春节，国内新冠疫情最严峻的时候，在疫情重灾区——武汉，"封城"让大家都隔离在家中，而他选择和医护人员一同逆流而上，成为医护人员的"摆渡人"和"大管家"。

这一切要从大年三十的晚上说起。汪勇看到一条朋友圈：金银潭医院的医生、护士求助，需要有车送他们到盘龙城。经过激烈的心理斗争，汪勇瞒着家人出了门。他第一次接送的是金银潭医院的一名护士，大年初一这一天他陆陆续续接送医护人员超过30人次，不仅没有收钱，还保证"能来接一定再接"。为了更方便地服务医护人员，汪勇住在仓库。看到这么多医护人员的艰辛和物资的紧缺，他开始组织招募志愿者，成立团队。只要医护人员有需要，从出行到用餐，从日常用品购买到维修，他无一不想尽一切办法实现，还联系到了共享单车、共享电动车，解决医护人员的灵活用车需求，缓解了一部分志愿者司机的压力。

"不为什么，就觉得我应该做点什么，办不办得成我不知道，但我一定要去办"，从一个人到一群人，汪勇渐渐地变得能够"一呼百应"，志愿服务的沟通也更高效了。"扛得住这个阶段命运给予你的艰苦，以后我就可以扛得住自己所做的任何选择。"这是他的回答。

四、志愿服务的技能要求

据统计，全国大学生注册志愿者总数已超过3 000万人，在北京奥运会、上海世博会及日常很多常规志愿活动中，大学生群体无疑是志愿者团队的中坚力量。综合考量，大学生志愿者和其他年龄段志愿者相比，具备的知识储备和时间相对较为丰富的特点，他们参与志愿服务的优势也更为明显，对大学生而言，抓住大学参与志愿服务这一机会，不仅对自身能力有很大的提升，对今后踏入社会也能积累诸多经验。

在很多重大盛会和体育赛事中，都能看到大学生志愿者的身影，他们积极向上的态度不仅为赛事增加了青春活泼的氛围，更让国际友人看到了中国年青一代的风貌。例如，杭州举办的G20国际峰会，来自杭州各大高校的志愿者"小青荷"就成为峰会的一道亮丽风景线，他们在峰会现场显示出极强的热情和服务能力，不禁让外国友人赞不绝口。参加G20峰会这样的志愿服务经历，对这些大学生而言不仅是重要的一段人生经历，更是对自己的一个巨大挑战。

1. 赛会服务

赛会服务负责为各种大赛活动服务，服务内容有外语翻译、计算机操作、礼仪服务、安全保卫、体力服务等。

2. 抢险救灾

大学生参与抢险救灾主要参与的是抗洪救灾，工作内容包括一线抗洪、搬沙包、铲石子、挖沟渠，大学生还是后勤保障、心理疏导的中坚力量。

3. 疫情防控

社区辖区大学生志愿者参与战"疫"队伍，主要负责发放"通行卡"、卡点值班站岗、宣传防疫知识、对公共区域消毒等工作。

4. 公益服务

公益服务主要针对各类社会福利机构，如福利院、敬老院、慈善机构、红十字会、纪念馆、医院、图书馆、博物馆等。志愿者可与区内及市范围内结成一对一定点服务，以接力的形式将工作延续下去。可根据需要的不同、志愿者能力的特点，针对不同形式的需要，组织不同的小分队开展社区劳动，根据服务对象的不同制订不同的实施方案，组成一批长期稳定的志愿者服务队来为他们提供帮助。

知识拓展

> **志愿者扶残助残应有的基本态度**
>
> 对于志愿者来说，首先要端正扶残助残的态度，以平等、尊重、真诚的态度与残疾朋友沟通与相处，在信任的基础上才能做好服务。具体有以下几点：
>
> （1）平等真诚。残疾人也渴望自立自强，渴望人格上的完整，所以，志愿者的帮助首先是建立在人格平等和相互尊重的基础上。
>
> （2）热情勤快。志愿者在扶残助残中应做到"五勤"："勤动腿"，即乐于为残疾人服务，热情奔走，为他们提供周到细致的服务；"勤动口"，即主动征求残疾人的意见，了解他们的需要；"勤动眼"，即注意观察，及时发现并帮助残疾人解决问题；"勤动手"，即服务热心，直接动手为残疾人排忧解难；"勤动脑"，即选用最好的方式为残疾人服务，冷静处理好各种突发事件。

(3) 帮助适当。志愿者要尊重残疾人的意愿，不越俎代庖，这才是残疾人所乐于接受的服务方式。

(4) 理解尊重。志愿者对残疾人一定要发自内心地尊重他们的人格，用平等的态度与他们交往。

课堂案例

积极参与社区防疫的高职学生

西安一所高职学院学生小刘的家乡位于陕西省一个小镇。2020 年新型冠状病毒肺炎疫情刚开始时他了解到当地防疫物资非常紧张，所以他利用自己的专业所长与家人一同成功配置出了含有效氯 8 000 mmp 的消毒液。为满足防疫所需，他与家人共制了 2 240 升 84 消毒液，按比例可配制 134.4 吨消毒药水，满足全镇各街道、村组、养老院所需。小刘说，"作为大学生，无论是居家自我隔离还是参与防疫工作，都是不同程度在为抗击疫情做出自己的贡献。"他在社区也成了妇孺皆知的优秀志愿者。

课堂活动

筹划校内志愿服务活动方案

一、活动目标
提升学生对志愿服务的认同感，愿意积极参与传递正能量。
二、活动时间
建议 30 分钟。
三、活动流程
(1) 教师将学生按照 6~8 人划为一组，并要求每组自定一项校内志愿服务活动。
(2) 小组分工搜集相关资料，针对自定的志愿服务形成 1 个可实施的方案。
(3) 每组选出一名代表分享本组的活动方案，其他小组可以对其进行提问，组内其他成员也可以回答问题。
(4) 教师进行分析、归纳和总结，每组可在教师总结的基础上再次修改活动方案并提交。
(5) 教师根据各组在活动过程中的表现和最终的活动方案给予点评并赋分。

课堂案例

假期兼职被骗入传销

大一学生小何在网上看到了一家大型的贸易公司招聘临时销售人员，待遇优厚，但工作地点却在某偏远县。经过电话联系，对方确认小何符合该公司的兼职条件，并且提供了相当优越的培训条件。小何收拾行李坐上了去该县城的大巴。谁料到约定地方之后，就被关进了一间 8 人宿舍。小何这才知道自己被骗进了传销组织。对方要求小何与其他人一起去"培训"，小何拒绝，并提出要离开。这时对方的真面目终于露了出来，不但扣押了他的证件、手机等私人物品，还将他关在宿舍内，由数人轮番"教育""劝导"。好在小何趁看守他的人午睡之机，找了一张卡片写下求救信息丢到楼下，被路过的居民捡到后并报警，小何最终被成功解救。

课堂活动

你扮我猜

一、活动目标

了解不同的职业角色，并能有效掌握该职业的典型特征。

二、活动要求

(1) 活动场地：室内。

(2) 活动准备：职业卡片。

(3) 参与者：班级同学，按小组进行，每组选出两人，一人进行角色扮演，另一人进行猜答。

(4) 时间：活动时间约为15分钟，讨论与分享时间约为5分钟。

三、活动过程

(1) 小组抽签确定表演的顺序。

(2) 表演者从教师手中看到职业名称进行扮演，本小组成员进行猜答，在90秒时间内看哪个小组猜中的最多。

(3) 学生对职业特征进行总结，教师点评。

四、讨论与分享

你从这个活动中得到了什么启发？

志愿服务活动鉴定表现见表7-5。

表 7-5 贵州电子信息职业技术学院志愿服务活动鉴定表

姓名			性别	
系部			年级、专业	
家庭住址				
志愿服务单位名称				
志愿服务内容				
志愿服务时间		（ ）天（ ）小时		
实践志愿服务总结				
志愿服务单位鉴定意见		单位（盖章） 年 月 日		
二级学院意见		（盖章） 年 月 日		
院团委意见		（盖章） 年 月 日		

注：①本表表内各栏须用黑色钢笔填写；
②成绩评定分为优秀、良好、及格和不及格四等。本表一式两份，一份存二级学院，一份存入学生本人档案。

第四节　勤工助学

一、勤工助学概述

(一)勤工助学的概念

勤工助学是指学生在学校的组织下利用课余时间，通过自己的劳动取得合法报酬，用于改善学习和生活条件的社会实践活动。勤工助学是学校学生资助工作的重要组成部分，是提高学生综合素质和资助家庭经济困难学生的有效途径。

学校设置校内勤工助学岗位，并为学生提供校外勤工助学机会。家庭经济困难学生优先考虑。

(二)勤工助学的意义

1. 勤工助学实现了"济困"的功能

目前，大学中很大一部分时间是由学生自由支配的，勤工助学能够让学生在业余时间展示其价值，通过自己的劳动来获取报酬；同时，勤工助学能帮助贫困学生缓解经济压力，已成为学校实现"济困"的重要手段。

2. 勤工助学锻炼了当代学生的思想品格

当下，"90后""00后"大学生普遍害怕吃苦，缺乏服务精神和团队意识，责任意识不强。因此，通过勤工助学实践活动能够让学生感受到生活的艰辛，懂得什么是责任和担当，明白什么是感恩和奉献，有利于他们树立自信心，形成劳动光荣的观念，有利于他们树立正确的人生观、世界观和价值观。在团队中学会面对激烈的竞争，提高他们的心理承受能力并培养危机意识。同时，在长期的勤工助学实践中，能够培养学生的自我约束力、劳动意识和职业道德，这些都将成为他们以后人生路上的宝贵财富。

3. 勤工助学提高了学生综合能力和素质

通过勤工助学实践活动，学生的学习能力、社会能力及内省能力可得到进一步提高。

从校内岗位到校外岗位，从懵懂跟从到独立选择，从忐忑上岗到独当一面，学生们的实践能力、创新意识和独立分析解决问题的能力等明显提升；学生提前接触社会，了解社会规则，调整自己的预期，改进自身不足，契合社会需求，团队意识、自律能力、心理素质明显提升，社会适应能力显著提高。另外，通过勤工助学，学生的学习能力和专业素质也得到了增强。学生把学到的专业知识很好地运用到实践中，边学习边实践，不仅可以让自己的专业知识更扎实与稳健，同时，还可以从专业出发去扩展专业相应的特长，增强个人能力。

4. 勤工助学增强了学生创新创业能力

勤工助学引导带动学生从课堂到课外，从学校到企业，从学生到职员，从兼职到就业创业，开阔了视野。学生在自己熟悉的领域经过长期实践已趋于理性，从创新的角度重新审视身边的各种资源，寻求资源的更佳配置，谋求更大的发展。学生在勤工助学过程中容易迸发出创新想法和创业激情，结合团队管理、项目运作、人际管理、目标管理等，进入一个融会贯通、将所学所思转化为所想所为的新境界，创新创业能力大大提升。

5. 勤工助学促进了学生就业

勤工助学能够不断提升学生的管理组织能力和待人处事能力，使学生的职业素质和职业能力全方位提升，帮助他们储备优质就业和自主创业所需要的身心素质与技能。

（三）勤工助学相关政策要求及权益保护

1. 活动管理

学生在学有余力的前提下，向学校提出勤工助学的申请，接受必要的勤工助学岗前培训和安全教育，再由学校统一安排到校内或校外的岗位上进行勤工助学活动。学校不得安排学生参加有毒、有害和危险的生产作业，以及超过身体承受能力、有碍健康的劳动。任何单位和个人未经学校同意，不得聘用在校学生打工。

2. 劳动报酬

学生参加校内固定岗位的勤工助学，其劳动报酬由学校按月计算。每月40个工时的酬金原则低于当地政府或有关部门制定的最低工资标准或居民最低生活保障标准，可以适当浮动。学生参加校内临时岗位的勤工助学，其劳动报酬由学校按小时支付，每小时酬金原则上不低于8元人民币。学生参加校外勤工助学的酬金标准不低于学校所在地政府或有关部门规定的最低工资标准，具体数额由用人单位、学校与学生协商确定，并写进聘用协议。

3. 权益保护

学生在开始勤工助学活动前应当与有关单位签订协议，以保护自身的合法权益。学生在进行校内勤工助学前，应当与学校的学生勤工助学管理服务组织签订具有法律效力的协议书。学生在进行校外勤工助学前，应当与代表学校的学生勤工助学管理服务组织、用人单位签订具有法律效力的三方协议书。协议书应当明确学校、用人单位和学生三方的权利和义务，意外伤害事故的处理办法及争议解决方法。

📝 课堂案例

交大标兵：勤工助学，自己交学费，成绩第一被保研

他专业成绩第一、连续两年获国家奖学金、获全国大学生数学建模国家一等奖、美国大学生数学建模二等奖。此外，他还是乐于助人的公益之星，是体测成绩"101分"的运动达人。他最骄傲的是自高考结束通过勤工助学，独立承担了自己所有学费。他就是西安交通大学优秀学生标兵，能动学院学生吴思远。

吴思远热爱公益，参与各项公益服务活动，大学三年累计志愿工时超400小时。他参与彭康学导团建设工作两年，完成了高数、线代、概率论的资料编写，累计发放量超2 000份，他也是学导团高数答疑志愿者，两年来帮助许多同学提高了学业成绩。他说："做公益这件事情，并不是每个人都会认可你，但是你还是要坚持做下去，因为你是去做一件你感觉很有意义的事情，在未来的某一天，你的付出就会得到别人的认可和尊重。"

他坚持跑步3年，总路程超过1 000千米。大二时，体测超百加分1，千米跑超满分15秒。在各个跑步赛场，也总能看到他的身影。他参与勤工俭学3年，负责校园绿化管理工作，工作总时长超过 400 小时。他独立自强，每周带 3 个家教，自高考结束，他就独立承担自己所有学费。

吴思远通过勤工助学不仅承担了自己大学期间的所有学费，而且还取得了优异成绩。随着国家体制的改革和素质教育的全面铺开，勤工助学成为大学生实践活动的重要环节，它可以帮助大学生顺利完成学业，及时而又满意的就业或更好地创新创业。每个大学生都可以在学有余力的情况下积极参与勤工助学行动，学习与实践相结合，为自己未来走向社会奠定一定基础。

二、勤工助学的岗位设置

（一）勤工助学岗位设置原则

勤工助学岗位设置，以增强学生的劳动观念，提高学生的自我服务、自我管理、自我教育能力，培养学生的自立、自强、自律精神，帮助家庭经济困难学生顺利完成学业为目的，以不影响学生学习为原则，鼓励学生积极参加与专业技能相关的社会实践，实现理论与实践的有机融合。

学校应积极开发校内资源，以满足学生参与勤工助学的需要。校内勤工助学岗位设置应以校内教学助理、科研助理、行政管理助理和学校公共服务等为主。按照每个家庭经济困难学生月平均上岗工时原则上不低于 20 小时为标准，测算出学期内全校每月需要的勤工助学总工时数（20 工时×家庭经济困难学生总数），统筹安排、设置校内勤工助学岗位。

（二）勤工助学的岗位要求

1. 勤工助学要实现劳务型和智力型相结合

要促进勤工助学劳务型和智力型相结合，实现内容的多层次化。结合学生的年级和专业特点，充分发挥学生的知识和技能，开拓智力型勤工岗位，还可以与教师的科研工作相结合，这既有利于教师科研课题的完成，又有利于学生巩固知识、锻炼能力，特别是试验类型的科研项目，更能增加学生的兴趣，培养科研态度和科研能力。实地调研结果表明，目前各高校的勤工助学工作的主要内容是图书馆书籍整理、实验室仪器清洗维护、办公室卫生打扫、宿管科日常值班、教室座椅的排放等。此外，勤工岗位可以向服务型方向发展，对于不同阶段、不同需求的学生进行协调安排。因为相对智力型的工作而言，基层的服务型工作不仅可以培养学生待人接物的能力，还有助于他们更好地了解社会、适应社会，排除在学生中存在的眼高手低的问题，且这类工作一般要求较低，有较大需求量，适用于广大困难学生。

2. 勤工助学岗位设置及要求

校内岗位包括学校各类机构的办公室助理、技术助理、图书馆工作人员、校内会议临时工作人员，以及一些学生机构的岗位。校外岗位主要包括展会翻译、员工培训、商场导购等。家教岗位，提供家教兼职机会，包括学生家教、成人家教、班教等。《高等学校学生勤工助学管理办法》要求勤工助学活动必须坚持"立足校园、服务社会"的原则，勤工助学要达到既向学生提供经济资助，又锻炼学生实践能力的目标。

勤工助学模式由传统型向创业型转变，是高校资助工作的内在要求和必然趋势。创业型勤工助学模式是指学校提供资金、场地支持，专业教师提供指导，通过校企合作，创建以学生为主体，由学生自主经营管理的勤工助学实体。学生既能通过创造性的劳动获取一定的报酬，同时，还能参加专业实习和创业实践活动，提升专业技能和综合实践能力。创业型勤工助学让学生潜移默化地接受创新创业教育，形成"学生主导、教师指导、学生参与"的勤工助学与创业实践相结合的运行模式，推动资助形式的多样化发展，形成"资助—自助—助人"的良性循环，实现高校勤工助学的育人功能。

勤工助学的主要目的是帮助学生顺利完成学习任务，因而，在完成勤工助学任务的时间安排上，更倾向于利用学生的课外休息时间。

课堂案例

勤工助学，筑梦育人

2020年春节，安徽农业大学2017级应用化学专业的陈耀同学将一万元交到妈妈手里，这些都是他利用课余时间进行勤工助学扣除生活开支外的结余。

陈耀是一名建档立卡家庭学生，两年多来，他利用课余时间在一家餐厅勤工助学合计收入36 000多元。陈耀认为，学校搭建平台开展的勤工助学活动不仅缓解了他的家庭经济负担，更是拓展了他人生的新视野。现在他已经升任餐厅管理组长，对生活常怀感恩之心，他说是勤工助学活动给了他解决问题的勇气，用心向上的人生态度和直面未来的决心。

三、勤工助学的岗位申请指南

1. 查看学校发布的岗位信息

在资助中心网站上查看相关岗位信息。明确岗位名称、岗位类型、工作地点、工作时间、工作要求和薪酬待遇等。

2. 填写勤工助学申请表

在助学中心办公室登记，填写"勤工助学岗位申请表"（以下简称"申请表"）（表7-6）。助学中心将根据申请人实际情况合理安排助学岗位。岗位申请表一般包含姓名、班级、专业、个人特长、空余时间等信息。

3. 学院审批

学院根据分配的岗位情况按照一定比例安排学生到用工单位应聘，并在"申请表"上签署意见（需辅导员签字盖章，若为家庭经济困难学生请在"院系学工领导意见"栏中注明）。

4. 面试

学院审批后，学生本人持"申请表"在指定的招聘时间内到用工单位应聘（注：学生需提前根据用工计划选择适合自己的岗位）。

5. 签订协议

被录用的学生将"申请表"交用工单位并与用工单位签订《校内用工协议书》（协议在用工单位领取）；被录用学生在指定时间根据用工单位要求报到上岗。

表 7-6　贵州电子信息职业技术学院勤工助学岗位申请表

部门			负责人		电话	
岗位申请	六					
	（详细描述学生工作内容、岗位需求数量、工作量、报酬标准，用人部门负责对学生进行岗前培训并确保学生工作过程中安全）						
	部门负责人意见： 年　月　日			部门分管领导意见： 年　月　日		
审核意见	资助中心意见： 签字： 　　年　月　日			资助中心分管领导意见： 签字： 　　年　月　日	主要院领导意见： 签字： 　　年　月　日	
序号	姓名		班级	身份证号	开户银行	银行卡号	金额/元

> **课堂小提示**
>
> 所有参加勤工助学的学生必须保证在岗一学年（寒暑假除外），中途不得无故辞职，特殊原因需辞职者必须提前7天向用工单位及学生处提出申请，经批准后方可离岗，否则将扣发当月工资，并取消本学年在校内工作的资格（包括寒暑假）。参加勤工助学的学生不得在校内同时有两个岗位，否则将取消其勤工助学的资格。

四、勤工助学岗位应聘要求及技巧

1. 勤工助学受聘对象及要求

（1）在校在册家庭经济困难的学生。
（2）能自觉遵守国家法律和学校各项规章制度，道德品质良好，吃苦耐劳，责任心强。
（3）学有余力，课余时间比较宽裕。
（4）前一学期受过纪律处分或两门以上课程成绩不合格者，原则上不安排上岗。
（5）每个学生只能应聘一个岗位。

2. 勤工助学岗位应聘技巧

勤工助学岗位应聘应该做好充分准备，根据岗位说明书准备材料。递交书面申请后及时询问确认面试时间。面试中涉及的常见问题如下：大学期间的学习情况，如专业排名、获得奖学金等；家教、兼职经历；学习紧张程度、空余时间等具体问题。学生要根据这些基本问题做好充分的准备，对评委问题尽量回答，对于自己应聘的岗位谈出认知。而且，在着装和文明礼貌方面也要精心准备，增加印象分。在语言表达方面，不要使用口头禅。在自我介绍时要让自己有特点。

五、学生要正确处理勤工助学与学习的关系

1. 合理选择和安排勤工助学

学生打算参加勤工助学，应该合理地安排自己的学习时间，有意识地选择能够锻炼自己的工作，不与正常上课学习时间冲突。学生参加勤工助学是应当受到鼓励的，但是要坚持以学习为主、锻炼能力、提高本领的原则。在时间安排上，不能影响课堂的学习，在助学认识上，正确认识自己勤工助学的目的，清楚学习和助学之间的关系。在职业院校，参加类似于勤工助学这样的活动是有可能得到锻炼自己的机会的，但是一定要根据个人情况来决定是否申请勤工助学。申请并得到勤工助学机会后，要规划好自己的时间，合理安排学习时间和其他的活动，这其实也是对学生管理自己事务能力的一次培养。

2. 珍惜在校时间主攻学习

学生在校的学习主要还是学习理论知识和实践经验。现在的教育资源给学生提供实践体验的机会较少，除部分实践性质的专业外，其他文科专业基本很少实践。而缺少实践导致了学习效率低下，要解决这个问题，勤工助学是一个不错的途径。学习与勤工助学是主次关系，应着重把握主要矛盾，抓学习这个重点，抓学习这个中心，当然又不能忽视勤工助学对贫困学生上学困难问题的解决，要统筹兼顾。勤工助学对学习是有一定影响的，关

键在于学生怎么平衡两者之间的关系。

学生通过勤工助学能够有机会将书本的理论知识运用于实践，通过实践来检验书本理论知识的缺陷，这样对学生也是有利的。通过勤工助学，他们既可以获得相应的报酬，又可以学到不少东西。但是要谨记：学习是基础，实践是根本，理论服务于实践，实践是理论的来源，二者缺一不可，始终都是要相互促进的。

3. 理论与实践相结合培养综合能力

社会到底需要什么类型的学生，不同的用人单位有不同的录用标准。但总的来说，用人单位最看重的还是综合素质。在这之中，专业知识水平又是首要因素。但是对学生实际学习状况的考查又不能单纯地通过在学校的考试分数和名次来衡量，而是要更重视学生的实际水平和专业知识的应用能力。

从个人适应社会的角度来看，现代社会是一个学习型的社会。基于当前的就业形势，仅有学历还是远远不够的，用人单位早已认识到员工工作能力的重要性，而工作经验和工作能力主要是靠实践来获得的。勤工助学是一个既可以使学生安心学习书本知识的途径，又是一个调节学生心理的机会，更是一个学生锻炼自己的平台。为使学生更好地适应未来的社会，应提倡学生好好学习自己的专业课，在学好专业课的同时适当参加勤工助学来锻炼自己的能力、提高自己的素质。

课堂活动

"学校勤工助学文化"征文大赛

一、活动主题

励志青春，自强人生。

二、活动宗旨

青春犹如燃烧的火焰，点燃万般激情；青春犹如跳动的音符，谱写人生的乐曲。如此美妙的青春，我们如何诠释呢？让我们用自己勤劳的双手为青春描绘出斑斓的色彩，为绚丽多彩的人生增添一幅画卷。

通过举办此次征文大赛，为学生提供一个尽情抒写心声的机会，传播与发展学校勤工助学文化。

三、活动时间

2周。

四、活动主体

全校同学。

五、活动实施

请以"励志青春，自强人生"为主题，写一篇反映学生勤工助学、感恩社会的800～1 000字的作文。

第八章　劳动与乡村振兴相结合

学习目标

1. 了解农业生产与常见农作物，了解农作物的种植与田间的基本方法和流程。
2. 了解校农结合政策。
3. 了解现代农业科技，熟悉现代农业技能。
4. 了解和传承中国传统手艺。

案例导读

乡村振兴战略

2017年10月18日，党的十九大报告中提出了乡村振兴战略。其中提出农业农村农民问题是关系国计民生的根本性问题，必须始终把解决好"三农"问题作为全党工作重中之重。2018年1月2日，国家公布了2018年中央一号文件，即《中共中央国务院关于实施乡村振兴战略的意见》，其中提出大力实施乡村振兴战略，要坚持农业农村优先发展，巩固和完善农村基本经营制度，保持土地承包关系稳定并永久不变，第二轮土地承包到期后再延长30年，确保国家粮食安全，把中国人的饭碗牢牢端在自己手中。加强农村基层基础工作，培养造就一支懂农业、爱农村、爱农民的"三农"工作队伍，按照党的十九大提出的决胜全面建成小康社会、分两个阶段实现第二个百年奋斗目标的战略安排。明确实施乡村振兴战略的目标任务是，到2020年，乡村振兴取得重要进展，制度框架和政策体系基本形成；到2035年，乡村振兴取得决定性进展，农业农村现代化基本实现；到2050年，乡村全面振兴，农业强、农村美、农民富全面实现。

试想：党的乡村振兴战略有哪些重要的意义？

第一节　农耕助农

一、农业生产与常见农作物

1. 农业生产

农业生产是指种植农作物的生产活动，包括粮、棉、油、麻、丝、茶、糖、菜、烟、果、药、杂（指其他经济作物、绿肥作物、饲养作物和其他农作物）等农作物的生产。中国农业的生产结构包括种植业、林业、畜牧业、渔业和副业，但数千年来一直以种植业为主。由于人口多，耕地面积相对较少，粮食生产尤占主要地位。在传统观念中，种植五谷几乎就是农业生产的同义语。

现代农业文明带给当代人类的不仅是一种新能源，更是继工业革命之后的又一次经济形态转型的新革命。中国农业精神来自中国传统农业，体现和贯彻中国传统的天时、地利、人和，以及自然界各种物质与事物之间相生相克关系的阴阳五行思想，精耕细作，轮种套种，是它的典型工作生产模式。随着中国农业的发展，越来越需要有文化、懂技术、会经营，有较强市场意识、有较高生产技能、有一定管理能力的新型农民。

2. 认识常见农作物

我国农作物主要分为粮食作物、经济作物、蔬菜作物、果类、野生果类、饲料作物、药用作物七大类。粮食作物以小麦、水稻、玉米、大豆、薯类为主要作物；经济作物以油籽、蔓青、大芥、花生、胡麻、大麻、向日葵等为主；蔬菜作物主要有萝卜、白菜、芹菜、韭菜、蒜、葱、胡萝卜、菜瓜、莲花菜、莴笋、黄花菜、辣椒、黄瓜、西红柿、香菜等；果类有梨、青梅、苹果、桃、杏、核桃、李子、樱桃、草莓、沙果、红枣等品种；野生果类有酸梨、野杏、毛桃、山枣、山樱桃、沙棘等；饲料作物有绿肥、紫云英等；药用作物有人参、当归、金银花、薄荷、艾蒿等。

> **知识拓展**
>
> **农产品质量标准分类**
>
> 我国将农产品大致分为普通农产品、绿色农产品、有机农产品和无公害农产品。不同农产品的生产标准各不相同。
>
> 1. 普通农产品的质量标准
>
> （1）说明标准所适用的对象。这是指首先要说明该标准应用于什么农产品，采用的是什么工艺及分类或等级，有的还要指出农产品的用途或使用范围。
>
> （2）规定农产品商品的质量指标及各种具体质量要求。这是农产品标准的中心内容，包括技术要求、感官指标、理化指标等方面的规定。
>
> （3）规定抽样和检验的方法。抽样方法的内容包括每批农产品应抽检的百分率、抽样方法和数量、抽样的工具等；检验方法是针对具体的指标，规定检验的仪器及规格、试剂种类及量和规格、配制方法、检验的操作程序、结果的计算等。

(4)规定农产品的包装、标志及保管、运输、交接验收条件、有效期等。值得特别指出的是，大多数农产品都是人们日常生活中必不可少的主要食品，为了保障人民群众的身体健康，必须坚决贯彻执行国家《食品安全法》的规定。在制定和推行农产品标准时应当把国家制定的食品卫生标准作为重点，以确保农产品安全服务。

2. 绿色农产品的标准

绿色农产品是指遵循可持续发展原则、按照特定生产方式、经专门机构认定、许可使用绿色农产品食品标志的无污染的农产品。可持续发展原则要求生产的投入量和产出量保持平衡，既要满足当代人的需要，又要满足后代人同等发展的需要。绿色农产品在生产方式上对农业以外的能源采取适当的限制，以更多地发挥生态功能的作用。

3. 有机农产品的标准

有机农产品是指根据有机农业原则和有机农产品生产方式及标准生产、加工出来的，并通过有机食品认证机构认证的农产品。它的原则是在农业能量的封闭循环状态下生产，全部过程都利用农业资源，而不是利用农业以外的能源（化肥、农药、生产调节剂和添加剂等）影响和改变农业的能量循环。有机农业生产方式是利用动物、植物、微生物和土壤四种生产因素的有效循环，不打破生物循环链的生产方式，生产纯天然、无污染、安全营养的"生态食品"。

4. 无公害农产品的标准

无公害农产品是指产地环境、生产过程和产品质量均符合国家有关标准和规范的要求，经认证合格获得认证证书并允许使用无公害农产品标志的未经加工或初加工的农产品。

无公害农产品执行的是国家质检总局（2018年3月改为国家市场监督管理总局）发布的强制性标准及农业部（2018年3月改为农业农村部）发布的行业标准。产品标准、环境标准和生产资料使用准则为强制性国家或行业标准，生产操作规程为推荐性行业标准。

二、农作物的种植基本方法和流程

1. 整地

整地要求做好整地保摘、备足底肥。在教师的指导示范下，对土地进行深翻、整平。有关农具的使用可以在老师的演示下体会学习，主要有铁耙、铁锹、锄头等的使用。根据学生情况，有选择地让学生进行工具使用练习。在练习过程中，教师要加强学生操作的指导，尤其注意工具的使用安全问题。

2. 播种

在整好整平的土地上老师示范种植讲解要领。可以根据具体农作物进行教学，分墩种植或按垄种植，并且视具体作物施肥。

(1)处理种子。根据土地虫害现象不同，适量加拌农药，注意农药的使用安全问题。

(2)刨坑。根据按墩种植的情况和作物的特性精心准备，注意坑的密度要均匀，深度、大小视具体情况具体操作。

(3)起垄。根据按垄种植的作物实际作业，根据种植物的不同注意沟的深度、开口宽度及垄间距。

(4)浇水。在准备好的坑或沟内适量浇水。抬水过程中注意安全，不要溅湿衣服。

(5)播种。根据物种的特性进行点种，根据作物要求调整密度，均匀种植。

(6)填埋。填埋时土量加盖要适中，不能过多或过少，要均匀。

3. 播后镇压

播后镇压的时间和工具视土壤水分而定，一般应随播随压。但土壤过湿的麦田，应适当推迟镇压时间，以防板结，影响出苗。劳动时尽量不要踩到刚种好的地。注意铁耙的使用安全。

三、作物的田间管理的基本方法和流程

作物的田间管理可分为苗期管理和中后期管理。以苗期管理为例。

1. 查苗补种，确保苗全、苗匀

苗期管理是整个繁殖技术中最复杂的一个环节。其特点是引发失败的因素特别多，同时，受威胁的时间又太长。但只要我们掌握基本要领，小心加耐心，就一定能成功。

针对作物种植后出现的情况和苗情，对基肥施用不足、苗黄、苗瘦、苗弱的田块施用人粪尿和氨肥、磷肥，促进幼苗根系发育，增强抗性。

密植苗距应一次比一次稍大，不能为了少移几次而栽得很稀，这样反而长不大。

2. 追肥与松土

苗期的营养主要由床土供应。为了弥补养分的不足，往往要在苗期进行追肥。尽管苗期需肥量不大，但苗期追肥仍然是很必要的。由于苗期幼苗的根量较少，一般不采用根际追肥，而采用根外追肥。根外追肥可分两次进行。第一次在幼苗第二片真叶展开时；第二次在定植前5~7天进行。根外追肥可结合浇水同时进行。苗期根外追肥多追施磷肥，即追施过磷酸钙，也有追施硝酸铵的，其浓度一般控制在千分之一以下，选择晴天上午，均匀地喷洒在苗上。如浓度较大时，可在喷完肥料水之后，再立刻喷洒一次清水冲洗叶面，防止出现伤害。育苗期间，如发现床土过分板结或湿度过大，可以松土，加速水分蒸发，提高地温，促进根系发育。苗期松土深度较浅，一般为1~2 cm。

3. 松土和拔除苗床内杂草

松土后，可再在床面上覆1 cm厚的湿土，使之与床土结合，促进侧根发育。要抓住气温回升较快的有利时机，结合田间杂草的实际情况，选准药剂，及时做好化除工作，减轻杂草危害。

四、农作物的收获

(1)收获时间介绍。过早或过晚地收获农作物，对产量和品质都会造成一定的影响。收获过早，籽粒尚未充分成熟，这样既会降低籽粒品质，又会减轻粒重，降低产量；相反，则造成籽粒脱落在地，减少收成，因此，要做到增产丰收，就必须要掌握各种农作物的最佳的收获期，以防伤镰和落镰，而影响增产。

(2)开始收获。教师示范农具的使用要领，在田地里说明具体到每种作物的收获要求。

各组同学在老师的带领下到自己的田地开始收获，实验操作使用工具，老师指导并介绍注意事项，经过熟练的掌握技能后可以独立的开始干活。特别注意使用农具时的安全问题，老师在整个过程中监控情况的发生并解决出现的问题。

（3）收获完成后收集劳动果实。在收获完成时到地头集中收获的粮食，组织学生检查有无漏的后将其运回到场地中等待。

（4）对带回到农场的作物进行晾晒、脱粒、摘果等对具体的物种进行处理各环节中由老师讲好干活的流程和注意事项，选几个学生示范作业，后进行工作。

（5）储藏粮食。

 课堂案例

贵州电子信息职业技术学院
巩固脱贫攻坚成果与乡村振兴有效衔接

贵州电子信息职业技术学院坚持以习近平新时代中国特色社会主义思想为指导，深入贯彻落实习近平总书记关于巩固脱贫攻坚成果与乡村振兴有效衔接的系列重要讲话精神，强化政治自觉、思想自觉和行动自觉，按照贵州省委振兴农村经济和脱贫攻坚战要求，围绕"四个不摘"要求，充分发挥学院优势，全力以赴，狠抓落实，以压力不减、力度不减、热情不减的精神状态自我加压，乘势而上，一以贯之将巩固拓展脱贫攻坚成果与乡村振兴有效衔接作为学院重要政治任务来抓，坚决做到过渡期内，摘帽不摘责任、摘帽不摘政策、摘帽不摘帮扶、摘帽不摘监管，扎实推动乡村振兴各项帮扶工作有序开展。

一、思想高度统一，学院党政领导亲自研究部署

充分发挥党的政治优势和组织优势，切实抓好脱贫攻坚与乡村振兴的制度和组织保障。2017年10月，学院党委书记亲自带队，实地走访天柱县高酿镇邦寨村，积极与当地政府、村两委共商新形势下校农结合开展模式，学院党委副书记、院长多次亲自深入天柱县高酿镇邦寨村扶贫点，走访致富带头人及贫困户，调研"校农结合"新举措及存在的问题和困难，分管扶贫工作院领导及党群部门主要领导，进村入户调研帮扶方案，根据调研结果，制定了《贵州电子信息职业技术学院（2017—2020）扶贫行动方案》《贵州电子信息职业技术学院帮扶天柱县高酿镇邦寨村脱贫攻坚规划方案（2018—2020）》，经党委会讨论通过后严格执行。同时，为切实保证扶贫工作有效落实，学院党委书记、院长带领班子成员先后多次深入扶贫点实地调研帮扶情况，现场指导扶贫点脱贫攻坚工作。2020年1月2日，学院主要领导带领全体中层干部深入到邦寨村慰问困难农户并同村两委同志召开帮扶总结会暨2020年帮扶工作部署会。自新冠病毒疫情突发以来，学院主要领导时刻牵挂着扶贫工作，定时电话询问听取驻村干部的扶贫工作进展情况和防疫工作。

二、职教扶贫扶智，助推产业发展

一是加大农业技术支持和业务培训。学院充分发挥专业优势和师资优势，积极帮扶天柱县职业中学开展专业培训和师资培养。截至目前，已完成天柱县职业中学52名教师跟岗培训；同时，学院通过派出专业教师和聘请资深技术专家对帮扶点进行专业技术培训帮扶，派出专业教师对帮扶点特色农副产品进行帮扶，聘请桃李种植专家3次到天柱县高酿镇邦寨村村对100余名村民进行桃李栽种技术培训，邀请黔东南州农科院种养殖专家2人对天柱县高酿镇邦寨村37名村民进行稻田养鱼及大棚栽种技术进行培训。

二是大力助推蜂蜜产业发展。为扩大天柱县高酿镇邦寨村座寨蜂蜜产业知名度和影响力，保护好推广好销售好座寨蜂蜜这一特色产业，学院主动派出艺术设计系、电子商务学院 6 名专业教师多次赴天柱县邦寨村马鞍自然村蜂蜜养殖现场调研，进行电商平台打造和包装宣传设计，对邦寨村特色农产品进行航拍宣传。目前已完成了蜂蜜品牌的文化塑造、视觉识别系统设计 VIS、产品包装，并摄制了 15 秒宣传小短片，1 分钟的 MG 动画宣传片和 3 分钟微电影广告，座寨蜂蜜品牌现已提请国家商标专利局专利申请。在学院帮扶下，重新整合了邦寨村蜜蜂养殖资源，成立蜜蜂养殖合作社，实现座寨蜂蜜从包装设计、专利申请、品牌宣传到电商平台销售全过程。同时，学院出资 8.8 万余元，购置了 1.47 万株优质桃树、李树苗，按每户 10 株分发给村民种植在房前屋后，余下连片产业种植。既美化村居环境，又为蜜蜂养殖提供充足花源，给村民带来一定创收，有效促进邦寨村经果林产业发展，为打造邦寨特色农业产业奠定基础。

三狠抓校农结合有成效。结合学院新校区建设情况，学院 2019 年 4 月出资 7 万余元采购 961 株桂花树，移栽天柱县高酿镇邦寨村，新校区建成后，学院将按照市场价格回收桂花树移栽新校区，既是推动邦寨村苗圃产业发展，也为新校区建设提供优质绿化苗木。同时学院出资近 3 万元，购买鸭和鱼苗，分发给建档立卡贫困户和其他养殖户，并鼓励学院教师购买贫困户的养殖产品，使农民增收 16.8 万余元，极大调动了农户养殖积极性；投入 5 万余元建成了天柱县高酿镇邦寨村一期蔬菜大棚，建成蔬菜大棚 4 个。开展"校农结合、山货进城"消费扶贫帮扶项目，2020 年至 2021 年帮助贫困户增收 7 万余元，销售区域覆盖邦寨村、口洞村、克烈村及地坝村。

三、改善村基础生活设施，提升村民幸福指数

一是积极实施亮化工程。为了方便村民日常生活出行，改善邦寨村照明条件，从 2017 年起，学院先后拿出 142.5 万元，分 4 批次帮扶太阳能路灯 486 盏，做到了太阳能路灯整村覆盖，惠及全村 820 户 3 328 人，极大地改善了该村乡村照明条件和居住环境，方便了村民日常生活出行，得到了村民的一致好评，村民反映晚上出门方便了、安全了，完全不用带手电筒了。

二是开展农村基础工程建设和清洁整治活动。饮水问题一直严重困扰邦寨当地老百姓生产生活，原有人饮项目满足不了全村饮水问题，每逢干旱季节，全村处于停水状态，严重影响到邦寨村脱贫攻坚中工作，学院实地调研后，出资 3.43 万元，帮扶建设邦寨村建设人饮工程，完全解决村民饮水难问题。同时为丰富村民娱乐生活，美化净化村居环境，学院出资 75.1 万元修建了座寨篮球场及附属基础设施，出资 5.7 万元帮扶购置了 3 台农用车作为垃圾清运车，出资 6 万元修建了邦寨村团塘到塔林、团塘到凸弄机耕道，出资 16.6 万元修建座寨村篮球场堡坎及球场围网，出资 10 万元修建了口洞村银烂机耕道，极大提升了村民满意度和幸福感。

三是加强消防安全保障。由于天柱县高酿镇邦寨村村民房屋基本都是木质结构，为了防止因火灾致贫，学院共投入 5 万余元，先后帮扶购买了 5 台消防机，有针对性地培训乡村消防人员，有效防范应对火灾危害。2018 年 9 月 11 日凌晨，邦寨村三栋木质结构民居因电路老化起火，村民迅速启用学院购买消防机，防止了整村成片灾情出现。2019 年 6 月，学院为距离邦寨中心村较远的富学和马鞍两村民组再次购买 2 台消防机，完全覆盖整个邦寨村，极大降低了村民因火灾致贫风险。

围绕脱贫攻坚战和乡村振兴战略，学院积极开展脱贫攻坚工作。截至目前，学院已经派出1名副院长、9名中层干部、4名教师深入帮扶点驻点开展扶贫工作，帮扶总资金300万余元，切实为脱贫攻坚作出了积极贡献，扶贫干部被评为扶贫工作先进个人、优秀共产党员，学院被黔东南州评为"脱贫攻坚先进单位"，全州"五一劳动奖状"。

下一步，学院将继续发扬脱贫攻坚期间形成的苦干实干作风，坚持问题导向、目标导向、结果导向，聚焦"两不愁三保障"，发挥学院优势，发展特色产业，巩固好脱贫攻坚成果，凝心聚力，接续奋斗，着力推进学院乡村振兴工作全面进步、全面过硬，以优异的成绩迎接党的二十大胜利召开！

课堂活动

"爱心助农 我们在行动"实践活动

一、活动目标

为了帮助农民们减轻劳作压力，拓展大学生的农业知识，锻炼并提高大学生的综合素质。

二、活动时间

建议4~6小时。

三、活动流程

(1)本次活动分为动手实践和交流总结两部分。

(2)学生按照学校或老师的安排到达指定的村庄，来到农田与农户们进行交流，并在交谈中帮助农户们除草。除完杂草后，志愿者们严格按照农民们的要求采摘成熟的番茄，并运往农户们家中。

(3)活动结束后，教师将学生按照6~8人划分小组，组内头脑风暴讨论自己的感悟和收获。

(4)每组选派一名代表分享小组的心得体会，其他小组成员可以对其进行提问。小组内其他成员也可以回答提出的问题；通过问题交流，将每个需要研讨的问题都弄清楚。

(5)教师进行分析、归纳、总结，并根据各组在整个活动过程中的表现予以赋分。

农耕助农劳动鉴定表见表8-1。

第八章　劳动与乡村振兴相结合

表 8-1　贵州电子信息职业技术学院农耕助农劳动鉴定表

姓名		学号		院系		班别	
农耕项目							
活动时间				地点			
农业生产与常见农作物	简述助农过程中常见农作物。						
农作物的种植基本方法和流程	简述助农过程某种农作物种植的基本方法和流程。						
农作物的田间管理的基本方法和流程	简述助农过程某种农作物田间管理的基本方法和流程。						

· 177 ·

续表

	自我鉴定（收获、感触、成绩与不足等）：
助农村镇意见	评语： 成绩：　　　签章：　　　　　　　　　　　　　　　　　　年　月　日
辅导员意见	 签章：　　　　　　　　　　　　　　　　　　　　　　　　年　月　日
二级学院意见	 负责人签章：　　　　　　　　　　　　　　　　　　　　　　年　月　日
注：①本表表内各栏须用黑色钢笔填写； 　　②成绩评定分为优秀、良好、及格和不及格四等。本表一式两份，一份存二级学院，一份存入学生本人档案。	

第二节　校农结合

贵州坚持把脱贫攻坚作为头等大事和第一民生工程，尽锐出战、务求精准，全力实施大扶贫战略行动，打好"四场硬仗"。2020年贵州省66个贫困县全部摘帽，923万贫困人口全部脱贫，192万群众搬出大山，在国家脱贫攻坚成效考核中连续5年为"好"。彻底撕掉了千百年来的绝对贫困标签，减贫人数、易地扶贫搬迁人数全国最多，书写了中国减贫奇迹的贵州精彩篇章，与全国同步全面建成了小康社会。贵州是全国贫困人口最多、脱贫攻坚任务最重的省份。"校农结合"是助推脱贫攻坚的创新性举措。因贵州多山，许多贫困地区由于环境因素，长期以来只能发展附加值不高的农业；又受限于地形地势，交通不便，生产的农产品运送不出来，即便运出来了，也很难找到合适的销路。贵州"校农结合"将各级各类学校食堂与贫困地区脱贫有机对接起来，提供了一个稳定又庞大的消费市场，对于推动产业扶贫及农民增收，促进农业产业发展和农业产业升级转型等有着重要的意义。

一、贵州校农结合的起源和发展

1. 贵州"校农结合"起源于黔南师院精准扶贫经验

在新时期脱贫攻坚过程中，黔南师院通过食堂定点帮扶贫困村收购农产品，并利用高校资源优势及平台，与地方政府、社会各方面联动合作，帮助贫困农村调整农产品生产结构、发展产业助推脱贫，创造了"定点采购、产业培扶、基地建设、示范引领"的"校农结合"新模式。"校农结合"得到贵州省委省政府的充分肯定和表彰，在全省推广，并不断演化升级和拓展延伸到其他行业，形成了"企农结合""医农结合"等"N＋农结合"多种结合形式，有力推动了精准脱贫，成为贵州新时期脱贫攻坚新模式，对农村产业革命、乡村振兴起到了积极有效推动作用。

"校农结合"从学校食堂农产品刚性需求出发，通过有计划地采购贫困地区农产品，从而达到引导贫困地区农户主动调整生产计划和产业结构的目的。各级学校特别是高校要将消费贫困地区农产品作为脱贫攻坚长效手段，要不断创新产销对接渠道、方式，依托"以销定产"采购模式，将消费需求与产品生产、物流配送等精准对接，探索构建适应市场规律、满足群众期待、适合复制推广的线上线下购销平台，真正实现"菜园"直通"校园"，将广大师生巨大消费需求彻底变为贫困地区产品销售无限商机。要科学测算目标需求，明确对省内贫困地区米、面、粮、油、肉、蛋等大宗农产品的采购率，保障贫困地区稳产稳销。

"校农结合"取得明显实效后，在贵州省委省政府的部署下，全省教育系统全面推广运用，高校中建立了"校农结合集团"，高职高专中建立了"校农结合联盟"，中小学校及幼儿园营养餐配送都实施了"校农结合"。从2017年秋季学期统计数据显示，全省学校食堂累计采购省内贫困地区贫困户生产的常用农产品达5.97万吨，采购金额约6.5亿元。2018年春季，在贵州省委省政府脱贫攻坚"春季攻势"中，省教育厅下发了《省教育厅关于进一步全面深化"校农结合"助推脱贫攻坚的意见》，在全省学校中全面实施"校农结合"定向采购农产品，将全省后勤市场与贫困县、贫困户精准对接。据2018年3月以来统计，贵州省17 890个学校食堂面向贫困地区采购农产品数量已达18.52万吨，金额约9.32亿元。

2. 贵州"校农结合"衍生模式

在贵州省教育厅主导下，全省"校农结合"形成"面上推进、点上突破、点面结合、不断深化"的工作思路，地方政府与学校强力推进，各地结合实际积极探索各种有效做法。在铜仁、黔西南、贵阳、清镇职教城和黔南开展学前教育、义务教育、高中教育、职业教育和高等教育5个阶段试点，探索了"教育主动作为、协调部门配合，遵循市场规律、行政积极引导，以购买引领生产、以集团化（联盟）统筹流通"的工作方法。2018年3月，贵州在贵阳成立了职业院校"校农结合"联盟，联盟学校按月提供食堂对农产品需求计划，购销平台根据需求计划到省内贫困地区特别是深度贫困县组织订单生产、收购、检测、储存及配送；安顺学院采取"学校+企业+基地+农户"的合作模式，由学校联合农产品流通企业在扶贫点建设生产基地，基地产出直接销售给学校，企业按市场保底价收购所有产出，由于有企业全程参与从育种到采购的过程，农产品的流通成本和经营风险大大降低，扶贫点贫困户参与土地流转可获得土地租金，参与种植生产还可获得劳务报酬；铜仁市教育部门指导当地基地规划和种植养殖，推动规模化、专业化生产；贵州师范学院通过采购农产品扩大印江县农业生产规模，带动1 400多户贫困户增收。目前贵州"校农结合"除了黔南师院"定点采购、产业培扶、基地建设、示范引领"模式外，衍生形成黔西南州"贫困户+合作社+配送中心+学校"、安顺市西秀区"绿野芳田农户+合作社+购销平台+学校"、贵州民族大学"菜园子直通菜篮子"等多种衍生模式，"校农结合"在贵州似星星之火燎原之势，在黔中大地开花结果。

二、"校农结合"在乡村振兴中的作用

贵州"校农结合"精准扶贫不仅是高校食堂与农产品的结合，而且还是学校与农业、农村、农民的结合，其最大的优势是党委政府强力推进，在力度、精度、覆盖面、速度等方面都大于"农校对接"，全国"农校对接"实施初期主要以规模化、市场化、农业现代化程度较高的发达地区乡村农产品对接为主，现在开始转向分散、边远、偏僻、技术含量低、产业化程度差的贫困地区，贵州"校农结合"则在如何培扶贫困村产业、建立示范基地、整合社会力量"精准"帮扶上提供了可借鉴的经验。

三、"校农结合"要坚持产业赋能

产业发展是稳定脱贫的根本之策，也是脱贫攻坚和乡村振兴的动能之源。"校农结合"的起点在消费扶贫，目标在产业振兴，各级学校特别是高校要充分发挥高校人才、科研、教育等优势，集中专业力量、优势力量在消费扶贫基础上帮助贫困地区破解产业选择难、产业稳定难、产业持续难等突出难题。在产业选择上，要加强对贫困地区资源禀赋和市场需求的梳理论证，通过外部消费引导和内部教育培训等方式帮助贫困地区农户认识自身资源优势、环境优势、产品优势，扬长避短、因地制宜选择特色产业。在产业稳定上，一方面要注重利用自身消费需求为贫困地区产业化商品提供消化渠道；另一方面要注重利用自

身社会资源帮助贫困地区适当拓展市场，逐步推动贫困地区产业产品规模化、批量化。在产业持续发展上，要坚持产品生产和质量监控标准化、规范化，要探索依托学校"校农结合"产业联盟构建集约化、规范化、专业化农产品安全供应链，实现来源可溯、去向可查、责任可究的原材料动态管理机制，将扶贫产业培育打造成具有一定影响力、生命力的贫困地区支柱性产业。

课堂案例

"校农结合"，实现乡村振兴

黔南民族师范学院利用食堂稳定的消费市场与农村产业调整精准对接，打通农产品从"菜园子"到"菜篮子"路径；长顺县鼓扬镇蔬菜种植基地与南明区营养餐公司开展"校农结合"，带动当地产业发展……全面打赢脱贫攻坚战以来，贵州组织动员各级各类学校（幼儿园）通过"校农结合"形式与乡村振兴战略的实施有机融合，谋求"校农结合"与乡村振兴的共赢。

从 2017 年开始，黔南民族师范学院先后派出 9 名驻村帮扶干部，定点帮扶黔南州平塘县卡蒲毛南族乡新关、摆卡和塘边新建、新风、塘泥 5 个村。该校以党建帮扶为引领，深挖学校优势与 5 个村"三农"需求，以消费助力产业发展脱贫为突破，组织动员各级党组织、党员干部、广大师生参与到帮扶工作中来，开创了定点采购、产业帮扶、基地建设、示范引领的"校农结合"助农新模式，形成党建引领、消费助力、志智双扶、大地论文、希望圆梦、扎根山区"1+5"校农结合工作新格局。如今，5 个村的面貌早已焕然一新。

课堂活动

课堂讨论与展示

一、分组要求

将班上来源于城镇与农村的同学交叉分组，每组 5～6 人，需同时包含城镇与农村的同学，各组以组内成员所在的农村情况进行说明。

二、讨论主题与目标

通过对我国农村发展支持政策与农村发展之间的关系进行学习、探究，增强对我国农村发展现状和发展支持政策的了解。

三、活动时间

建议 30 分钟。

四、活动内容

（1）教师要求每组学生中的农村学生说明自己家乡的农业发展情况，全体同学通过讨论或网上搜索的方式，找出我国农村发展支持政策和新农业、新科技发展的路径，说明小组对大学生加入农村发展事业的观点。

（2）将小组的发现和观点制作成简单的演示文稿。

（3）各小组选派一名代表陈述本组组员观点。

（4）教师进行分析、归纳、总结，引导学生积极参与国家农业发展事业，发展科技引领劳动发展的行动。

（5）教师根据各组在活动过程中的表现予以评分。

第三节 科技服务

一、现代农业，科技先行

新中国成立以来，特别是改革开放后，我国农、牧、渔业依靠政策、科技和投入迅速发展，基本形成了 5.0 亿吨粮食、650 亿千克肉类和 450 亿千克水产品的农业综合生产能力。尤其是农业科技，成为现代农业建设的决定力量。2013 年，我国农业科技进步贡献率达 55.2%，主要农作物良种覆盖率达 96% 以上，农作物耕种收综合机械化率达 57%，为粮食实现"十连增"提供了重要的支撑。

我国现行农业科技发展可分为两个体系，一是农业科技创新体系；二是农技推广服务体系。农业科技创新体系，从知识创新、技术创新、成果创新和产品创新四个方面进行系统设计。目前，我国已进入世界农业科技大国行列，我国的矮化水稻、杂交水稻、超级稻、杂交玉米、矮败小麦、转基因抗虫棉、畜禽品种改良和规模化养殖、名特优新水产品养殖等领域技术在国际上保持着竞争优势。农技推广服务体系，实行中央、省级、市级、县级、乡镇五级逐级管理制度，建立农技、农机、水产、畜牧、农经五个推广体系，从业人员约 269 万人。

国家倡导在工业化、城镇化、信息化深入发展中同步推进农业现代化的发展战略，未来我国农业将通过科技进步，确保将 14 亿多中国人的饭碗牢牢地端在自己的手中。

二、科技服务乡村振兴

1. 现代化新型农业栽培方式

（1）墙式栽培。墙式栽培采用墙体与 PVC 管组合的一种栽培方式，PVC 管内放置基质供作物生长。在无土栽培项目中，该栽培方式可作为隔断墙来使用，同时，也有美化墙体的作用。

（2）三层水培。三层水培以水作为作物生长的主要载体，同时配以营养液给作物提供生长所需的养分。该模式栽培设施封闭性、保温隔热性好，而且纯水培养，非常适合现场直接采摘食用。

（3）管道式栽培。管道式无土栽培是一种新型的水培设施，可采用立体、平铺等结构方式，主要以种植叶菜类作物为主。该栽培模式生产的蔬菜洁净、无污染，可直接进行采摘食用。

（4）立柱式栽培。立柱式栽培是柱子上安装多个类似花盆的栽培槽，里面放入基质进行栽培。立柱式栽培大多种植无公害草莓，草莓挂果后分布在栽培槽的四周，非常美观，采摘也非常方便，而且可以直接食用。

（5）A 字架栽培。A 字架栽培结构呈 A 字形分布，有利于作物的采光，也极大地方便了工作人员的日常操作。A 字架式栽培结构灵活，可根据不同需要进行合理搭配。因 A 字架栽培操作简单、洁净，而成为时下阳台农业和屋顶农业的新宠，适合 A 字架栽培的蔬菜有生菜、油麦菜、油菜、木耳菜、香菜等。

（6）气雾式栽培。气雾式栽培是将混合了营养液的水进行高压雾化后直接喷到作物的根系上的一种新型栽培模式。作物的根系直接悬挂于栽培容器的空间内部，通过根部接触气雾来满足生长所需的条件。气雾式栽培的优点是无公害、科技含量高、可直接食用，非常具有实用和观赏价值。

（7）蔬菜树。"蔬菜树"采用多杆整枝的栽培方式和合理的调控手段，将一棵普通的伏地苗培养成覆盖面积数十平方米的"树体"，大大提高产量。展示了单株高产的惊人潜力。在栽培学研究和农业观光方面具有重要价值。

（8）空中栽培。空中栽培是利用深液流栽培模式，将农产品由传统的栽培转变成水培栽培。水生根系为植株提供充足的水肥，压蔓产生的不定根成为储藏根，实现了根系的分工合作，一次种植，多年采收。这种新型的栽培方式有着非常高的观赏价值和科研价值。

（9）沙生栽培。沙生栽培是一种仿沙漠环境的栽培方式，它是人为地将在沙漠中生长的植物移栽到温室内，用现代农业种植技术模仿沙漠干旱高温的环境，从而使没有去过沙漠的人也能在温室中看到这些新奇的植物。

（10）鱼菜共生。鱼菜共生是一种新型的复合耕作体系，它把水产养殖与水耕栽培两种原本完全不同的农耕技术，通过巧妙的生态设计，达到科学的协同共生，从而实现养鱼不换水而无水质忧患，种菜不施肥而正常成长的生态共生效应。

（11）草莓天瀑。草莓天瀑主要是以草莓为主，草莓种植在升降式栽培槽内，以基质培养和营养液为载体，草莓挂果后会主动垂直到栽培槽的两侧，并一直向下垂挂，形成一个瀑布状，故取名为"草莓天瀑"。游客置身于草莓下，可观赏，可采摘，具有极高的经济价值和观赏价值。

2. 采摘果蔬技能

农作物采摘的关键是参照节气和植物生长规律，做到正确合理，适时采收，实现增产增收。采摘时间要掌握成熟度合适，太嫩会影响产量，太老则影响质量。一般采收适期为七八分熟时，这时蔬菜嫩脆，纤维少、品质优，每天具体采收时间以上午9时前、下午6时后为宜。采收时，要用中指顶住花梗，然后用食指和拇指捏住，轻轻地掰下，不要强拉硬扯，不要折断，不要采半截，要有顺序地从上到下，从内到外依次采净粗细、长短、成熟度一致的，不能漏采和强采。另外，随着科技的发展，农业机器人也可以担当采摘重任，它以农产品为操作对象，兼有人类部分信息感知和四肢行动功能。

3. 智慧农业，现代畜牧养殖

现代畜牧养殖就是在传统畜牧业基础上发展起来的，用现代畜牧兽医科学技术和配备及运营理念武装，基础设施完善，营销体系健全，管理科学，资源节省，环境友好，质量安全，优质生态、高产高效的产业。

现代畜牧养殖是否成长为农村经济的支柱产业，是衡量一个国家农业发达程度的首要标志。在吃饭问题没有解决的时候，粮食出产特别是满足十几亿人的口粮问题就是最大的方针。一旦这一方针基本完成，确保人们口粮供给的基础上，满足人们食物上的多种需求，就成为新的方针。与种植业比较，畜牧业为人类供给了更有营养和更受喜爱的食物，所以，在中国大力开展畜牧养殖具有广阔的远景。建造现代畜牧养殖是走中国特色农业现代化道路的重要任务。大力推进畜产品牌建造，开展优质安全的品牌现代畜牧养殖，是建造现代畜牧养殖的有效途径，也是未来畜牧养殖的开展趋势。

4. 数商兴农

电子商务是我国数字经济的重要源头，也是数字经济最活跃、最集中的新产业新业态新模式，还是数字经济最重要的组成部分。实践证明，农村电商是发展数字经济、乡村振兴和数字乡村建设最好的抓手。2016年至2020年，农村电商进入规模化专业化发展阶段。国家加大对农村电商部署力度，逐步提出更高要求，明确农村电商的主要工作方向是加大物流基础设施建设和完善县乡村三级农村物流体系；开展电子商务进农村综合示范；健全农村电商服务体系；支持涉农电商载体建设和新模式发展等。2021年以后，农村电商发展进入"数商兴农"高质量发展新阶段。2021年印发的《"十四五"电子商务发展规划》突出电子商务与一二三产业的融合，推动乡村产业振兴、数字乡村建设，大力实施"数商兴农"行动，加快完善农村电商生态体系。2022年中央一号文件进一步明确实施"数商兴农"工程，这是发展农村电商的新举措，也是农村电商发展新方向。

从2005年中央一号文件第一次提到"电子商务"，到2022年提出实施"数商兴农"工程，中央把握农村电商发展规律和趋势，发展农村电商的工作思路逐步明确。"十四五"时期，数字化生活消费方式变革将重塑农村市场，农村电商生态要素将加速整合，农村电商对农业生产和农村消费的巨大潜能将加速释放，成为推动乡村振兴取得新进展、农业农村现代化迈出新步伐的重要引擎。"科技是第一生产力，人才是第一资源。农业发展离不开科技和人才支撑。"高等院校是人才培育的摇篮、杰出人才集聚的高地，也是科技创新的前沿阵地和成果转化的重要策源地。脱贫攻坚期间，全国各地高校作为一支重要力量，充分发挥学科、专业、人才、文化等优势，为如期打赢脱贫攻坚战作出了独特的贡献。

"在乡村振兴的浪潮中，高校师生以多种形式为推进乡村振兴奉献着智慧和力量。"国家和地方要进行资源统筹，充分发挥高校智慧，共同把脉各地产业发展；发挥高校教育与文化资源优势，提升基层群体文化素养，开展爱乡教育，引导人才回流；推动校地共建产学研基地，带动市县区在农林、地矿、水电、师范、医教等方面的发展，助力乡村振兴。

📝 课堂案例

"90后""00后"都去猪场养猪了

养猪自古以来便是农民重要的谋生方式之一。在现代农业中，"公司＋农户"的养猪模式背后实际是资源的整合，大规模生产朝着机械化、自动化、智能化方向发展，还可以与人工智能结合。这样的结合让仔猪、饲料、疫苗、技术指导等都由企业负责，农户在自家养殖，长大的猪被公司收购。"公司＋农户"的养猪模式，等于公司做了很多专业技术方面的事情，如像种猪的养殖、标准化的养殖等。这种模式下最重要的是人才的引进，模式需要通过人才推动技术、推动管理，用人工智能、机械来代替人工劳动。智能化的猪场，养殖工人大部分是大学生，"90后""00后"都来猪场养猪了。

专业技术服务进农村方案设计

一、活动目标

学生能正确认识所学专业可提供的专业技术服务方向，理解辛勤劳动和创造性劳动的重要性，找到个人努力的目标。

二、活动时间

建议利用课余时间，可持续1～2个月。

三、活动流程

(1)教师要求学生根据专业特点。网上搜集相关资料，列出可提供的服务项目。

(2)班内组织大讨论，最后根据易操作性、服务人群特点和准备工作的难易程度确定具体的服务项目。

(3)教师将学生按照6～8人划分小组，每组选择合适的服务项目。

(4)组成义务科技服务小分队，利用课余时间到农村开展科技服务活动。

(5)活动结束后每小组总结经验，找出其中的问题并列出问题清单。

(6)教师帮助各组学生答疑和解决问题，并根据各组的表现给予点评并赋分。

科技服务劳动鉴定表见表8-2。

表 8-2　贵州电子信息职业技术学院科技服务劳动鉴定表

姓名		学号		院系		班别	
服务项目							
活动时间				地点			
现代化新型农业栽培方式	简述现代化新型农业栽培方式。						
智慧农业现代畜牧	调研你家乡智慧农业现代畜牧情况。						
科技服务项目	根据专业特点，列举你可以提供的科技服务项目。						
自我鉴定(针对你的专业和特长，就开展科技服务乡村情况的收获、感触、成绩与不足等):							
科技服务村镇意见	评语： 成绩：　　　　签章：　　　　　　　　　　　　　　　年　月　日						
辅导员意见	签章：　　　　　　　　　　　　　　　　　　　　　　　　　年　月　日						
二级学院意见	负责人签章：　　　　　　　　　　　　　　　　　　　　　　年　月　日						

注：①本表表内各栏须用黑色钢笔填写；
　　②成绩评定分为优秀、良好、及格和不及格四等。本表一式两份，一份存二级学院，一份存入学生本人档案。

第四节　传统手艺

一、中国传统手艺的价值与意义

中国的传统手工艺有着悠久而灿烂的历史，在整个中国文化艺术发展史中占有重要的地位，在文化史、美术史、设计史的发展过程中，手工艺是贯穿其中的主要内容之一。它形式多样，主要包括烧造、铸锻、锻造、錾刻、金属焊接、髹（xiū）饰、雕刻等门类。中国工匠们利用不同材质的原料创造出丰富多彩、巧夺天工的各类手工艺品。

手工艺是一种创意打扮人们生活的文化，但随着人类现代生活方式的改变，许多曾经非常熟悉的手艺活已离我们远去。然而，这些手工艺品是蕴涵人类文明之始的工艺文化。从本质上讲，手工艺是一种创意打扮人们生活的文化，也是一种满足人的物质及精神生活需要的造物艺术。在农业社会向工业社会，传统社会向现代社会转型的过程中，丰富的商品不仅极大地改变了人们的生活方式和思想观念，而且也使传统手工艺所赖以存在的物质基础和文化基础受到了极大地动摇，衰退之势不可逆转。面对传统手工艺的衰落，从二十世纪六七十年代起，西方就开始了范围广泛的"手工艺复兴运动"。虽然手工艺的复兴作为文化上的一种思潮，不可能从根本上改变社会生产的大趋势，但却充分肯定了手工艺品在人们生活中的地位和作用；同时启发人们进一步思考如何避免工业化对社会文化环境带来的危害。

20世纪后期以来，保护和发展民族民间文化已成为各个国家文化发展的重要课题。20世纪90年代的"乌拉圭回合"谈判中，法国提出"文化例外"的原则。澳洲地区重视文化人类学的研究，反对外来文化的侵略。新加坡开展"华语运动"以维护东方文化。日本、韩国把传统民间艺人视作国宝，称为"文化财"。我国台湾则实施了"民间艺术保存传习计划"，将民间艺术教育纳入中小学教学课程。由此可见，对传统手工艺的保护体现了人类的一种文化自觉，保护了这种文化就保护了民族文化的尊严。我国社会主义现代化建设，离不开本民族优秀的传统文化根基。舍此就会迷失方向，丧失民族精神支柱。

二、中国传统手艺介绍

1. 竹编工艺

竹编是将毛竹劈成篾片或篾签并编织成各种用具和工艺品的一种手工艺。工艺竹编不仅具有很大的实用价值，更具有深厚的历史底蕴。竹编行业历史上多以世代相传或以作坊依托的师徒关系为主，学徒学成后，自立门户。再招徒弟，口传身教。我国南方地区竹种丰富，有淡竹、水竹、慈竹、刚竹、毛竹等，约200种。一般做生活用品、农业用具，如图8-1所示。

竹编首先要把竹子立在院中暴晒，晒干后进行淋雨，再暴晒，然后存放起来。用时，取一把先刮去竹节、竹毛，再一分为二剖开，然后在河里或磨渠中浸泡，浸泡48 h，待竹子变软后捞出来，这时竹子的柔韧性得到大大提高，适宜加工，然后用剪刀剖成匀称的细条,再刮光,就可用于编织。

竹编工艺流程复杂,作为一种重要的文化载体,它蕴涵着丰富的科学技术基因,是一份极其宝贵的历史遗产。

图 8-1　竹编工艺

2. 茶艺(干泡法)

(1)备具。干泡法的茶具主要有茶道组(又称茶道六君子)、壶承(放盖碗和公道杯的用具)、盖碗(也可用壶)、公道杯、随手泡、水盂、过滤网和茶杯。

(2)洁具。干泡法中洗茶杯的方式有两种:一种是直接向摆好的茶杯中冲水;另一种是用茶夹将茶杯夹到水盂上方,进行洁具。在干泡法中选择第二种比较好,注意在夹杯子时要往里夹,手臂不要抬太高,而且每洗一个茶杯都要在茶巾上蘸一下,以保持桌面干爽。洁具完毕,要将茶杯放回茶托。

(3)赏茶。看茶的外形和颜色,以及闻干茶的香味,主要是给客人看。

(4)投茶。需要用到茶道组中的茶匙,将茶叶分到冲泡器皿。可根据喝茶的人数和口味来酌情加减投茶量。

(5)洗茶。洗茶是用水洗去茶尘,将沸水冲入盖碗,立刻倒进水盂,洗茶过程就结束了。洗茶又称快速润茶,即冲即出。

(6)泡茶。洗完茶之后,就是泡茶了。泡茶水温应根据茶叶而定。高级绿茶一般用 80 ℃左右的水。泡乌龙茶的水温一般为 100 ℃的沸滚水,10 s 左右就可以出汤。出汤时,拇指和中指捏住盖碗的边缘,食指搭在盖子上,盖子和杯子间留出一道缝隙,让茶汤顺利流出。

(7)奉茶。泡茶后就要奉茶,要记得奉茶的顺序是从右到左,虽然在喝茶时大家是人人平等,但在某些特定的场合,还是要区分身份差别,身份高的人要优先。

(8)收具。喝完茶,最后的步骤就是收具,将喝过的茶叶倒掉,所用器具洗干净摆放整齐。

除泡茶步骤、茶艺重要的就是细节,如手该怎样放、茶具排列顺序、身体不能摇摆等,都需要多次实践才能做好。而且泡茶时尽量让自己的节奏慢下来,才能让品茶的朋友感到宁静。

3. 传统制秤手艺

杆秤制作是中国历史悠久的传统手工技艺。根据民间传说，木杆秤是鲁班发明的，根据北斗七星和南斗六星在杆秤上刻制 13 颗星花，定 13 两为一斤；秦始皇统一六国后，添加"福禄寿"三星，正好十六星，改一斤为 16 两，并颁布统一度量衡的诏书；直到 20 世纪 50 年代，国家才实行度量衡单位改革，把秤制统一改为 10 两一斤。

传统杆秤的手工制作工艺如下：

(1) 选取秤杆木料：大号秤一般选择楠木，中小号的秤多数使用秦巴山中阳坡所产的"红梅子"木，木材经阴干一年以上，据所要做杆秤的衡量要求，用锯截成适当的长度。

(2) 刨秤杆：先用正刨根据手工艺人的经验刨圆、达到合适的尺寸，再用反刨将毛刺处清理干净，对秤杆进行初步的打光。

(3) 定"刀口"：两位匠人合作使用墨斗，以线绳在秤杆上弹出几条纵向等分墨线。

(4) 安"刀子"：一手持刀从下往上支托秤杆，经过测量在秤杆上找出三个"刀子"的位置；将秤杆固定，在杆身安装"刀子"的部位分别打出垂直的穿孔（曾经用手上的钻子，后用电钻），并试装三个"刀子"。

(5) 铜皮包焊：秤杆两头需要包铜皮，将预先准备好的铜皮根据所需的尺寸剪裁，将剪裁出的铜皮磙圆，套在秤杆的端头上比对，进行再修剪，接下来用焊锡将铜皮焊接。为方便起见也可使用小钉固定法将铜皮包好。为了美观，事先要对秤杆两端拟包裹铜皮的部位加工，使其直径略小于其余部位，并用钣锉稍做打磨。

(6) 安装"刀子"、秤盘：秤盘是预制的，将盘上的三根系绳挽结到秤杆大头最外侧的"刀子"上。

(7) 校秤定星：用"刀子"将秤悬提，秤盘中依次放上不同重量的砝码，在秤杆上测定其距离，以两脚规分割并仔细标出星花位置。

(8) 钉星花：按照上一步骤所标记的位置用皮带手钻钻出每个小花点，在钻洞中以细铜丝嵌插，而后割断、锤实。

(9) 打磨、清洗：使用钢锉、油石顺纵向对秤杆进一步打磨光滑；给刚做好的秤杆均匀地刷上一层石灰水以去除油污。石灰水自然风干后即用清水冲洗干净。

(10) 秤杆施染着色：楠木秤杆利用其自然的木质颜色即可。红梅子木秤杆则在石灰水清理后刷上一层皂矾液，再晾干；而后均匀地刷上事先调制好的五倍子液，然后再次把秤杆挂起来，使其完全干透，这次一般需要 12 个小时。

(11) 修整抛光：待着过色的秤杆完全风干后，对秤杆再进行最后一次抛光，让秤杆光润、上面的刻度即"星花"更易辨识。

(12) 辅助工艺：能够完整掌握杆秤制作技术的人还必须具备打制铁秤钩的能力；打制铁钩实际就是铁匠工具，所用煤炉、铁砧、长钳、手锤和大锤等工具设备及其技术均与铁匠相同。

4. 篆刻印章

中国篆刻是书法（主要是篆书）和镌刻（包括凿、铸）结合，来制作印章的艺术，是以石材为主要材料，以刻刀为工具，以汉字为表象的并由中国古代的印章制作技艺发展而来的一门独特的镌刻艺术。从明清流派篆刻算起已有近 500 年的历史。而明清流派篆刻是由古代印章发展而来的，古代印章以独特的风貌和高度的艺术性，为篆刻艺术奠定了优良的基础。所以，篆刻艺术史可以追溯到两千多年前的春秋战国时代（公元前770—前221）。2009年，中国篆刻被联合国教科文组织列入《人类非物质文化遗产代表作名录》。

5. 手工剪纸

民间剪纸善于把多种物象组合在一起，并产生理想中的美好结果。无论用一个或多个形象组合，皆是"以象寓意""以意构象"来造型，而不是根据客观的自然形态来造型，同时，又善于用比兴的手法创造出来多种吉祥物，把约定成俗的形象组合起来表达自己的心理。追求吉祥的喻意成为意象组合的最终目的之一。地域的封闭和文化的局限，以及自然灾害等逆境的侵扰，激发了人们对美满幸福生活的渴求。人们祈求丰衣足食、人丁兴旺、健康长寿、万事如意，这种朴素的愿望，便借托剪纸传达出来。

中国剪纸是一种用剪刀或刻刀在纸上剪刻花纹，用于装点生活或配合其他民俗活动的民间艺术。在中国，剪纸具有广泛的群众基础，交融于各族人民的社会生活，是各种民俗活动的重要组成部分。其传承延续的视觉形象和造型格式，蕴涵了丰富的文化历史信息，表达了广大民众的社会认知、道德观念、实践经验、生活理想和审美情趣，具有认知、教化、表意、抒情、娱乐、交往等多重社会价值。

2006年5月20日，剪纸艺术遗产经国务院批准列入第一批国家级非物质文化遗产名录。2009年9月28日至10月2日举行的联合国教科文组织保护非物质文化遗产政府间委员会第四次会议上，中国申报的中国剪纸项目入选"人类非物质文化遗产代表作名录"。

6. 蜡染

蜡染是我国民间传统纺织印染手工艺，古称蜡缬，与绞缬（扎染）、灰缬（镂空印花）、夹缬（夹染）并称为我国古代四大印花技艺。蜡染是用蜡刀蘸熔蜡绘花于布后以蓝靛浸染，既染去蜡，布面就呈现出蓝底白花或白底蓝花的多种图案，同时，在浸染中，作为防染剂的蜡自然龟裂，使布面呈现特殊的"冰纹"，尤具魅力。由于蜡染图案丰富，色调素雅，风格独特，用于制作服装服饰和各种生活实用品，显得朴实大方、清新悦目。

三、中国传统手艺与乡村振兴

中国传统手艺是中华民族文化重要的组成部分，与当前乡村振兴的发展息息相关。钟敬文先生曾说过，民俗就是指一个国家或民族中广大民众所创造、享用和传承的生活文化。乡村传统手艺作为民众日常生活的一种生活文化，它不仅为丰富当地人的生活兴趣，也为当地人增加经济收入。如何转变优秀的传统文化为人民群众服务，使它成为振兴乡村的一种途径，是至关重要的。

1. 中国传统手艺对乡村振兴的推动

中国传统手艺是来自群众与乡村，对当前的社会发展起到推动作用，在乡村形成产业化拉动了当地经济的发展，加快乡村振兴的步伐，起到了不可忽略的作用。传统手艺产业化发展，为当地群众增加经济收入，并改善了当地群众的生活环境，提高群众的生活方式，为建设新农村、推进绿色发展做出重大的贡献。传统手艺的产业化发展提高了当地的就业质量和人民的收入水平，让当地人通过自己的辛勤劳动实现了自身的发展，同时实现了乡村振兴。

2. 中国传统手艺对乡村文化的促进

文化是一个国家、一个民族的灵魂。文化兴国兴运，文化强民族强。中国传统手艺作为中华民族文化重要的组成部分,在促进乡村文化的发展上起到重要的作用。中国传统手艺是以父子、夫妻、师徒等方式进行传承,让手艺一直保持活跃性,不断充实当地乡村文化的内涵。从文化内涵来说,传统手艺具有较高的文化审美价值,艺术来源于生活,而传统手艺更是对生活的直观表现,传统手艺作为乡村文化的灵魂,应该与学校相结合,在学校进行教学,让更多的青少年理解、喜爱传统手艺,在丰富当地学生课余生活的同时让他们了解民族优秀的传统文化,树立文化自信,推进乡村文化的壮大。

3. 中国传统手艺对乡村情感的调节

民族优秀文化蕴含丰富的文化基因,是中华民族文化的体现。在传统文化中可以体会到群众的个人情感和他们对于身边事物的看法。广西素有"歌海"之称,唱歌是广西人的一种情感的抒发方式,从歌词中可以看出广西人对于生活的热爱,那传统手艺作为乡村特色文化,同时具有对乡村情感的调节作用。从传承方式可以看出,当地人的关系融洽,传统手艺起到润滑和凝聚的作用。同时,传统手艺也是个人情感的一种体现,包括创作者对于生活的理解等。他们对于文化的一种自信与喜爱,在传统手艺具有一定的经济价值后,吸引了各地游客纷纷购买,使得更多的人学习传统手艺,从而使得乡村整体的学习氛围提高,形成了浓厚的书香气息。

课堂活动

传统手艺成果展示

一、活动目标
用短视频的方式展示传统手艺成果,养成爱劳动的好习惯。
二、活动时间
建议 20 分钟。
三、活动流程
(1)每名学生把自己认为做得最好的传统手艺的过程录制 2 分钟以内的视频。
(2)教师将学生按照 4~6 人划分小组,小组成员观看组内成员的视频并选出最成功的传统手艺成果。
(3)每个小组选出的最成功传统手艺成果对全班学生进行播放,并邀请这几名学生分享个人劳动的经验和体会。
(4)教师对分享者的经验和体会进行归纳、分析和总结。
(5)教师对展示的这几项传统手艺劳动成果点评并赋分。
传统手艺传承鉴定表见表 8-3。

表 8-3 贵州电子信息职业技术学院传统手艺传承鉴定表

姓名		学号		院系		班别	
传承手艺名称							
活动时间				地点			
传承手艺介绍	介绍你学到的传统手艺：						
	自我鉴定（在学习传承过程中的收获、感触、成绩与不足等）：						
被传承人意见	评语：（被传承人可以是长辈、师傅和民间艺人等） 成绩：　　　　签章：　　　　　　　　　　　　　　　　　　年　月　日						
辅导员意见	 签章：　　　　　　　　　　　　　　　　　　　　　　　　　　　年　月　日						
二级学院意见	 负责人签章：　　　　　　　　　　　　　　　　　　　　　　　年　月　日						

注：①本表表内各栏须用黑色钢笔填写；
　　②成绩评定分为优秀、良好、及格和不及格四等。本表一式两份，一份存二级学院，一份存入学生本人档案。

参 考 文 献

[1] 宗伟，周兴前. 大学生劳动教育与实践[M]. 北京：科学出版社，2021.
[2] 谢宏兰，刘英. 高等职业院校劳动教育学习与实践[M]. 北京：北京理工大学出版社，2020.
[3] 孙百虎，邵英秀. 大学生劳动教育[M]. 北京：化学工业出版社，2021.
[4] 姜正国. 劳动教育与工匠精神教程[M]. 北京：北京理工大学出版社，2021.
[5] 莫玲玲，杜峰. 大学生劳动教育技能实践[M]. 北京：中国人民大学出版社，2022.
[6] 王雄伟. 大学生劳动教育[M]. 北京：化学工业出版社，2021.
[7] 王卫旗，王秋宏. 大学生劳动教育教程[M]. 北京：北京理工大学出版社，2021.
[8] 王一涛，杨海华. 大学生劳动教育与实践[M]. 苏州：苏州大学出版社，2022.
[9] 李效东，陈臣. 大学生劳动教育概论[M]. 北京：清华大学出版社，2021.
[10] 赵鑫全，张勇. 新时代大学生劳动教育[M]. 北京：机械工业出版社，2020.
[11] 安鸿章. 劳动实务——高等职业院校劳动教育读本[M]. 北京：北京理工大学出版社，2020.